かい、其夜は伏見に夜営した。

翌くる五日、朝早くから豆を煎るが如き銃声が響く。梧楼兵を率いて進み、伏見から淀に通ずる堤上の千両松付近に来た。此辺り堤の南方に宇治川の流れよどんで、北方は一口沼に通ずる広々した水田である。一筋道の堤上の中央には薩摩の大砲が横たわっている。梧楼は其砲隊に向かって前進せられよと勧めるが、此さきは進めぬという。然らば我れ前進せんと、砲隊を潜って前方へ行進した。

薩兵の前進せぬというのは、之れより以前に、此地点に於て会津の伏兵のために猛襲されて頗《すこぶ》る苦闘をしたからである。

梧楼少しも之れを知らず、猪突して進むと、淀近くの松樹の間に異様の影を見る。怪しむ間も遅し、精鋭を以て鳴る会津の槍隊が忽然堤上に現われ、霜寒き槍の穂先を揃えて、地を這うが如くにして襲い来る。然るに吾《わが》軍の銃はまだ弾丸をこめてない。梧楼は刀を以て地を叩き、座れ座れと令した。吾隊長藤村英二郎は刀を上段に構えて、いざ来れと許り叫《ばか》びつつ前進する。梧楼は之れを制して、英二郎の襟髪をつかんで後へ引き戻す時、敵弾飛び来って、梧楼は脚部をうたれ、堤上から転び落ちた。

刀を杖《つえ》つき、草をつかんで堤上に登ったが、又転げ落ちる。それでも這い上がり、進め進めと号令かけた。部下の兵士は淀の橋へと突貫して敵を敗退せしめた。其内他の軍隊行進し来り、梧樓は藁籠《わらかご》に容れられて担ぎ去られた。

梧樓の突撃戦は、官軍の追撃戦に移る最も有力なる動機となったものであった。併《しか》し其ために負傷したから、一旦国元に帰って治療を加える事となった。其治療に当たったのは奇遇にも、医者となった弘中壮輔であった。弘中が創《きず》を洗い、包帯をかける時に、少し痛みを覚えると。梧樓は故《ことさ》らに声を大きくして、曩《さき》に［以前に］斬られた仇を取る気か、江戸の仇を長崎で討つなと、戯《たわむ》れて告げた。青年武人の心情はいつも明朗なのが特色である。

越後征討に功を奏して、梧樓の会津に向かった時、途に津川という土地がある。急流奔馳《ほんち》して橋もない、船もない。敵は右手の断崖の高き場所に陣営している、我軍は低き対岸に屯集していた。此急流に臨み、敵前に徒渉するは難事であるから、数日間此処《ここ》に対峙していた。

其内両岸の兵士は互いに談話を交えて、我軍より、会津さんと呼べば、彼方よりは、長州君と応じ、中には水を距《へだ》てて一拳《いっけん》［じゃんけんに類する手で行う遊戯］遣《や》ろうと、藤八拳《とうはちけん》［拳の一種。狐拳］を闘わすものさえ出た。敵兵中には越後に於て敗軍して逃げた者もあるから、梧樓は部下に命じて、長岡の戦いに行衛不明となりし者について聞かして、敵方からも其知れる者の安否を問わしめなどして、互いに情報を交換した。之れは斯《か》くの如く懇談する内に、渡河の船を準備するの時間を作ったのであった。

明治十年、西南戦争には、梧樓、陸軍少将にして第三族団司令長官であった。ある日、部下の兵士等、一敵兵を捕らえ来った。彼詐《いつわ》りて曰《いわ》く、近郊の農民で、戦争に関係なきものであると。梧楼之れを信ぜす、敵の斥候《せっこう》たるを観破《かんぱ》して、厳しく鞠訊《きくじん》したが、容易に実《じつ》を吐かぬ。梧楼大喝《だいかつ》して、この無礼者、我れを欺かんとするか、汝の唇辺《くちもと》を見よ、現に硝薬《しょうやく》［火薬］を噛みたる痕跡があるでないか、と叱すると。彼《か》れは狼狽して、俄《にわか》に手を以て其唇を拭うた。之れで敵兵である事が顕《あらわ》れた。実は唇辺にそんな痕跡は毫《ごう》も［少しも］なかったのであるけれど、梧楼の機知能《よ》く敵の馬脚を暴露さしたのであった。

同じ戦役の際、大隅大口《おおくち》に於て、彼我《ひが》大激戦となり、夜に入っても勝敗が定まらぬ。両軍互いに少し退いて相対峙する事になった。

梧楼は郡衙に舎営して、夏の夜とて、蚊帳《かや》を吊って臥《ふ》していた。夜来《やらい》不意に敵襲があった。吾軍周章混雑して、蚊帳を踏み、梧楼の身体に衝突して逃げ行く者数人に止まらぬ。梧楼叱咤して之れを制止したが、耳に入るべくもない。乃《すなわ》ち、梧楼は徐《おもむ》ろに蒲団上に座して、枕頭《ちんとう》の煙草入れを探り、マッチを擦って火を点じ、静かに煙草一服を喫した。

之れで鎮静の気分となったから、手早く武装して戸外に躍り出て見ると、夏の月は皎々《こうこう》と照っている。屋外の騒擾《そうじょう》は又一段である、剣光閃《ひらめ》き、怒号罵声、逃げ迷う足音は乱れ雑《ま》じりて、騒擾言語に絶する。眼を凝らして、能《よ》く見定めると、敵襲らしい様子でない、味方の人夫が驚いて狂躁しているのみであった。

梧樓、混乱の渦中に入りてよく制止して調べると。夜半、人夫等の賭博に耽《ふけ》る処へ、衛兵が飛び込んだため、風声鶴唳《ふうせいかくれい》［怖じけづいた人がちょっとしたことにも驚き恐れること］で、敵襲と誤り伝え、斯くの如き大騒擾を惹起《じやつき》したのであった。

梧樓常に曰く、咄嗟《とつさ》の事変に際しては、先《ま》ず煙草一服を喫して、心を落ちつけて見よと。蓋《けだ》し此経験あるに依《よ》っての言《げん》である。

林　権助

林権助《ごんすけ》、名は安定、世々会津藩に仕う。権助、少時より武名あり。天保年間、閣老《かくろう》［老中］水野忠邦の邸に、暴徒数十名襲撃した。権助、江戸藩邸に在り、報に接して、槍を提げて赴き、鎮定した。幕末に当たり、諸藩各々洋法を学ぶ中に、会津藩は旧法を固守していた。権助、鬢髪《びんぱつ》白きにも拘《かか》わらず、進んで西洋の兵法を学び、一藩の軍制を改革した。文久二年、藩主［松平］容保《かたもり》の京都守護職となるや、権助、大砲隊長に任ぜられ。明治戊辰、伏見の役には、弾丸雨下の裡に勇戦して傷つき、船に乗じて大阪を発し、紀の海上に於て死した。六十三歳。

会津藩、曾《かつ》て上下の士を精選して、砲兵二隊を編成し、一を林権助、一を白井五郎太夫に付した。共に西洋兵式に依って訓練したもので、殊に精鋭の兵といわる。明治戊辰、伏見鳥羽の役に於て、以上の二隊は最も奮闘した。五郎太夫は鳥羽に戦死し、権助は伏見に傷つき、紀州の海上に於て歿《ぼっ》した。

権助、之《こ》れより先、元治《げんじ》の禁闕《きんけつ》の事変［禁門の変のこと］に際しては、堺町門に於て、長州兵と闘うて、其《その》武勇を知られていた。

明治戊辰正月、幕軍、伏見鳥羽の両路より京都に入らんとする。官軍途中に関門を設けて之れを阻む、ここに双方兵火を交えるに至った。権助は、選ばれて伏見方面に向かっていた。

正月三日、官軍、伏見の関門を閉じて入れぬ。問答に時を移していると、薄暮れの頃、官軍は突然砲撃を開始した。砲兵隊長権助、奉行屋敷柵門の内に陣し、大砲二門を備えて進撃せんとする。時に鳥羽方面に当たって砲声をあるを耳にするや、発射の準備を令した、忽《たちま》ちにして前面の敵は数発の砲弾を飛ばす。

権助、時に六十三歳、憤然として開戦を命じた。長髯雪白麻《ちょうぜんせっぱく》の如く［長いほおひげは真っ白な麻のようで］、満面朱を注ぐ［顔は怒りで真っ赤である］。会兵又奮戦して、権助の指揮に従い、激戦時を移した。

既にして伏見の町家は火を発して、我軍の背後を照らしたから、会津兵の影は鮮やかに描き出されて、敵襲を便《たよ》り［きっかけ］にし、我軍は殆《ほとん》ど死地に入るの観があった。されど権助一歩も退かず、白髯《はくぜん》を逆立て、怒号叱咤した。

会兵の死傷相ついで生じ、死屍算《ししさん》を乱した［死体が散乱した］。時に、松平右近将監の臣伊藤某、兵四十名を率いて来《きた》り、銃器なくて戦いに苦しむと告げるから。権助は、死傷者の兵器を贈って、彼等の戦闘に便ならしめた。

権助復《また》之れに力を併《あわ》せて戮戦《りくせん》した。戦愈《いよいよ》酣《たけなわ》にして硝煙四辺を掩い、銃弾雨飛する。一丸権助の膝を貫いて倒した。権助地上に臥しながら叫んで曰《いわ》く、我首を斬れ、必ず敵に授くるなと。我兵駆けて、権助を肩にして退いた。この白髯の老将の勇姿は戦場の好話柄《こうわへい》［「話柄」は「話題」の意］となって永く伝わる。

之れよりさき、慶応三年十二月、前将軍慶喜《よしのぶ》、二条城を去って大阪に行かんとした。之れが為に、城中鼎《かなえ》の沸くが如く騒ぐ。権助は同藩士佐川官兵衛と玄関に到り、城門を塞いで、慶喜の出城を力争諫止《りよくそうかんし》［力ずくでいさめ、やめさせる］せんとする。藩主容保之れを聴いて、権助、官兵衛を召して諭さんとしたが、此事《このこと》慶喜の耳に入って、親しく両人を召した。

座には幕府の重臣が列していた。権助は官兵衛と召されて座す。慶喜自ら両人を慰めて、汝等の壮武愛すべし、されど我下阪《げはん》するは敢えて逃ぐるにあらずして、他に深謀があるのであると説き諭《さと》した。乃ち、権助等、至純の情を以て、其胸中を述べ、慶喜の慰諭を拝謝した。当時、陪臣の身を以て、斯くの如く前将軍より親しく言語を賜るは、至上の光栄であったのであるが、それと共に、権助等が会津魂の硬直［正直で誠実］なるを赤裸々に露《あら》わした一場の劇的場面でもあった。

大村益次郎

大村益次郎、初め村田惣太郎、尋《つい》で［つぎに］亮庵、後に蔵六と変名した。姓は藤原、諱《いみな》は永敏、遂に大村益次郎と改称。文政七年三月十日、周防吉敷郡鋳銭司《すぜんじ》村に生まる。梅田幽斎《ゆうさい》、広瀬淡窓《たんそう》、緒方洪庵《こうあん》等の門に学び、また長崎に留学した。初め医術に従い、嘉永六年、蘭学を以て、伊達侯の招聘に応じて宇和島に赴き。安政三年、江戸に来り、蕃書《ばんしょ》取調所教授となり、尋《つい》で講武所《こうぶしょ》の教授と為《な》る。万延元年長州藩に仕え。慶応年間、幕府の征長軍を迎え撃て退く、王政復古の後、朝廷に出仕、軍防事務局判事に任ず。明治元年五月、東叡山《とうえいざん》の彰義隊《しょうぎたい》討伐に殊功あり、同二年、兵部大輔《ひょうぶだゆう》に任ぜられ。同年九月、京都の旅舎に遭難し、十一月五日、大阪の病院に於て逝く。四十六歳。

益次郎、梅田幽斎、広瀬淡窓に就きて漢学を修めたが、更に蘭学修業を重要視して、弘化三年、二十三歳、大阪に赴き、蘭学並びに蘭学の名家緒方洪庵の塾に入った。当時新智識の供給所は長崎である。益次郎、乃ち長崎に行き、名医奥山静叔の門に遊学し、かねてシーボルトにも教えをうけた。貧書生の苦学の資金は、代診のかすかなる収入のみで、非常なる窮困に陥ったけれど、それでも学業は大いに進んだ。再び大阪緒方塾に還り、学力優秀を以て塾長に挙げらる。

或る日、塾中の生徒集って会読輪講の折柄、長崎の奥山翁が洪庵を訪問して来た。之《こ》れを講堂に導くと、蘭書会読中とて質問討論に生徒等は躍起となって論駁《ろんばく》している。奥山翁は其側《そのそば》に在って聴いていると、座中殊に目立って学才の秀でた青年がある。蘭学の力も相当達している。あの秀才は何者であるかと、洪庵に尋ねると、洪庵微笑して、貴下の門で御世話になった村田亮庵であると答う。翁掌を打って大いに喜び、好漢、あれまでの学力があるとは思わなかった、今ではとても我等の及ぶ処《ところ》にあらずと嘆賞し、益次郎を呼んで久闊《きゅうかつ》［無沙汰］の辞を述べ、且つ大いに奨励した。

嘉永三年、二十七歳にして、緒方塾を辞して郷里に帰り、医業を開いた。門戸を美々《びび》しくし、衣服調度を飾り、阿諛《あゆ》［おもねりへつらうこと］好弁を以て患者に接するが如きは、益次郎の為し能《あた》わぬ処である。其故に学才あり実力ありとて一向に流行らず、門前雀羅《もんぜんじゃくら》を張ると云う文字通りの寂れ方であった。ここに於て業を閉じて他国に旅し、西洋の学問を基礎として兵学を修業せんと志して、予め父母の許諾をうけ得た。益次郎の人を医すの医より、国を医すの医に移った転機は茲《ここ》に在る。

嘉永六年、伊予宇和島侯の招聘に応じて四国に渡る時、小松の旅舎に於て、伊予へ帰る医者夫婦と泊まり合わせた。業を同じうした者なり、行くと帰るとの相違あれど、同じ伊予に渡る者なる故、深更《しんこう》［深夜］に至る迄《まで》語り合うた。

其翌くる朝、伊予の医者恥じ入りていうよう、まこと旅費に尽きて此処《ここ》をたつ事能《あた》わぬと。益次郎、其窮状に同情し、我れ大いなる余裕あるわけにあらぬが、窮乏の苦しみは具《つぶさ》に知っているから、ここの旅宿料を我れ代わって払って進ぜるとて、嚢底《のうてい》をたたいて［財布の底をはたいて］夫婦を救うた。伊予の医者尚いうには此上《このうえ》の御迷惑を煩《わずら》わすは心苦しけれど、此旅宿を立っても、もはや懐中真の無一物故、如何とも詮《せん》すべ［なすすべ］もない。まげて伊予松山の医者藤井道一のもと迄、我等夫婦を御伴い下さるまいかと、涙を流して乞う。益次郎また快く肯《うべな》い、夫婦を保護して其儘《そのまま》藤井の家迄送ってやった。夫婦の歓喜は如何ばりか、藤井も亦《また》益次郎の徳義に感激して喜んだ。藤井は松山の名医で、医業繁昌であったけれど、感動の余りに、当分の患者を断って、益次郎が宇和島へ赴くのを案内し、其恩義に報うる処があった。

長州藩に仕えて後、兵学教授、兵書翻訳、其他兵備の研究に従っていた。慶応二年、幕府再度の征長軍を起こし、防長の国境より進撃せんとした。是《こ》れが四境戦争である。益次郎、石見《いわみ》口の長州兵の参謀となって敵軍を壊滅した。幕軍は浜田、紀伊、高田、福山等の諸藩兵を連結した。時に旧暦六月の盛夏である上に、険路を凌いでの行軍であるから、襲来する外敵を却《かえ》って圧しようとする長州軍の行軍は、可なりに難渋であった。益次郎常に曰《いわ》く、戦場に立てばとて無闇に鉄砲玉があたるものでないと、即ち単衣《ひとえ》に短袴《たんこ》、頭に檜笠《ひがさ》、足に麻裏草履と云う至極の軽装にして、数名の学生を従えたのみで、騎馬で軍隊と共に行進した。往き往きて横田川に来た。川を越ゆるに橋梁《きようりよう》がない、余儀なく川の手前に一夜を明かす事になった。

其夕べ、益次郎は平服の儘《まま》、河辺の農家に赴き、船を出して川に浮かぶ事を求めたが、農夫は危険を恐れて固く拒んで応ぜぬ。乃ち懐中より十両の金を出し、それを与うる故に船を出せよと命ずると、多額な謝金に農夫は忽ち狂喜して、遂に船を索《もと》めて其望みに応じた。益次郎、船上より四辺の情況を視察して、川を往復去来し、明日の戦策を概ね定めた。

翌日に至り長州軍出発、また水辺に来て橋のないために躊躇する時、益次郎厳然大呼《たいこ》して、「大隊飛び込め」と命ず。兵士等はその無謀な命令に憤慨して、敢然川の中に躍り入り、水を蹴って岸に上り、敵軍に殺到して、飽く迄突撃した。闘いに捷《か》ちを獲て、再び歩を還す時、横田川には何時の間にか船橋が架けてあって、堂々帰来する事を得た。往きに橋なく、還りに却って橋がある、其所以《ゆえん》如何にと訝《いぶか》ると、益次郎莞爾《かんじ》として［にっこり笑って］曰く、敵前に進む者は憤りを発する位の元気がなければダメだ、但し帰りには気がゆるんで水中に飛び込めまい、夏の事だ、水にはいっても涼しかろうと。

同じ石州口《せきしゆう》の戦闘で、大麻山《たいまさん》の敵塁《てきるい》［塁とは土石などでつくった防御用の砦《とりで》及び陣地］を陥《おと》すについて軍議があった。夜襲説も出たが、益次郎、陣中に晩酌を傾けながら、吾々《われわれ》正義の軍を以て正々堂々と闘うべしである、夜襲の如きは卑怯千万であると斥《しりぞ》けた。これも前の日に、例の単衣に袴という軽装のまま、騎馬で乗り出し、敵地をよく測量しながら、携《たずさ》えた石盤にあれこれと地形をかいていた。之れを望んで敵弾が飛来する。馬丁は心配して敵弾を注意するようにというと、益次郎は左様かといいつつ悠々迫らず十分に調査して、帰った。其偵察の結果、全く成算があったから、夜襲の奇策を用いるに及ばぬと斥けたのである。

果たして翌朝隊を進め、大麻山の山腹から臼砲《きゆうほう》を乱射すると、敵軍は恰《あたか》も朝飯を食っている処へ、突然砲弾が落下したから、食器も兵器も打ち棄てて遁走して了《しま》った。益次郎の神籌《しんちゆう》［すぐれたはかりごと］常に確乎《かつこ》成功して人皆是《こ》れを仰ぎ視ざるはない。

夜間兵を率いて進軍する時、兵士に命じて、予め各自に切火縄《きりひなわ》を携えしめて、途上樹木の枝に切火縄に点火したるものを一々懸けさしめた。之れが目標となり、後から来る兵士は安全に進む事を得た。初め火縄の用意を命じた時に、其用途を怪しんだ者も、ここに及んで漸《よう》や《く》氷解して謀慮の深きを嘆賞した。

ある時には、長い梯子を携えさした。何に用いるかと思うと、之れを継梯子《つぎばしご》にして非常に高い梯子と為し、人家の中に立てさして、おのれ自ら高い梯子の上に攀《よ》じ上って四方を展望し、市街の様子や土地の形勢を偵察した。

其、浜田城を攻むるや、衆、攻城の危険を説き、雲州《うんしゆう》［出雲国］其他近隣から城に来援するの虞《おそ》れあるを以て、其手筈が余程肝要であると語った。益次郎笑って曰く、元禄の昔、赤穂義士討ち入りの際、上杉氏が多兵を以て吉良に来援するの憂いを説く者があったけれど、大石良雄［内蔵助］はさる心配無用と答えた。たとえ浜田城が攻撃されたとても、雲州其他の来援は事情がゆるさぬから必ずあるまい。攻城は断行して然《しか》るべしと答えて、兵をして進撃せしめると。浜田城は自ら火を放って焼き、敵兵は遁走し、雲州其他の応援は毫《ごう》もなかった。

益次郎の善謀悉《ことごと》く中《あた》り、前原一誠《まえばらいっせい》の如きも、吾《われ》をして大村先生の兵法を用いしめば、何万の大敵来るとも、毫も怖るる処なしと迄いわしめた。

益次郎の智謀勝《すぐ》れたるを最も有力に物語るものは、明治元年、東叡山彰義隊討滅の事実である。慶応三年、将軍慶喜、大政を奉還し、朝廷より王政復古の大号令発せられ。翌戊辰の歳、江戸城引き渡しも完了したが、幕兵の残党、東叡山に籠って擅《ほしいまま》に威を振るい、解散の説諭に応ぜぬのみか、通行の官軍を暴殺し、軍用品を劫奪《こうだつ》するものさえある。朝廷茲《ここ》に於てか、益次郎を軍防事務局判事と為し、東下せしめて大いに関東の軍に処する事になった。

益次郎の江戸に入るや、五月朔日《ついたち》、令を発して、田安［（徳川）慶頼］、大久保［一翁］、勝［海舟］等の市中取り締まりを罷《や》めしめ、官軍の兵を以て之れに代え。また軍気の弛緩を防ぐために、官軍を各地に配置して、市中を警衛せしめた。之れによりて兵気振粛《しんしゆく》、面目を一新するを得た。

時に、奥羽十七藩の重臣等、白石《しろいし》に会して同盟の約を結び、仙台藩を盟主として会津に結託す

ると の警報が達したから、江戸に居る総督府の上下は大いに驚愕したが、独《ひと》り益次郎は、奥羽十七藩も序《つい》でに掃蕩して倶《とも》に朝廷の有《もの》となさば可なりと笑って居た。

彰義隊討伐の軍議が行われた。議論紛々《ふんぷん》、或る者は、敵勢意外に強大である、官軍も一万の兵を用意せねばなるまいという。益次郎は之れに応えて、計画よろしきを得ば、三千の兵で事足りると断言した。又或る者は、筋違《すじかい》［橋］以北は賊の屯集する地であるから、あれを夜襲して、一挙不意に衝いて討滅するが上策だという。此説には多くの賛成者があったけれど、益次郎は断然排斥して、今や既に大号令を発せられ、徳川氏も亦《また》政権を返上して、江戸城迄差し出しているでないか、順逆《じゆんぎやく》の別は最早論ずべきでない。偶《たまたま》東叡山にいる輩は、徒《いたず》らに朝命を拒み、徳川氏の誠意に背ける残賊のみである。之れを撃つに夜襲を行うが如きは其当《とう》を得たものでない、宜しく名分を正しうして堂々白昼に討滅するがよい。たとえ幾万の兵あるとて彼等は畢竟《ひっきょう》烏合の勢である、官軍の精兵三千を以てすれば之れを征討するに少しも苦しむ処はない。若《も》し夜襲の手段に出るとならば、徒らに戦いの手が拡がって放火の虞《おそ》れがある、かくては江戸市中を灰燼に付するが如き忌《い》まわしき事態が生じ、延《ひ》いて朝廷の趣意にも戻り、人民を苦しめる事にもなるから、決して夜襲は行ってはならぬ。まず戦期を宣告して、正々堂々白昼に討伐するが王師《おうし》［王の軍勢。官軍］の王師たる所以である、と言い切った。

茲に於て、上野近傍の市民に布令して、予め戦争の難を避くべきを諭し、田安家に対して、上野東叡山にある徳川氏の霊牌及び宝器を他へ移す事をすすめた。而《しか》して［そうして］五月十五日を以て、上野賊徒追討と定めた。

益次郎のたてた彰義隊討伐の軍配は、上野黒門口を薩摩藩に攻撃せしめ、其横合より因幡藩長州と大村藩とは根津方面から、其後につづいて肥前の大砲隊を本郷加賀邸に置き、因幡藩の後援には肥後藩、大村藩の後援には備前の兵という配置であった。愈《いよいよ》薩藩が黒門口に攻撃を開始するや、肥前の砲隊が援護する。敵が後面に走って根津方面に遁《のが》れんとすれば、長州大村両藩が殲滅を計るという部署であった。此外《このほか》に江戸市中のみならず、遠く郊外の要地々々に諸藩の兵を備えて、東叡山の敵兵をして釜中の魚の如き状態に置いた。但し根岸方面だけは手をゆるめて、敵をして窮鼠の死勇を振るわしめぬ用意をしたなど、益次郎の謀略は戦わぬ前に既に必勝の成算歴々として窺うべきものがあった。

此部署が最高軍議の席上で発表された時、薩摩は敵の主力というべき黒門口を担当し、地勢其他から見て至難の攻撃につくべき事がわかっていたから、軍議が易々進行するや否やについては可なりの掛念［懸念］があって、非常に緊張した場面となり、一時は誰ひとり声を出すものもなかった。突如薩摩の一将は、辞色《じしょく》［言葉つきと顔色］はげしく、益次郎に向かって、朝廷は薩藩鏖殺《みなごろ》しの御所存であるかと詰《なじ》りよった。声に応じて、益次郎は簡単に、左様の一言を以て答えた。其態度の超然として併《しか》も圧力のあるには、何人も語をかえす能《あた》わず、其儘唯々《いい》として部署わりあては定まったのである。此劇的場面を経て、益次郎の真価は愈明瞭になった。

彰義隊に於ても、前日、即ち十四日の夜襲を最も警戒していた。畳台場を築き、今にも官軍の襲撃し来るだろうと夜もすがら待ち構えていた。十五日の明方の空も白々とあけ初め渡るも、何等攻撃し来る様子もないから、ホット一息ついて気も緩み、弁当箱をさげて帰って行く者もあった。この一張一弛《いっちょういっし》が益次郎の謀計の至妙なる所以で、官軍は午前九時頃、西丸下の大下馬先《おおげばさき》の広場に集合し、二手に分かれて進発し、敵の気勢弛める頃合いを見はからって攻撃を開始した。

彰義隊の戦闘はここに詳記せぬ。黒門口の頑強なる抵抗を、西郷隆盛の率いる薩軍が遂に突破し、根津方面の長州軍も敵を圧迫し、湯島台よりうち出す砲弾のために、山内の吉祥閣が炎上し、ここに彰義隊は全敗となった。しかし一時は其勢猖獗《いきおいしょうけつ》［好ましくないものの勢いが盛んなさま］にして、官軍も相当な苦戦をつづけたのである。

爾時《にじ》［その時］、益次郎は、江戸城西丸の一室に居り、柱によりかかって沈思していた。戦場よりの情報は敵勢猖獗にして頑強に抵抗している事を、頻《しき》りに通達して来った。このままの形勢を持続すると、勢い夜間の戦闘に延びる。然《さ》ある時には案外険悪なる結果になりそうであるから、幕僚達は漸く憂色を生じて、益次郎に其処置を詰った。

益次郎しずかに懐中から時計を出して衆に示し、最早何時になるから大丈夫である、別に心配するに及ばぬ、夕方までに必ず戦いは終わるであろう、今暫時《ざんじ》の間の忍耐だと諭し、上野方面にあがる兵煙を見守っていた。

朦々たる黒煙は次第に濃くなる。益次郎は城中の櫓《やぐら》（富士見三重櫓ともいう）に上って之れを展望すると、俄に兵煙は猛火の色となって烈々天を焦《こ》がす。之れを見るや、益次郎掌を打って、是《こ》れで始末はついた、あの炎々たる猛火は上野の山を焼くもので、敵の退却は必然である、これで戦闘は全く終わったというた。此折の姿をうつして銅像としてたてたのが、九段坂上の大村益次郎銅像である。銅像の草鞋ばきとなりいるは、軍陣の心持ちを表現したるものであるが、実際は城中の櫓の上から展望したのである。益次郎の言終わって幾許《いくばく》も経たぬうちに、上野より伝令使汗馬《かんば》を鞭うって来り、戦闘終結、吾軍勝利を報告した。益次郎の軍機を見る実に神の如きものがある。

つぎに、会津征討のために、官軍は諸道から進撃した。其内白河口の官軍から頻りに銃器弾薬を請求して来る。当時はスナイドル銃が最も優秀とされて喜ばれたが、銃器弾薬が豊富でないから諸方からやかましく請求して来る。取り分け白河口は其為に白河を奪還された事などもある故に、眉に火のつく様に催促して来た。益次郎は之れを聞き流しにして現送《げんそう》しない。すると刺殺しに来るという風聞迄立ったけれど、それでも送らない。

一体弾丸はどれほどあるのかと聴くと、一人当たり二百発しかないという。一人当たり二百発の弾丸があればそれでよろしい、屹度《きっと》白河は陥るに相違ないとて断乎として補給を拒絶した。果たして白河は陥落したが、後に至って益次郎いうには、二百発の弾薬があれば充分白河は陥る、望むが儘《まま》に渡してやれば、徒らに怪我人が増すのみである、此れだけの弾丸を撃って陥なければ死んでもよいでないかと。

榎本釜次郎［武揚］等、軍艦数隻を率いて品川湾を脱して、函館に入り、五稜郭に拠《よ》りて［「拠る」は「本拠地としてたてこもる」の意］官軍に抗した。時に冬天寒気の候である。益次郎は厳寒の地に兵を遣《や》るを不利として、翌年（明治二年）三月、兵を発して之れを討伐せしめた。海陸の戦闘数々激烈で、僻辺の地であるから其平定が危ぶまれた。

西郷隆盛、其郷里に在って北征の進まぬを見て、部下の将士の奨むる儘に兵を率いて東上し、北陲《ほくすい》［北の辺境］鎮定せぬ為に不測の災いを生ずる恐れがある故、我れ自ら戦地に臨んで、平定のはかりごとを為そうといい出た。益次郎之れに対して、戦闘は斯々《かくかく》の様子であるから、少し待たれよ、必ず効果が見えるであろうという。隆盛強いて進軍して戦場に臨まんと主張する。然《しか》らば進軍もよろしからんが、察するに貴下の到達する迄に戦闘は終結するであろう、我れは敢えて貴軍の進発を止むるものでないと、益次郎は其胸算《きょうさん》を告げた。

果たして隆盛の青森近くに来れる頃に、五稜郭陥り、賊軍降伏の報が達して、隆盛の労を煩《わずら》わす要がなくなった。隆盛、大村の卓見を長嘆して、我れ誤てり、面を合わすに恥ずとて、其儘東京に寄らずして、郷里へ引き返した。

戊辰以来の軍功に就き、明治二年六月、朝廷から褒賞があり、益次郎は永世禄として千五百石を下賜されたが、益次郎の寡欲《かよく》〔欲が少ない〕勤倹《きんけん》〔勤勉で倹約する〕なる、此恩賞に接して却《かえ》って恐縮した。曩《さき》に江戸平定の際、取り敢えず御褒美として、太刀料三百両、並びに天盃を賜った時も、此の儘家郷の父母に贈って栄誉を老親に捧げた程であるから。今度の賜禄については唯々敬《いいけい》畏《い》して、朝廷の御事業は之れからである、前途の御費用定めし多かるべきを予想し得らるるの際に臨み、聊《いささ》かの吾《わが》功勢に対して俄に永世禄を賜るが如きは恐縮至極である。朝延の思し召しは拝受するけれど、かかる高禄を頂く事は心苦しい、特別の御裁断を以て早速御取り上げを願いたい。おのれはいつまでも身命を賭して国家のために働く覚悟である、其ためには身軽気軽の方が働き易いから、是非永世禄は返上したいと願い出た。朝廷にては固《もと》より返上の事は御沙汰に及び難しと却下になり、益次郎の功績赫々《かくかく》たるを顕彰された。

明治初期には国際事情に疎く、朝野共に外国使臣を憚《はばか》っていた。わけて英国公使パークスは常に畏《おそれ》れられていたものである。パークス、偶益次郎に向かって、日本の兵士の数を問うた事がある。兵士の数は今直《すぐ》に明答なし得られぬというから、パークスは揶揄して、兵部大輔が兵士の数を知らぬは迂闊にあらぬかと詰った。

益次郎曰く、今や日本全国の人口を調査中である故、即答ができぬのであると。

パークス又いう、即今《そっこん》銃を執る兵士の数を答うるに、全国人口と何の関係があるかと。乃ち従容《しょうよう》として説く、日本は国民皆兵である、老若婦女子に至る迄日本人である以上は、悉く兵たるものである、故に全国の人口調査を完了せずば、其数幾何《いくばく》と答えられない。已《すで》に老若婦女子に至る迄悉く兵であるから、貴下等が外出の際にもよく注意せられずば、何時如何なる不測の災い生ずるやも知れぬ故に、常々心して外出せられよと、説き終わって、英国公使を全く威圧した事がある。

　維新創業の際であるから、自ずから綱紀を乱す者も現われた。益次郎、一日、庁に出でて諭すには大総督府にある者は、収賄とか、遊蕩とかを戒めねばならぬ、よく慎んで大総督宮殿下の御名を汚し奉らぬようにせよ。今日迄左様の所業あったか否やは、益次郎之れを知らぬ。但しここに紙屑籠がある、此紙屑籠に問えば、或いは各員の秘密を告げるかも知れぬ、紙屑籠を調べて犯跡のある者を知らば、益次郎は職掌上見のがす事は出来ない。但し紙屑の事であるから、今は咎めだてをなさぬ、後来《こうらい》［今後］願わくば紙屑籠に投入するについてもよく注意して、必ず大総督府を汚す勿《なか》れ、ここにある紙屑は取り敢えずこのままに破却するとて、属吏に命じて其紙屑を悉く焼棄せしめた。

　東北地方平定して、諸軍は帰還した。茲に於てか軍事費の精算が行われる。然るに甲地に赴いた軍隊の会計吏が提出したものは、数十万円の多額に上るが、帳簿よく整頓して、収支についても一銭の差なきまでも整然たるものであったも拘わらず、乙地に出征した軍隊の会計吏から提出されたものは、総額前者の五分の一に過ぎないのに、収支の差が数千円に上り、帳簿の整理がどうにもつかなかったものがある。勿論前者は賞せられ、後者は譴責《けんせき》を蒙った。

後日、兵部省に於て急に会計吏を採用すべき必要が生じた時、益次郎は整頓した精算書を提出した者を採らずして、却って譴責した会計吏をば採用した事がある。

人々怪しんで事理転倒にあらずやと聴くと、益次郎、さにあらずという。其意味する処は、軍役怱々《そうそう》［多忙］の際に計算行き届かぬは往々あるべき事実である。後に報告書を作る時に臨んでつくろう事の巧みなものは、整然たる決算書を提出し得る、固より整うたる精算報告を出したものは賞せざるべからず、故に我れ之れを賞した。しかしもそこに彌縫《びほう》補修の狡知《こうち》があるを考えねばならぬ。他の不整頓の精算書を提出したものは、其罪を免れぬ。けれど彼は正直漢である、怱忙の間に行った計算をありのままに潤飾《じゅんしょく》せずに書きあげた為に、収支相償わざる決算書を作製し、しかも質朴にも其儘に提出したのである。其罪は咎むべきも、其心事《しんじ》［心中］に嘉《よみ》す［よしとしてほめたたえる］べきものがある。賞罰固より厳正であるべきである。さりながら人物の当否は別に鑑《かんが》みる処があらねばならぬ。戦争中の混雑も已に終わり、之れよりは何処までもまじめに、何処までも正しく、予算決算を立てて事を行うべき時世となるのであるから、帳簿上に才知を弄して瞞《いつわ》りに巧みなる不正直漢は、全然採用するわけにいかぬ。算盤ばかり合っても誠意のない者は拒むべきである。平常の勘定は、慎しんで之れを綿密にさえ行えば必ず誤りの生ずるものではない。国家に尽くさんとする誠意ある正直漢こそ、今後の会計吏として最も適任者であるから、之れ曩《さき》に譴責した者を却ってここに採用した所以であると。

益次郎、兵制を改革をするに熱中した。人に告げて曰く、奥羽の戦争、函館の戦争の如きはみな児戯に均《ひと》しい、畢竟蕭牆《しょうしょう》［うちわもめ］の争いに過ぎぬ。外国と対立して真の戦闘を為す時には、今日の状態を以て全《また》し［完全である］とはなし居られぬ。今現存する諸藩の兵を見るに、大抵軍器を異にし、方式も同一でないから、之れでは一朝事あるに臨みて、整然たる統一を見る事ができぬ。宜しく朝廷の兵を作り、よく習練した兵を設けて、之れを模範として漸次統一を計るが急務である。

其第一手段としては、先《ま》ず士官を養成が肝要で、士官の養成には、幼年学校と青年学校とを設け、前者は原書から教え込んで立派な士官を作りあげるにつとめ、此れの完成を待つ間に、翻訳書で教えて早く士官を作り、よき兵士を訓練せしむべしである、其後のものが青年学校であると。

又曰く、陸軍は仏蘭西の制を用い、海軍は英国の制を学べよ。諸藩の武士を多く養うは、今後太平の世の費えであるから、成るべく速やかに之れを解隊し、武士の帯刀は禁止すべきである。用のなき武士が大小刀を横たえて［携えて］闊歩する如きは、寧《むし》ろ物騒の基であると。三宮義胤《さんのみやよしたね》、曾《かつ》て長刀を携えて益次郎を訪い、大いに時事を談じた。益次郎、徐《おもむ》ろに火箸を執って其刀を叩いていう。斯《か》くの如き長刀を指して居ては本当の話は出来ないと。

兵制改革、藩兵解隊、帯刀禁止等の益次郎の所説は、当時の武士階級に異常なる衝動を与えた。彼れは西洋崇拝者である。彼れは武士を侮辱する者であると、不平憎悪の声が交々《こもごも》起こった。併《しか》し、断乎として所信を敢行する益次郎の実力は、漸く朝延を動かして、宇治に火薬庫を設け、大阪に兵学校を置く等の案が実現しかけた。益次郎はこのために京阪地方に旅行中、明治二年九月四日、京都三条木屋町の旅舎に於て刺客の襲う処となる。

時に、益次郎、旅舎の二階に安達幸之助、静間《しずま》彦太郎の二人を傍に侍さしめて、夜餉《よるげ》の盃を傾けていた。薄暮れやや迫り、若党山田善次郎は燈火の用意の為に階下に降りたが、會々訪問者がある。山田は之れを階上に取り次がんとする背後より斬られて斃《たお》れ、凶徒は階上に襲撃して白刃乱下。益次郎は為に眉間と左指とを傷つき、殊に右脚の膝関節部に重傷を負うた。

燈火既に滅して室内暗黒となっていたから、益次郎は辛うじて身を脱して、次室の外縁に出た際、躓いて縁下に墜ち、復《また》立って側にある浴室に潜んで凶刃を避けた。刺客は安達を斃して益次郎と誤認し、歓声を揚げて去る。

賊徒去った頃急変を聴いて馳せ集まる者等、益次郎を捜し索《もと》めたが、益次郎自ら浴室より現われ出で、莞爾《かんじ》として、御苦労さん、又生きたと笑う。されど傷重くして、大阪府病院雇蘭医ボードインを招き診断の結果、大阪の病院に移し。療養数十日の後、右足膝関部以下を切断したが、衰弱殆《ほとん》ど其極に達していた為、遂に英魂九天《えいこんきゅうてん》に去った。

益次郎、身を持する事厳《げん》で、質素倹約を守り、常に粗服を纏《まと》い、晩酌の下物《かぶつ》［酒のさかな］は大抵豆腐であった。西洋の文物を口にするわりに、洋服を着たる事なく、羅紗で製作した義経袴を穿《は》いていた。唯一の娯楽は骨董を漁《あさ》る事である。此れも代価を一両より以上出さぬ事にして、如何なる名品といえ、如何なる気に入りたる物といえ、一両以上のは決して求めぬ事にしていた。人には楽しみがなければならぬ、しかし分に過ぎた楽しみはよくない、またオカシナ楽しみもよくないと、よく言っていた。

益次郎、少時某塾に学んでいた頃、塾は酒楼と接し、昼夜歌舞絃声《げんせい》が喧《かまびす》しく起こる。或る時、塾師突如問うて曰く、あの喧しきものを何の声であると思うかと。一座答うる者がない。益次郎卒然《そつぜん》［だしぬけに］曰く、あれは黄金の逃げる声です。

花曇り又しても雨となる頃、春雨をついて来客があり、挨拶していう、よう降る事でございます。益次郎答えていう、春はこんなものです。

又、或る人、夏日《かじつ》訪問して、御暑うございます。益次郎曰く、夏は暑いものです。

益次郎の好挨拶はいつもこの類《たぐい》であった。

天野八郎

天野八郎、名は忠告、斃止と号す、上野甘楽郡《こうずけかんら》磐戸《いわど》村の農大井田忠恕の次子、初め林太郎と称し、故ありて天野氏を冒し、天野八郎という。慶応四年二月、幕府旗下の士等、檄を伝えて、江戸四谷鮫ケ橋円応寺に会し、渋沢成一郎（喜作）を迎えて頭取と為《な》し、八郎之れが副となる。後に隊を彰義隊と名づけ、死を以て徳川氏の為に冤《えん》を伸べん［無実の罪をはらす］事を誓う。後に渋沢は意見を異にして去り、池田大隅守総隊長となったが、戦闘に関する実権は凡て八郎に在った。浅草本願寺を出でて、上野東叡山に拠《よ》る。五月十五日、官軍進撃し来り、八郎等死守したけれど、力尽きて敗れ、八郎免れて市中に匿《かく》れ、七月十三日、本所石原鉄砲師炭屋文次郎の家に潜むを、官に告ぐる者ありて捕らえられた。獄に在る事五ケ月、明治元年十一月八日、獄中に病歿した。三十八歳。

八郎、性仁侠、義を貫くに一死猶辞せざるの概がある。曾て、居村に山田屋常次郎なる者がいた。商業を営みて家富み、年寄役を務めて、近郷近在に其《その》威を誇っていた。頻《しき》りに横暴を逞しうして、常に強欲の行為多く、村民の顰蹙する処《ところ》であったけれど、其勢威、其富有に畏《おそ》れて誰も之《こ》れを抑える者がなく、益《ますます》暴戻《ぼうれい》〔荒々しく、道理に反すること〕を敢えてしていた。八郎、遂に義憤を発して、一身を犠牲にして、村民のために彼を懲らしめ、若《も》し肯《が》んぜずば之《え》れを殺害せんとて。先ず上野十二社に詣でて祈願を凝らし、其朝、吾家の神棚仏壇に照明を供えて拝礼した後、衣服を整えて、しずかに山田屋に赴いた。

常次郎に会うて、刀を示し。汝、村民を苦しめ、暴利を貪り、役人に賄賂を送って、虎威を借りて良民を悩ます事、実に言語道断である。今日よりして悔悟遷善《かいごせんぜん》せばよし、然らずば此一刀を以て、立に汝が頸《くび》を刎《は》ねんと、刀を抜いて常次郎の面前に白刃を突き出した。常次郎大いに恐れ、手にせる茶碗を顫《ふる》い落とし、平身低頭して、其罪を謝したから、八郎は常次郎の改悔を喜んで立ち去った。

磐戸村の上の山なる処に、荒廃した堂宇《どうう》があった、堂守《どうもり》に僧侶が一人棲んでいたが、毎夜怪しい事がある。例えば、戸を叩いて頻りに堂守の名を呼ぶから、戸をあけて見ると何者もいないなどいう類で、其外種々《そのほかしゆじゆ》不思議の事があるから、人々怖れをなして近付く者がない。八郎之れを聞いて、恐らく狐狸の悪戯であろうと解し、鰯の天麩羅をつくり、之れを罠にかけ、八郎は堂守の僧に代わって、単身堂内に臥《ふ》していた。夜半、果たして罠にかかるものがある。八郎戸を排して見ると、老狸が罠にかかって死んでいた。之れを携《たずさ》えて、翌朝近所の者に見せたら、人々は八郎の胆力あるを驚嘆した。

或る年、暴風雨あって、鏑川《かぶらがわ》が増水し、道路を破壊し、橋梁《きょうりょう》を流失し、往還通行の停まった事がある。其時、八郎は兄大助と共に、下仁田に居たが、磐戸の家には老母がひとり留守しているのみであるから、老母の身を案じて、八郎兄弟は帰宅しようとすると、諸道路悉《ことごと》く通行する事ができなく、僅かに一箇処の橋梁だけが残っているとの事であった。そこを通ろうとすると、橋梁とは名のみで、橋の桁が一条横たわり、濁水滔々《とうとう》と急奔して危険此上ない。母を憂うる兄弟も余りの危険なるに躊躇していたが、八郎曰く、兄は家の相続人なる故、危険を冒す事はよくない、次子である吾身が溺ればとて、大切なる兄を失うに比しては悔いる処が少ないとて。決然身を挺して、一条の橋桁を踏み、中央に於て踏み揺るがして其安全なるを確かめてから、兄を手招きして同じく渡らしめ、漸く帰宅して、共に母を慰めた。

八郎は武辺一偏の者でなかった、文章をよくし、俳句を好む。下仁田の龍栖寺《りゅうせいじ》の和尚、風流を愛し、花畑を作り、其花卉《かき》を荒らされる事をおそれて、下駄はくな、なる制札を建てた事がある。八郎即ち之れに題して曰く、下駄はくな鶯《うぐいす》低うなく畑。

八郎、鎗《やり》印其他の印に必ず香車を用いた。香車は一歩も横に行かず、一歩も後へ退く事なく、只直進するのみであるから、之れを用いて吾標章としたもので、八郎の全幅はこの香車の標章を以て説き尽くす事を得る。

八郎、或る時大阪に赴かんとて、東海道を旅行した。途中胡麻の蝿［旅人らしく装い、旅客の持ち物を盗み取る泥棒］に伴随されて、避くるに苦しんだ。八郎、故意に語って曰く、街道には昔から胡麻の蝿なる鼠賊が徘徊して、旅人を悩ますとか聞く、我れ未だ其胡麻の蝿たる者に出遭った事がないが、甚だ遺憾である。若し出遭ったら最後、諸人の為、其奴を斬って、並木の肥料としてくれると。刀柄を撫《ぶ》して［手でなでまわして］、私《ひそか》に胡麻の蝿を瞥視《べつし》した［ちらりと見た］。鼠賊驚き且つ怖れて、其儘姿を隠して、再び現われなかった。

彰義隊の浅草本願寺に屯集するや、渋沢成一郎を第一位とし、天野八郎第二位に居る。成一郎以為《おもえ》らく［「以為らく」は「思うことには」の意］、江戸に於て官軍と戦うは不利最も甚だしいから、退いて日光の要害に拠らん、それに就いては、金穀の準備豊富なるを要するものがあるとて、市内の豪商を招きて強いて用金を募った。八郎等は将軍恭順に際して、猥《みだ》りに軍費を募るのは不当であると責め、茲《ここ》に意見扞格《かんかく》して［意見が異なり互いに相容れなくなって］、成一郎は其党と共に本願寺を去り。彰義隊は小井田蔵太、池田大隅守を総隊長と仰いだが、実権は常に八郎の掌中に在った。

幕府の金銀座［金座と銀座。金貨、貨幣の鋳造機関］肝煎役《きもいり》に長岡右京なる者がある。時勢の推移を見て、機敏にも京都に上り、岩倉具視について江戸の事情を告げ、金銀座を封鎖して、幕府を窘《たしな》めるの策を献じた。具視嘉納《かのう》［献上品などを目上の者が快く受け入れること］して、右京を任官して江戸に還らしめ、急に金銀座を封鎖せしめた。彰義隊の壮士之れを伝聞して大いに憤り、八郎は十数名を率いて、小梅村の右京の居宅を夜襲し、族類九人を斬り、官兵三人を傷つけた。されど右京を逸した。倉庫が堅く鎖してあったから、此処に匿れ居るにあらぬかと、壮士等は倉庫を破らんとする。八郎之れを抑止して、倉庫を破るのは賊の仕業である、義士のなすべき処でないと、堅く禁じて退いた。右京果たして其倉庫に潜んで漸く危難を免れたのである。

彰義隊遂に上野東叡山に拠る、慷慨《こうがい》の余りは往々過激の挙に出で、遊歩する官兵を殪《たお》し、兵器糧食を奪うた。八郎、之れを制するが及ばぬから、大いに困惑した。官軍は、彰義隊の暴行を悪《にく》んで、部署を定めて掃攘《そうじょう》せんとする。明治戊辰五月十五日、戦端は開かれた。

一旦、干戈《かんか》［武器］を交えるとなれば、八郎の責任亦《また》大なるものがある。十五日払暁《ふつぎょう》［明け方］、風雨殊に激しかった。八郎は、春日左衛門、小林清五郎等を伴うて、朝六ツ半頃、山外を巡視するため、山下通り根岸迄来かかる時しも、突然、本郷切通し辺りより一発の砲声が響いた。素破《すっぱ》開戦第一声である。

馬を馳せて天王寺に至る迄、続々七発の砲声が聞こえる。池《いけ》の端《はた》へ来ると、両軍は既に戦いを始めている。八郎は谷中《やなか》天王寺方面の担当であったが、此方面には敵の隻影《せきえい》もなく、黒門口の戦闘が甚だ激烈を極めているから、八郎は黒門口の後援に駆けつけ、山王台の大砲を指揮して放射した。

然るに谷中方面に於ても亦開戦したとの急報に接して、八郎再び天王寺に引き返した。幸い部下の将士よく敵を拒《ふせ》いで退けていたから、復《また》激戦地の黒門口に馳せ、山王台に登って四斤砲《よんきんほう》をうつ。戦機漸次熟して、東叡山は砲煙に包まれ、弾丸雨飛の中に、双方猛襲激突を試みていた。

我軍次第に危うくなり、諸方面から援兵を乞うもの引きも切らぬ。八郎其間に処して八方に指揮していた。試みに残る兵士を検すると約三百ある。之れを三に分かって、百を以て本営を衛《まも》り、百を以て谷中口を援《たす》け、百を以て黒門口に死戦《しせん》［死ぬ覚悟で戦うこと］せしめたなら、或いは今夕迄凌ぎ得るであろう。若し戦い夜に入らば、市中に潜む同志者の蜂起するに相違ないと。八郎、朝来《ちょうらい》［朝からずっと］食を摂らずに、奔走馳駆《ほんそうちく》したから、身体綿の如くになって疲れていたのを、自ら奮《ふる》い起ち、馬に助けられて本坊前迄来た。すると中堂脇から一団の我兵が雪崩れて逃げ来る。口々に黒門口破れたと叫んでいる。八郎、馬の鞍壺《くらつぼ》に起ちて叱咤し、此の処は宮の門外であり、主家累代の廟所の前である、此処を去って何処を死所《ししょ》［死ぬべき場所］とする意か、と大音声に励ました。

爾時《にじ》、大久保紀伊守という老人、東照宮の旗を押し樹てて真先に進んで、敵軍を襲わんとした、砲弾飛び来って紀伊守は額を割られて死んだ。是れを見て百余の兵忽《たちま》ちにして散乱し、八郎の傍には二士を残すのみとなった。八郎乃《すなわ》ち二士と力を協《あ》わせて、紀伊守の死屍を運び。因に宮のいます辺りを窺うと、既に落ち延びさせられた様子であるから、今は戦争も終わった、此上は蔭ながら輪王寺宮の御途中を奉護せんと、根岸から三河島方面を捜索した。宮は黒衣を召され、古草履を履き、左手を竹林坊に引かれ、右手に珠数を執りて、徒歩にて落ち行かせらるる。其姿を拝して、八郎熱涙滂沱《ねつるいぼうだ》、生死を共になしまいらせんと嘆願したが、許されぬ。涕泣数行《ていきゆうすうこう》にして、之れを見送り。敗兵を集めて百余人を率い、道灌山を越え、巣鴨《すがも》から音羽護国寺《おとわごこくじ》に着いた。

護国寺に於て今後の策を議すと、議論区々《まちまち》、或いは甲州路を落ち行く者もあったけれど、多くは八郎の説に従うて、江戸近傍に匿れて再挙を待つ事にした。八郎は、同夜九ツ時頃、護国寺を出で、知人の許《もと》を此処彼処《ここかしこ》と泊まって、遂に本所石原鉄砲師炭屋文次郎の宅に潜んだ。

彰義隊士石川善一郎なる者、捕らえられて獄に下った。同室に芝増上寺の僧了寛がいた。了寛、善一郎に告げて、我れ近日出獄するが、足下《そっか》［貴殿］若し天野八郎氏の所在を知るならば、我れに教えよ、必ず八郎氏を伴うて脱走したいという。善一郎其言を信じて、軽卒にも其所《そこ》の潜伏所を教えた。

了寛乃ち官に訴えたから、了寛は直に出獄をゆるされ。稲田九兵衛は官兵を率いて、七月十三日朝、発砲しながら、本所の文次郎の家に乱入した。八郎、銃声を聞くや、一刀を携えて屋上に避けたが、銃を集めて乱射せられたから、額をうって転倒し、遂に捕縛せられた。乃ち西城下の糾問所《きゆうもん》の獄に繋がる事数ケ月、獄中に病歿した。

八郎、為人《ひととなり》、短軀豊肥、眼光炯々《けいけい》人を射る。獄中に在って、斃休録《へいきゅうろく》［八郎の手記］を記して、其志を述べた。

河井継之助

河井継之助《つぎのすけ》、文政十年正月元旦、越後長岡に生まる、諱は秋義、蒼龍窟と号す、世々長岡藩に仕う。嘉永五年、二十六歳にして江戸に遊学し、斎藤拙堂《せつどう》の門に入り、尋《つい》で古賀謹堂［謹一郎］、佐久間象山等に就いて学ぶ。安政四年、父代右衛門致仕《ちし》［（官職を）退き隠居すること］し、継之助家督を相続した。時に三十一歳、安政六年、藩の許しを得て、備中松山の山田方《ほう》谷《こく》の塾に入り、又長崎に遊ぶ。慶応元年、郡奉行となり、明年、町奉行を兼ね、頗《すこぶ》る治績を掲ぐ。明治元年、遂に家老職に上り、其上席を占む。幕末の際、朝幕の間に奔走せんとして志を得ず。明治戊辰、官軍の北越に進むや、小千谷《おぢや》に赴きて官将に陳情したけれど、允《ゆる》されず、退いて長岡城に拠る戦敗れて、一度城塁を捨てて走り、また奪還して威を振るう。偶傷ついて、官軍再度の攻撃に復《また》敗走して、会津に往く途上、塩沢［現在の福島県南会津郡只見町］に於て歿した。四十二歳。

越人曰く、越後に三傑あり、上杉謙信、僧良寛、河井継之助と。又或る者曰く、継之助は、日輪を見ても瞬きせぬ漢《おとこ》だと、以て其為人《ひととなり》を知るに足る。

継之助、少年の頃から常人と異り、不負魂《まけじだましい》頗る強かった。例えば、年長者と争闘して頭部に傷つけられても、鮮血を垂らしながら、泣きもせずに帰って来たという。しかも己のなしたる事は善悪に関わらず、朗らかに委細を語って、毫《ごう》も隠し立てをなしたり、言いくるめるが如き、邪心を見せなかった。要するに、縄墨《じょうぼく》［規則］の外に逸した不羈《ふき》［物事に束縛されないで行動が自由気ままであること］腕白の少年であったが、甚だ明朗な精神を持つ者であった。

書を読むは、精読第一主義を以てした。後来《こうらい》［後に］、継之助の文字を書く態を見て、傍人の評に、継之助は文字を書くにあらずして、文字を彫るものである、といわしめた如く、万事貫徹を以て其唯一の方法としたのである。

十八歳にして、鶏を割《さ》きて王陽明を祭り、志を誓明した。彼れに、十八誓㆑天任㆓補国㆒の詩句のある所以である。

古賀謹堂の塾に居る頃、其書庫から李忠定公集を捜し索《もと》めて、之れを読んで寝食を忘れ、遂に之れを手写して大冊十二巻を作った。用筆端厳、其多労一通りでない。後に佐久間象山、此写冊のために、篆隷《てんれい》［漢字の書体の篆書と隷書］で題簽《だいせん》［和漢の書籍の表紙に題名などを記して貼る細長い紙片］を書して、継之助の苦心を激賞した。李忠定は宋の名臣、金人入寇［河北の金朝の宋への侵攻］の際、国事に尽瘁《じんすい》［労苦を顧みず全力を尽くすこと］した人物であるから、継之助の傾倒したのも肯《うべな》われる。

継之助、常に曰う、漫《みだ》りに多読するも決して益があるものでない、寧ろ会心の文字をのみ幾遍も細心精読すべしである、其処《そこ》に読書の功が現われるものであると。

継之助は書を読むを以て能事《のうじ》［なすべきこと］とせず、之れを味わうを以て到れりとしていた。

或る人、三国志を読んで幾日かを過ごした。継之助問うて曰う、永らく倦厭《けんえん》もせず［飽きていやにならず］読むは何の為かと。其人答えて、面白いから飽かず読み耽《ふけ》れますと。継之助乃ち曰く、ただ面白いだけで読むなら、本を棄てて、芝居か寄席へ赴け、本は面白きために読むべきものでないと。

安政二年六月、長岡藩主［牧野］忠雅の養嗣子《ようしし》忠恭《ただゆき》、始めて長岡に還る。儀例によりて、藩中文武に秀でたる輩を選出して、御前に於て聴覧《ちょうらん》に供する事となった。之れが選に当たったものは、藩中の光栄者であるから、青年等の最も競望する処であったが、継之助は其選にあたって却《かえ》って之れを辞した。我が学ぶ処は講釈するが如き為でない、若《も》し講釈を要するならば他に適する者があろう、我が志す処は左様のものでないとて、頑然肯わぬ。藩庁は驚いて、或いは説き、或いは命じたけれど、其効がない。然らば病気届けを出せよというと、剛情なる継之助は、病気でない者が病気届を出すべき道理がないと承諾せぬ。藩庁は止むを得ず、心懸不レ宜、不埒の事に附、御叱被二仰付一候、との譴責《けんせき》処分に附した。

継之助の古賀塾に居る頃に、藩より横浜警備隊長に命ぜられた。時に英国と幕府との間に難交渉があって、上下騒然、今にも戦端開かれるやの切迫ぶりがあった。

命に接して、継之助は、万端我れに委任あって、生殺与奪の大権までも吾掌中に委ねらるならば、快く御受けをする。さにあらずば御断りすると極言した。この生殺の権まで委ねるという事は、藩主の意を聴かずに即答できる事でない、左迄いわずに受けよというと、継之助、之れに服せずして、今日の場合は尋常の際でない、一旦戦陣に臨むに方《あた》り、一々事毎について藩に聴かねば果断ができぬ様では、任務が務まりかねる。用にたたぬを承知で任務に就くというが如き、無責任な振る舞いは、我が為《な》し得ぬ処であると固く自説を主張した。

数日後に至り、漸く継之助のいうが如き権限をば、藩に於て公認し、継之助は其任に就く事となった。

兵士を率いて横浜へ往く途中、品川の妓楼の前に達した時。継之助は馬より降りて、部下の隊長を呼び、我れは此処に遊ぶつもりである、藩邸へ帰りたき者はここから帰るがよい、横浜へ行きたい者は其儘に行け、又我れと共に遊びたき者は此処に止まれよと命じた。此無謀な命令には部下の隊長皆大いに愕《おどろ》き、中には藩邸の重役に此由《よし》を告げた者がある。藩から使者が馳せつけて継之助を呼び戻し、行軍の途中に拘わらず不謹慎の所業であると詰《なじ》った。

継之助曰く、既に藩門を出たる上は、我が率いる隊の行動については、隊長たる吾《われ》欲する処を行えば可なりである。それを態々《わざわざ》呼び戻すが如き、くどくどしい委任では役目御免蒙る。之れあるが故に、始めから万事委任の断目を押して置いたのである、之れ以上何と仰せあっても御引き受けいたさぬと、悠々もとの古賀塾に還り来った。

継之助は此事局を以て、英国の脅喝《きようかつ》に出るものとして、真の戦意あるものとなさぬ。然るに吾当局に於ては、猥《みだ》りに周章狼狽をしているは実に其機宜《きぎ》［時機に応じていること］に適せぬものである。英国固より戦わず、吾幕府亦戦を避けたがっている、何の必要あってか、力瘤を入れて、横浜警備につくの喜劇を演ずべきと、夙《つと》に観測洞視していたのであったが。果たして継之助の観るが如くに、事局は有耶無耶《うやむや》の裡《うち》に転向したのである。

備中松山の儒者山田方谷は、学名高きのみならず、其主唱する処も亦経済実用の学で、藩の政《せい》績《せき》にも貢献するものが尠《すくな》くない。継之助、方谷を敬慕して、其膝下《しつか》［「膝下」はここでは「親や庇護者のもと」の意］につきて教えを受けんとて、安政六年六月、江戸を出発して中国に赴いた。途に美濃大垣の小原鉄心《おはらてつしん》、伊勢津の齋藤拙堂等の名流を訪い、更に津藩の奇儒土井聱牙《どいごうが》を尋ねた。

聱牙は剛腹《ごうふく》［度量が大きい］不羈《ふき》の学者である。身長抜群、大頭隆準《りゆうせつ》［「隆準」は「高い鼻」］、音《おん》吐《と》鐘の如く、雄弁滔々《とうとう》、英気潑々。衣服はいつも粗末なものを纏《まと》い、頻りに世を罵るの癖があった。継之助の訪問した際、聱牙は赤裸となって机に倚《ママ》り、筆墨に親しんでいたが、継之助の姿を見て、俄に衣服を纏わんとするから、継之助は徐《おもむ》ろに、其儘にて結構という。言下《げんか》、聱牙は、それでは乃公《だいこう》の書いたものを貰ってくれるかとの、奇問を発した。継之助少しもひるまず、未だ他人から文字を書いて貰った事はないが、下さるとあるなら頂戴しましょうと、挨拶した。扨《さて》、初対面の辞礼を交わして後、継之助は卒然として、先生から叱って貰いたいと思うて訪いました。其顔をば贅牙は凝乎《じっ》と見つめていたが、他人のいう事を聞きそうもない顔をしているが、という。継之助、即座に反答して、聞くような説を聞かされれば、いつもよく聞き入れますと応じた。

後に、継之助曰く、あの人ほど切り込みの烈しい人物は少ない。贅牙も亦曰く、継之助程切り込みの烈しい人物はないと。

継之助の方谷を訪うや、初めは手もなく拒絶された。継之助告げて曰く、我れの先生に学ばんとする処は、経を質し、文を問わんとするが如き末節のものではない、と、其志す処を縷々《るる》［こまごまと］述べたら、方谷も之れを異《け》なり［普通とは違う、あるいは、特にすぐれている］として其入塾を許し。後には、彼《か》の漢は豪《え》ら過ぎる、北国辺りに蟄せしめるは惜しいものであると、賞賛したほどであった。

其方谷塾に居る間に、長崎に遊んだ事がある。長崎は当時の新智識の淵源《えんげん》であった。帰来《きらい》方谷は継之助に向かい、今度の旅行には如何なる名士と交わったかと尋ねた。否今度の旅は書物を求めたのみで、名士と接触しませぬ。側から方谷の夫人、珍しい土産物でもありましたかと問う。好土産はなきも、一箇の美人を具《ぐ》して帰りました、我室に其美人が控えて居ります。夫人立ちて継之助の室《へや》を窺うと、床上にかかげたものは、一幅の窈窕《ようちょう》たる美人画であった。

元治元年、長岡に帰りて後、外様吟味［紛争を裁断する］の役につき、多年の難件といわれた山中事件を明快に裁断した。

越後刈羽郡山中外六村は、もと幕領であったが、蒲原郡の一部分と更地［替地の意か］せられて、長岡藩の領地となった。里正《りせい》［庄屋。村長］徳兵衛、其名に背いて家庭修まらず、村民の憤怨を招き、延いて訴訟沙汰となっていた。其裁断頗る難件で、永らく紛紜《ふんうん》［もめごと］をかさねていたのを、継之助が其担任となるや、利刀《りとう》［よく切れる刀］を以て断つが如く、是非を分かち、原被両者間の融和を計り、円満なる終結を告ぐるを得た。其効績により、元治元年の秋、三十八歳にして、継之助は郡奉行の重任《じゅうにん》に抜擢せられた。

継之助が郡奉行の職につくと、忽ち快腕を振るって上下の信任をかち獲た事がある。之れも亦当時の難事件として、藩庁の手に余るものであったものを、適切に処理したのである。

当時、領内其他の村民等と、御勝手元を務むる某との間に生じた、倉庫米に就いての裁判がそれである。理は固より村民側にあって、某の敗訴は当然すぎる程のものであったけれど、御勝手元なる強大なる金権者を圧するには、時の長岡藩の役人達の腰が弱過ぎていた。漸くにして村民を慰めて、今後再び同一の事実が発生したらば、倉庫の米は悉く村民等に分かち与えるの一札を交付して、辛くも其事件を納めたのであるが、今度又もや某に違約の事実があったから、村民等は起《た》って藩庁に迫り、前約を履行《りこう》せられん事を訴え出たのである。

若し村民等の請求を斥けると、藩庁は約を背いた事になり、甚だ威信にかかわる。さりとて請求其儘を容易に受理する事もならぬ場合にあって、進退両難の位置に立っていた。

継之助は郡奉行の職を以て、此難件に当たり。まず訴訟を提起した土地に赴いて、郷中の庄屋をば役所に召集し。凡《およ》そ藩政を与かる者から斯《か》くの如き書面を下付《かふ》するはあるまじき所為である。しかし一旦之れを契約した以上は、藩の威信上必ず実行せねばならぬ。唯藩の過失に乗じて強いて請求を迫るは、領民たるの本分を忘れた背恩的行為であると。懇々理義を説いて諭し、村民より其請求を取り消さしむると共に、其不心得を叱り付けて、将来の保証を充分にして置いて、藩庁に対して然るべき米穀を納めしめ、之れを藩庁の名によって再び村民等に下賜して藩の威望を損ぜず、村民等にも満足を与えて、さしもの難事件をみごとに裁断し終わった。

長岡領地の西蒲原郡は、多数の沼沢《しょうたく》があって、水腐地《すいふち》が多い。水腐地とは［排水不良による］水災に罹った地域を云う。かかる土地には五ケ年間納税を免除する規定になっていたから、これを好い事として、一度水腐地として其特典に浴すると、五ケ年を過ぎても、地元の民が、検分の役人と結托して納税の負担を免れているというが如き弊害を生じた。

継之助は之れを匡正《きょうせい》するために、自ら肴籠《さかなかご》を担ぎ、魚買いに扮装して、水腐地として有名な地方々々へ、民情視察に赴いた。

由来《ゆらい》水腐地は魚類が多くとれるから、雑魚買いが多人数此方面へ出向くのである。其魚買いに交じって、彼処此処と魚を買い求めつつ、雑談にまぎらして一切の状態を探査した。何分商売でないため、自然高価に買い入れる。高価に買い入れるから、継之助に向かって売り手が殺到する。売り手が殺到するから、種々《しゅじゅ》調査が進む。此所までは甚だ好都合であったが、継之助の偽装魚買いに許り《ばか》人が集まって、他の魚買いは手持ち無沙汰の状態となったから、彼奴《あいつ》は仲間困らせの営業妨害者であると許り《ばか》、憎悪の眼を以て白眼《にら》まれ、果ては喧嘩をふきかけられて、危うい目に遭おうとした事もある。兎に角斯かる手段を以て水腐地の模様も知れた故、土民と結託していた私《し》曲《きょく》［自分の利益のための不正］のある役人をば罷免し。改めて藩吏を出張さして厳重に調査をなさしめ、非違《ひい》［違法］を正して、納税を断行せしめた。之れがため年額六千俵の増収を見て、欠損せる藩の財政上潤おす処可なり大なるものがあった。

継之助の外様吟味を勤務するや、多年係争の山中事件を解決したけれど、何分永らく纏綿《てんめん》せる［からみあう］複雑なる事情が存して、一時に氷解し難いものがあった。慶応元年に至って又もや之れが勃発し、庄屋と村民等との間に蟠《わだかま》れる悪態情は爆発して、村民等は一致結束を堅め、若し違約者が出るならば、直に制裁を加える等の申し合わせをして、庄屋に対抗紛争をした。

其内、果たして村民側に三名の違約者が現われた。予ての盟約に背いたからとて、直に制裁が加えられた。其三名は困却して山中に逃げ込み、遂に縊死《いし》を図り、二人は蘇生したけれど、一名は絶命して了うた。

かかる騒擾《そうじょう》を聴いては、藩庁として見のがす事ができぬ。数名の盗賊方を其地に派遣せしめ、村民側の主謀者四名を捕縛して、城下へ拘引《こういん》しようとすると、村民等は一時に蜂起して之れ妨害し、事態甚だ急迫となった。

藩庁よりは更に応援として、足軽小頭田部武八に命じ、足軽二十余人を率いて、現地へ急行せしめた。田部が騒擾の地に至り見ると、事態は思ったよりも険悪である。此儘《このまま》主謀者を拘引すれば、村民等は勢いに乗じて暴発するやも計られぬ。

これによって田部はおのが独断を以て、一先ず主謀者を放免し、既に吾《わが》一身を賭けて主謀者を放免するからには、村民は穏便に退散して、追っての沙汰を待つべしと懇諭した。村民等も其誠意に服して、漸く解散鎮静した。

田部は長岡に帰り前後の状況を告げて、おのれの越権に対して何分の処分を待つと、縷《る》申したが。継之助は之れを聴いて、却って田部の臨機の処置を賞し、毫《ごう》も咎めぬ。

然るに数日の後に至り、村民等は、藩庁から何等の沙汰がなき故、又もや騒擾をはじめたとの急報があった。継之助は、田部に命じて先ず現地に赴かしめ。継之助が四五日の内に出張して公明の裁断を下すにより、それ迄は謹慎して待つべしと、告げさしめた。田部、山中村に急行すると、村民等は、役人が庄屋の家に宿泊するを好まぬとて、一寺院に宿舎を定めた。田部其寺院につきて、村民等を懇《ねんご》ろに諭して、継之助の来るのを待たしめた。

継之助は態《わざ》と其翌夕山中村に到達した、之れは予め四五日の内と告げて、村民等の不意に現われ、一気に事を解決せんとする胸算《きょうさん》であった。夕間暮《ゆうまぐ》れの人の気づかぬ時に、突如庄屋の家へ入ったから、村民等は漸く気付きて、俄に周章し、庄屋の屋前に雲集《うんしゅう》し来って、此家に宿泊せられては困る、寺院へ転宿せられたいと、囂囂《ごうごう》嘆願した。継之助、厳然叱咤して、たとえ我れ庄屋の家に宿泊するとて、其為に理非を曲断する者と思うか、慮外《りょがい》［無礼］千万《せんばん》の輩だと譴責し。庄屋に向かってはまた、今宵、当家は公用に充てる故に、家族は悉く他に赴けと命じ、各室の戸障子を取り外さしめ、殊更に燈火を点々［あちこち］照らして、少しも私庇なきを示し、田部等を集めて徹宵談笑した。之れを見て村民等は気屈《きづまり》し、何の異議を挟む余地もなかった。

翌朝に至れば、継之助、村民等を集めて、まず一々の氏名をば村民の名乗らぬ先に、継之助から呼びあてて、益《ますます》村民の気魄を奪い。扨《さて》今度の騒擾は甚だ不穏当なる故、速やかに厳罰すべきものであるが、庄屋の方にも亦軽からざる不都合あるを以て、村民等の罪科は寛宥《かんゆう》［罪過を寛大にゆるすこと］して遣《つか》わす。又庄屋に対する処分については、苟《いやしく》も一言半句と雖《いえど》も喙《くちばし》を容れる事を許さぬ、此寛大の処分を有難く心得、前非を悔いて、将来を慎むならば、わが満足する処であると、辞色《じしょく》を励まして厳しく宣告したら、村民輩は、継之助の明断に服して、深く其罪を謝した。

継之助は次に庄屋に向かいて、職務柄不届につき、本日限り隠居を命ずる。しかし其相続は悴《せがれ》に申し付くといい渡して、之れも唯々《いい》承服せしめた。

茲《ここ》に於て、継之助酒肴《しゅこう》を座に運ばしめて、彼等に酒を与え。酒酣《たけなわ》なる頃を見て、継之助は更に、衆に向かいて、今日の酒宴の費用は、庄屋にも、村民等にも迷惑をかけぬ。我れ為に之れを償おうと語りつつ、数多《あまた》の包《つつ》み金《がね》を取り出し、酒宴の費用は即ち此金子《きんす》である。汝等には此包み金に見覚えがあるであろう、皆礼金として、何時か我許《わがり》へ持ち来たものである。元来公《おおやけ》の役目にいる者が、かかる贈物を受くるべきものでない、けれど多年の習慣に従って一応は預かって置き、今日の酒宴に之れを費したならば、恰《あたか》も汝等に返却したわけになる。但し後日再び斯くの如き不心得をなす事は、屹《きっ》と禁じ置く故、しかと心得置けと。森厳《しんげん》に言い渡した時には、一座畏縮して頭をあげる者はなかった。

継之助、賄賂を忌む事蛇蝎《だかつ》の如きものがあった。幕末時代は官紀の紊乱《びんらん》する事殊に甚だしく、付け届け、役得の名儀は公々然《こうこうぜん》として唱えられ、賄賂を贈る者も、受ける者も、尋常套用の儀礼と迄心得ていた。此為に弊害の生ずる処一再でない。

継之助、最も之れを憂《うれ》いて、或る日部下の吏員を官庁に召集し。諸君が種々なる名儀の下に下々よりの贈物を受納せらるやに聞くが、之れは諸君の私欲に出たものでないと思惟する。要するに藩よりの手当てが不足勝《が》ちであるがため、勤務上差し支えを生じ、自然斯かる贈物を受納して、其不足を償うものと察する。御同様に斯かる事は遺憾千万である。元来藩より幾何《いくばく》の支給を受けたなら、其勤務遂行に妨げなきを得るか、乞う腹蔵なく申し述べられたい、と質問を発した。吏員悉く畏却して答うる辞を知らぬ。

漸あって、従前の支給の儘《まま》にて勤務向き差し支えなき旨を藩吏達が答うるや。継之助言語を改めて、然《しか》らば爾後《じご》［この後］は決して付け届けなど称する類の贈物を受納する事罷《まか》り成らぬ、よく注意せよ、と厳しく戒めた。

慶応三年、将軍慶喜の大政奉還の報、長岡に達した。継之助、決然、藩主忠訓《ただくに》に進言して、公武の間に斡旋すべきを説き。藩主を擁して上洛し、大いに志す処があったが、時運已に切迫して、如何ともすべきようもなく、手を空しくして江戸に引き還した。

明治戊辰、官軍北越に進むの説がある。長岡藩中には恭順説と反対説との二派があって、甲論《こうろん》乙駁《おつばく》して沸騰した。継之助は、西軍北下の日を俟《ま》って、委曲《いきょく》［詳細］我藩の微衷《びちゅう》［真心。本心］を縷説《るせつ》して［こまかに述べ］、其了解を求むればよい。我れ其一切の責任を負うて之れを行うから、朝廷に対しての応答は後日に譲ると説き、私《ひそか》に官軍北進の時を待っていた。

時に、継之助、累《しき》りに重用せられて、家老上席の最高位に居り、一藩の政治は悉く其掌中に在った。継之助の意とする処は、我藩の兵力を先ず強からしめ、其勢威によりて官軍と会津との間に立ちて調停し。会津の兵を我境内に入らしめず、又徐《おもむ》ろに官軍の将に告げて、其進軍を停むる事を乞い。会津については万事我藩に委託せしめて、更に自ら会津に赴いて、事理を説き、会藩をして朝廷に恭順の誠を致さしめ、以て官会両者の融和を図ろうとした。若し官会の何れにせよ、吾この誠意を容れざるものあらば、乃ち戟を執って之れに当たるのみであると称した。

大総督府、北越征討の師《し》［軍隊］を起こして、明治元年五月、北征総督等越後高田に入った。薩の黒田了介（清隆）、長の山県狂介（有朋）、戦地参謀として、薩長其他の藩兵を率いて来越し。土佐の岩村精一郎（高俊《たかとし》）亦、監軍として、尾張及び信州方面の軍を率いて来り。全軍を二に分かちて、一を山道より、一を海道より進ましめた。

山道の軍は、岩村之れを指揮し、途を阻む会津軍を攘《はら》うて、閏四月二十七日小千谷に陣した。

継之助、既に長岡藩の軍備をととのえ、自ら軍事総督となって兵権を握っていた。即ち官会の間に立って周旋《しゅうせん》［仲立ち］すべき好時機来れりと察して、五月二日未明、二見虎二郎のみを随《したが》え、孤身小千谷の官軍本営に向かった。官将岩村之れを迎えて、慈眼寺《じげんじ》に会見。継之助は麻上下《あさがみしも》の礼装で恭《うやうや》しく嘆願書を提出し、予て抱懐する処の意中を述説して、長岡藩の立脚地を明らかにし、且つ官会融和の方策を語った。

岩村、僅かに二十三歳、又継之助の人物を知らぬ。唯尋常一様の藩老臣と即解して、一概に継之助の持説を斥けて、膝を交えて懇ろに語るの余裕を持たなかった。

継之助は、日常の剛腹にひきかえて、繰り返し繰り返し嘆願を重ねたが、白面の青年監軍は、傲然《ごうぜん》之れを峻拒《しゅんきょ》した［きっぱり断った］。継之助尚進んで岩村の陣衣を捉えて、訴う処があったけれど、岩村裾《すそ》を放って退き、継之助の願望全く断たれた。

されど継之助は、終夜官軍の本営の門を窺うて、再び会見の機を得んと試みたが、其機遂に至らず。継之助は全く施すべき術《すべ》を失うて、失望と憤慨とを携《たずさ》えて空しく長岡に還って来た。かくて戦闘は最早避け得られぬ事となり、殺気北越の天地を覆うの止むなきに至った。

継之助、還って衆に告げた。万事休した、唯戦いあるのみ。若し此際戦闘を欲せざるに於ては、唯一方法がある。即ち我首を斬って、其要求する三万金に添えて、官軍の本営に之れを贈れと。挙藩忽ち交戦に一致した。

官軍の兵力は、薩長二藩を始め、尾張、加賀、甲信越の兵約二万以上にのぼり、海上よりは軍艦の援助がある。之れに対抗すべき長岡藩は千余人、会津、桑名及び東北諸藩の援兵を加えて総数五千という。

先ず長岡城南方三里の榎峠の激戦に、戦の幕は切って落とされた。

それより両軍諸処に銃火相交え、縦横搏戦《はくせん》［殴り合ってたたかう］したが、長岡藩は戦いに利を失い、城に退く。官軍捷《しよう》に乗じて迫り、電馳風撃《でんちふうげき》、全市は火を以て包まれ、城楼亦兵火に焼けた。止むなく城を捨て、椽尾方面に退却す。

茲に於て根拠地を加茂《かも》に置き、諸軍を集めて、徐《おもむ》ろに恢復《かいふく》の策をなす事にした。

長岡城を奪還するには、先ず今町《いままち》を攻略する必要がある。五月三十日、加茂を発して三面より襲撃した。継之助、紺飛白《こんがすり》の単衣《ひとえ》に平袴《ひらばかま》を着け、下駄を穿《うが》ち、旭日を画いた軍扇を開いて諸軍を指揮した。英姿颯爽として意気軒昂、諸軍猪突して今町の官軍を掃攘《そうじょう》し、此処に乍《しば》らく兵を憩《やす》めて、ついで長岡を奪還する画策にかかった。

朝廷にては、北越征討を確実ならしむるために、西園寺公望《さいおんじきんもち》を総指揮官に任じ出征せしめたが、今町口戦闘以来、長岡藩の兵勢猖獗となったから、仁和寺《にんなじ》［高松宮］嘉彰《あきひと》親王を総督となし、更に兵を増して大挙討平する事となった。

継之助は機先を制して、疾《はや》く長岡奪還を試みるべく、七月十七日、椽尾の仮本営に諸将を集めて、進撃の策を凝議《ぎょうぎ》した。

長岡の東北面に八丁沖なるものがある。水田万頃《ばんけい》［水田が広々として］、実に屈指の要害である。此要害を恃《たの》んで敵の警備は至極緩やかであるから、此方面から苦難を忍んで潜行し、不意に突撃する事になった。

会《かい》［その頃］、風雨連日にわたり、為に八丁沖の径路は悉く水に没して、一面の大湖水となった。之れを渡って進撃する困難は並々ではない。

二十四日夜、継之助、兵を略《ママ》して、八丁沖を過ぎ、漸くにして長岡城の塁前に出た。即ち銃を発し、火を放ち、鼓噪《こそう》して突撃した。之れを合図として諸方面より応答の狼煙《のろし》をあげると共に、猛撃を試みた。茲に猛烈なる夜襲戦は行われ、事急遽に出でたから、城を守る官軍は周章狼狽して、西園寺総指揮官は従士長《ちょう》光太郎（長三洲《ちょうさんしゅう》）に導かれて、畔径を走りて避け。参謀山県狂介も、戎衣《じゅうい》［戦争に出る時の衣服］を着くる遑《いとま》なくして、寝衣《しんい》のままで兵を指揮したという程である。

官軍の諸隊潰裂《かいれつ》して［くずれ避けて］走り、長岡城頭には再び藩旗翻るに至った。市民歓呼して迎え、継之助等も眉を揚げて喜んだが、難路を凌いでの激戦であったから、其疲労は極に達していた。

然るに下条《げじょう》方面に居た官軍の主力は、長岡の兵火を臨んで、急に兵を還して救援に馳せ、新《あら》町《まち》口に迫った。

継之助、予め此方面の重要なるを覚《わか》っていたから、三間《みつま》市之進（正弘）をして敵の攻撃に備えしめたが、敵は天明［夜明け］を期して砲戦を開き、其勢いの悍勇《かんゆう》なる、侮り難きものがある。継之助、乃ち応援に赴いて、自軍の兵気を鼓舞せんとて、一隊を率いて駆け付けた。敵弾雨飛して面を向くべくもない。衆は皆敵弾を恐れて、雁木《がんぎ》形に歩みつつあるに、継之助は独《ひと》り悠然として直進すると。一弾飛来して、左脚の膝下に命中し、二三歩よろめくと見る間に、迸《ほとばし》る血汐《ちしお》と共に路上に倒れた。

人々驚いて即座に戸板を造り、継之助を載せて運び去らんとする。継之助、側の者に告げて、生命は別条なかろうが、脚は役にたつまい、他人が聞いたら傷は軽いと言えと告げ、運ばれて御引橋畔の土蔵造りの建築物に移った。夕暮れになると、敵弾は此辺りに迄落下して来るから、我兵は大抵城内に引き揚げ、敵の逆襲復《また》急なるものがあった。

継之助、長刀を胸の上に横たえて、首級《しゅきゅう》だけは敵に渡されぬと傲語《ごうご》し、声音朗々、紈袴不㆓餓死㆒、儒官多訣㆑身の愛誦の詩を吟じた。

翌日更に移して、藩の野戦病院なる昌福寺《しょうふくじ》に運ばれた。

爾時《にじ》、大勢は再び転回して、我軍は城内に入りて死守の位置を取っていた。官軍又深く之れを撃たず、隊伍を新たにして進撃し来り、七月二十九日、長岡城は復《また》も官軍の有《もの》に帰して了うた。

長岡城を再び失うや、継之助は衆に擁せられて、見附《みつけ》に遁《のが》れ、八月三日吉ケ平に達した。之れより前途には会津領境の有名なる八十里越の険路がある。よしや八十里越を踏破して、会津に落ち延びればとても、大勢は既に往くべき方向に進みつつあるから、一時を苟偸《こうとう》すとて［目先の安逸をむさぼっても］、所詮は無益である。

八十里こしぬけ武士の越す峠。重傷瀕死の継之助は、如上《じょじょう》［前述］の十七字詩を作って側の者に示した。曰く、我れは会津へ行く事を好まぬ、我れをして此儘に置かしめよと主張した。けれど従者等は、重態の継之助を此処に捨て置く事はできぬから、無理にも説いて、会津へ行く事を肯《うべな》わしめて、八月四日吉ケ平を出発、同夜山中に一泊、五日、会津領只見《ただみ》に着いた。

崎嶇《きく》隘険《あいけん》の山路を粗末なる乗物に揺られて進んだ為に、焮衝《きんしょう》［炎症］激しくして、創傷《そうしょう》は愈《いよいよ》重《おも》り、既に回春［快復］の望みは絶えて了った。八月十三日塩沢村に達し、矢沢医師の家に投宿して療治をうけたけれど、病勢頓に《とみ》［急に］革《あらた》まって［重篤になって］、十六日午後八時頃、溘然《こうぜん》［突然であるさま］として逝く。

継之助、号を蒼龍窟《そうりゅうくつ》と云う。常に松を愛して其庭苑には松樹と草叢《そうそう》とがあるのみであった。中に一喬松《きょうしょう》［高い松の木］あり、之れに因《ちな》んで号としたのである。

継之助曰く、天下に無くてはならぬ人物となるか、或いは有ってはならぬ人となるか、其何れかになれと。

又曰く、棺に入れられ、土中に埋められ、夫《そ》れからの心でなければ、物の用にたたぬものであると。

継之助、好んで、蠟燭に灯を点じ、之れを前に置いて、他人と睨み比べの遊戯をなした。之れは灯を見ても瞬きせぬものを勝ちとしたが、継之助は、百目《ひゃくめ》蠟燭二挺に火を点じて、其鼻端《びたん》［鼻先］に接する許りに置きても、未だ曾て瞬きをした事のない漢《おとこ》であった。

時山直八

時山直八《ときやまなおはち》、長門萩の人、名は直養、号を梅南、白水山人、海月坊、変名を萩野鹿助、玉江三平という。少時、吉田松陰の門に学び、後、江戸に入り、藤森、安井等の諸儒に就いた。慶応元年、三十人組に進み、尋《つい》で奇兵隊軍監となり。幕府の征長軍を討って、小倉に戦いて捷《か》つ。明治元年、同隊の参謀となりて、鳥羽伏見に戦い、次に越後に出征し、五月十三日、旭山［朝日山］の戦闘に死す。三十一歳。

明治戊辰、北越征討の官軍、山海の二道に分かれて、長岡を屠《ほふ》らんとして進撃した、其第一戦は榎峠に於て開かれた。

越軍、険に拠りて其勢猖獗である。官軍の参謀山県狂介（有朋）三仏生《さぶしょ》［現在の新潟県小千谷市］に在りて、長州の奇兵隊長時山直八と共に相議し、直八をして進撃隊の指揮官とならしめて、一挙旭山の敵軍を討たんとて、五月十二日、窃《ひそ》かに信濃川を渡って、地形を検考した。山県は小千谷の本営に回りて後軍の徴発《ちょうはつ》に任じ、直八は留まりて明朝の攻撃の準備をした。

旭山は榎峠方面の重要地点であって、敵は皆高処から低地にいる官軍を俯瞰して闘うから、官軍如何に勇を揮《ふる》うとも、其功果《こうか》がない。

併《しか》し乍《なが》ら若《も》し此《この》旭山を占領し得たならば、此方面の戦運を一転回し得るものであるから、十三日黎明、直八は、書を山県に遺して、部下の兵二小隊を率い、朝霧に乗じて突撃を試みた。

ここに両軍白兵戦を交えて、死奮の悪戦をしたが、直八自ら大刀を揮うて敵塁《てきるい》に切り込まんと、塁前二十間許りに驀進《ばくしん》した。

直八、勇を奮《ふる》うて、当《まさ》に塁中に躍り入らんとする時、敵兵之れを狙撃したから、可惜《あたら》の勇将空しく戦場の露と消えた。

明治十四年、小千谷の有志相謀り、時山直八の為に、豊碑《ほうひ》を同地船岡山に建てて、永く其英勇を表彰した。

伊東道右衛門

伊東道右衛門《どうえもん》、越後長岡藩士、戊辰の役に大砲隊長として壮烈なる死を遂ぐ。六十二歳。

道右衛門、明治戊辰の役に臨み、予め死を期して、甲冑刀槍其他の武具武器悉《ことごと》く君祖の遺贈にかかる物をのみ用いた。

官軍来襲して吾軍屢《しばしば》利あらず、遂に陣地を捨てて退却となった。時に道右衛門六十二歳、独り留まって曰く、北越にこの老武士ある事を知らしめんと、乃《すなわ》ち長槍を執って敵を待つ。道右衛門は槍術の達人であった、敵軍の進撃するを望んで、高声に吾姓名を名乗って戦いを挑むさま、宛《えん》として「さながら」古戦場の古武士の概がある。

官軍より三士応じて現われ、亦各々其氏名を名乗り、刀を揮って競い進んだ。道右衛門の長槍、奔龍の如く閃《ひらめ》きて、一士の喉を刺し、ついで二士をも殪した。其勇姿の奇偉なる、官軍声を揚げて嘆賞したけれど、この老壮士のために空しく戦機を失うなと呼びつつ、銃を覘《うかが》って飛弾一発、老道右衛門は花やかに戦歿した。

勝　安芳（海舟）

勝安芳《やすよし》、文政六年正月三十日、江戸本所亀沢町に生まる、旧名義邦、通称麟太郎、海舟と号し、安房守に任ぜられたから、世に安房の称聞こゆ。島田見山《けんざん》に剣を修め、永井青崖《せいがい》に蘭学を習い、安政二年、長崎海軍伝習所に入りて、兵学航海術等を学ぶ。万延元年、幕府の軍艦咸臨《かんりん》に搭乗し、其艦長として米国に航した。之れ吾邦軍艦の始めて太平洋を横断したものである。帰朝後、幕府に擢用《たくよう》され、文久二年、軍艦奉行となる。同三年、将軍家茂《いえもち》の上洛に随《したが》って入京し、神戸に海軍練習のために、操練局を建て、坂本龍馬をして其塾長たらしめた。元治元年、将軍再度の上洛に臨み、路を海上に取りて艦船十数隻を率いて堂々航行した、安芳実に其船隊の司令官であった。同年九月、始めて西郷隆盛と兵庫に会し、大いに時事を談論した。時に幕府征長の軍議あり、安芳之れを不可として、罪を獲て職を褫《うば》われた。慶応二年、幕府再度の征長軍敗れて、其収拾に苦しみ、安芳を促して折衝に当たらしめた。既にして将軍家茂薨《こう》じ、慶喜襲《つ》ぎ、尋《つい》で大政奉還となった。明治戊辰の江戸城授受に際しては、安芳群議を排し、敢然として平和裡に其局を結んだ。明治五年海軍大輔となり、同六年、参議にして海軍卿、同二十年、特に伯爵を授けらる。同三十二年一月十九日、七十歳にして逝く。

安芳、七歳にして、文政十二年、将軍家慶《いえよし》の子、初之丞の御附きに召し出された。此頑童《がんどう》［かたくなで、ききわけのない子供］却《かえ》って大奥の婦人に愛せられたが、九歳の折、故ありて我家に帰った。

少年時代、読書勉学に通う途上、狂犬に睾丸を噛まれて、我家へ扶《たす》け送られた。外科医に其治療を乞うと、なかなかの重傷であるから外科医は恐れて、傷処を縫う針の動きも危うげであった。安芳の父は狂勇を以て聞こえた人物である。大刀を抜いて安芳に示し、若し痛いと泣き叫ばば、汝を斬らんと叱った。安芳歯を切《くいしば》って漸くに手当てをうけた。

父乃ち医者に問う、悴《せがれ》の生命は助かりましょうか。医者曰く、今夜をさえ保証できませぬと。父赫怒《かくど》して、又安芳を打った。しかし惻隠《そくいん》［かわいそうに思うこと。同情すること］の情やまず、金刀比羅祠に跣足《せんそく》［裸足］詣りして、我子の治癒を祈り、且つ、夜間は安芳を我肌に抱いて専《もっぱ》ら看護に尽くした。其効ありてか、旬日にして安芳は癒える事を得た。

安芳、十三歳の時、一卜者相《ぼくしやそう》して［形やありさまから判断して］曰く、此少年は容貌秀麗であるが、左眼殊に鋭くして、尋常の者でない、将来頭角を抽《ぬき》んでて傑物《けつぶつ》となるか、但しは無事に終わるべきものでない、天下若し乱世なれば業をなすべく、空しく瓦礫に伍して生涯を終わる碌々《ろくろく》［平凡で役に立たない］の徒輩《とはい》でないと。

安芳、十三四歳より剣技を学んだ。安芳の家系は素《もと》より剣術の家筋である。十六歳、名剣士島田虎之助の門に入る。島田の塾に入るや、薪水の労を自ら執り、厳寒の候には、毎宵、稽古衣一枚で王子権現の杜に赴いて夜稽古をなした。

先《ま》ず権現祠前の礎石に腰を卸して、沈思瞑目、然る後起ちて木剣を振る事幾十遍、再び石に座して静思、偏《ひとえ》に心胆を練る事に力《つと》めて、暁に及んだ。

権現の杜は森厳《しんげん》の地である。寒夜三更《さんこう》［午後十一時から翌午前一時］に及んで木剣を振るから、全身に熱汗淋漓《りんり》たるものがあると共に、幽境の神秘の気に打たれて、精神の練磨にも多大の効があった。其代わりに凄愴《せいそう》の気の肌を慄然たらしむものにも、幾度となく出遭った事もある。

剣の奥秘を究むるには、併せて禅を修めよと、師島田はいう。安芳、之れに依りて牛島の広徳寺に往きて参禅し、棒喝《ぼうかつ》の裡に大事を修了した。剣禅一如、安芳後年の大事に方《あた》ってよく湛然《たんぜん》［静かで動かないさま］たり得るの基礎は此間に堅め得たのである。

安芳の父の実家は、男谷《おだに》氏で、当時有数の資産家であったけれど、勝家を嗣《つ》いだ父の家は貧困殊に甚だしかった。加うるに父は粗豪の性質で、死後にも多くの負債を残して去ったから、安芳が十七歳にして家督相続した時には、債鬼門に市をなすの状で、之れが弁疏《べんそ》［弁解］には一方ならぬ苦労をした。安芳後に至って曰く、我れに好教訓を与えた知己が三つある、債鬼、蔵前の商人、兵学の師、即ち之れであると。

島田復教《また》えて曰く、速やかに西洋の兵式を学べよ、時勢の変遷は泰西《たいせい》［西洋諸国］の学の必要益《ますます》加わり来らんと。茲《ここ》に、安芳蘭学を修むるの意を生じ、斯《この》学の泰斗《たいと》［その道の大家］箕作阮甫《みつくりげんぽ》の門に遊ばんとて、束脩《そくしゅう》［入門・入学時に贈呈する礼物あるいは納める金銭］を包んで訪れた。阮甫、安芳に向かっていう、江戸の人の性質は蘭学をなすに適せぬ、学半ばにして挫折するよりも、最初から指を染めざるが賢であるとて拒んで入れぬ。安芳、去って筑前藩士永井青崖について、蘭学の教授をうけた。而《しか》して其間に貧書生の苦労、骨を削るの艱難を経験した。

一日、書肆《しょし》［書店］に新舶載《しんはくさい》［外国から船で新しく届いた］の和蘭［オランダ］兵書を見出した。価を尋ねると五十金という。到底貧生の購《あがな》い得るものでないけれど、安芳は渇望甚だしくして、遂に諸方に奔走して五十金を得た。直に馳せて書肆に行くと、最早売却したという。其買客は四谷に住む与力某とわかり、安芳は其儘四谷に赴いて、該書の譲り渡しを請うた。けれど与力は、読むために購うた書物であるから、他人に売り渡す事はできぬと拒む。然らば借覧をゆるされたい。それもならぬと断る。安芳膝を進めて［身を乗り出して］、貴下は昼間読書せらるる故に、夜間臥床《がしょう》の後だけでよいから借覧を許されたいと、切に哀願した。

其熱心に動かされて、夜は四ツ（午後十時）過ぎに就眠するから、それ以後なら貸与しよう、しかし門外不出である事を承知されたいと、折れてくれた。固より其条件でよろしいと、之れより安芳は、夜毎、四谷に通うて其書物を写し、半歳にして悉く写し終えた。

ある時、其書中の解釈に苦しむ箇処をば指して、此点の意味は如何に御考えなるかと問うと、書物の持主は大いに敬服して、おのれは毎日此書について読みつつあるけれど、未だ其処《そこ》まで読了し得ぬ。然るに夜のみ通うて、読み進み、写し進んで、吾読書を遙かに凌いだのは、よくよく精力ある人物である。思うに此書は未熟の我れの所持すべき物でない、潔く貴下に呈しようといい出した。

安芳は、否、既に写了したから、二部を要せぬと謝絶したが、愈《いよいよ》強いる故に、遂に貰い受ける事にして、安芳の自ら手写せしものを売却して、三十金を懐中にするを得た。

安芳の家計頗る困難で、家庭には破畳二三帖あるのみで、薪料に尽き、天井板や床板をも外して燃やしたという。此貧苦の裡に、蘭医赤城某の秘蔵する辞書を、一ケ年十両の謝料で借り受け、刻苦二部を謄写し、其一部を他に鬻《ひさ》いで［売って］、諸の費用にあてたという挿話もある。

之れも苦学時代の物語である。日本橋と江戸橋との間に、嘉七と唱える露店の小書肆があった。安芳は貧生活なるが為に、読書欲を減退するが如きものでなく、書籍が購えなければ、嘉七の店頭に佇んで立ち読みをする。嘉七亦《また》変わり者で、貧秀才を憐れんで快く繙読《はんどく》をゆるしていた。

嘉七の店の顧客に渋田利右衛門なる北海道の商人があった。渋田は偶安芳の事を伝え聞いて、大いに其志を嘉《よみ》し、嘉七を介して、安芳と会見を申し込んだ。之れによりて渋田は安芳と交わりを結んだが、時々、安芳の貧居を訪い、蕎麦でも奢りましょうと、財布より銭を摑み出して、其費を償うた事もある。

愈北海道へ帰るに臨み、二百金を出して、安芳に購書料として贈った。貧しき安芳はこの大金の贈与に寧ろ呆然となった。渋田は之れがために説いて、此金は貴下の読書料にならずば、他の益なき物に遣《つか》わるべき金である。若し貴下に於て意味なく取る事を忌まるるならば、乞う貴下の読み終わりし書を我手もとへ送られたい。又、珍しき蘭書を読まれたらば、それを翻訳して此紙に書き送られたい。其筆耕料とも思うて、必ず金子《きんす》は受納を乞うとて、渋田と印刷したる原稿紙をも添えて与え去った。

後に、安芳の長崎に修学に赴くに際して、我れ海外への遊志あれど、到底の決行の機会がない、貴下の今回の遊学は、我れが其恩命を受けたると同様にて、実に愉快至極であるとて、渋田は大いに喜んで祝してくれた。

安政二年、幕府、長崎に海軍伝習所を設け、伝習生を選抜して、之れに従学せしめた。之れ日本最初の海軍兵学校である。安芳亦伝習生の一人となり、航海、造船、砲術、其他の新智議を吸収した。

翌三年の秋、習得したる航海術を実地に試みんとて、船を出して長崎の外海に浮かんだ。洋中俄に暴風雨起こって、波濤狂奔、船の操縦に甚だ苦しんだ。速やかに肥前の海岸に漕ぎよせようとしたけれど、風波暴くして意の如くならぬ。却って外海に流され漂い、遂に暗礁に乗りあげて、船体は破れた。其出発に臨んで外国教師の戒めがあったのを無視したための難破であるから、安芳は死を決して指揮すると、水夫等も亦奮励して、漸く暗礁を離れ、夜間海上に浮かびながら船の破損箇所を繕いつつ、翌朝を待って、長崎へ帰るを得た。教師笑って、汝等は好試練をしたのである、凡そ実験は理論以外の有力なる智識である、偶危難に遭遇したのは、寧ろ航海術の為によき練習であったと語った。

長崎に遊学する以前、安芳が江戸赤坂田町に貧居していた頃の事である。蘭学及び西洋兵学の精通者として、安芳の名声漸く聞こゆるようになったから、諸藩から大砲の製造を依頼されたり、兵学の講義を嘱されていたが、安芳又、鍛冶師を呼んで、蘭書によりて銃砲を造っていた。

然るに狡猾なる鋳物師等は、指定の原料を用いず、其質を落としたり、其量をかすめたりして、不正の利得を掠《かす》めるの風習があった。安芳の許《もと》にも、鋳物師から、神酒料として金五百両を携え来り、今度先生より用命を受けたる大砲を作るについては、御祝儀のために神酒を呈上する筈である。併し毎時《いつ》もかかる時には、他の先生にも習例として金品で呈上しているから、何卒御笑納ありたいと金子を差し出した。

安芳は即ち峻拒《しゅんきょ》して曰く、此金を以て鉄其他の分量を増せ、成るべく十分の材料を使ってよき大砲を造りくれよ。我が依頼をうけて造らしめ砲が、若し品質よからぬと評さるれば、吾名誉の為に之れを惜しむ。決して金はほしくない、唯吾名を恥かしめぬよう［辱めぬよう］心掛けて造りくれよと説諭した。

安政五年、日米修好通商条約が調印された。其批准書を携えて、日本の特使、華盛頓［ワシントン］に派遣せらるる事となった。

使節村垣等は、米国軍艦ポーハタンに搭乗し、別に軍艦奉行を日本軍艦咸臨に乗せ、若し使節に異変があった際には、軍艦奉行をして適宜の措置を執らしむる事と予め命じてあった。

咸臨の艦長は実に勝安芳であった。万延元年正月、品川湾を出でて、万里の波濤を蹴りて、日本軍艦の最初の太平洋横断をなした。

この咸臨は、西暦千八百五十六年、和蘭に於て建造され、長さ二十七間半、幅四間、噸［トン］数二百五十十噸という、極めて小さい軍艦であった。水夫其他も百余人の少数で、遠洋航海には多くは帆を以て走り、石炭をたく事は滅多となかった。

かかる小艦であるから、途中風雨の激しきに遭えば、或いは船体の毀《こわ》れんとするが如き危険も屢《しばしば》あったけれど。此時代には、西洋製造の船なる事が、多大の信頼を懸けさしたもので、西洋製造の船なれば、決して毀れもせねば、沈みもせぬとの、一種の信仰のようなものを感じていたため、かかる小艦を以て大胆にも太平洋を横断し終えたのであった。

安芳は乗船の最初から熱病に罹っていた。同じ死ぬなら軍艦の中で死ねば武士の本懐であるとて、強いて病軀を押して乗船したのである。かかる状態で航海を続けたのであるから、船中に於て幾度ともなく吐血した事もあるが、遂に事無く、桑港［サンフランシスコ］に着き、日本人が小艦を操縦して太平洋を乗り切り来ったとて、大いなる賞讃と歓迎とをかち得た。安芳は、更に進んで南米巡航を計画したが、之れは余りに無謀であるとて抑止せられた。

文久元年、安芳、天主番頭格となり、講武所砲術指南役を命ぜられた。同年、幕府、兵制改革の委員を設け、安芳亦委員にあげられ、日本海岸の防備につき、六艦隊を編成する事を献言したが、之れは実行に及ばなかった。

越前［松平］春嶽《しゅんがく》の幕府政事総裁となるや、安芳登用されて、軍艦頭取に陞《のぼ》り、尋《つい》で軍艦奉行並に進んだ。時に、摂海《せっかい》［大坂湾］防備論起こり、安芳は小笠原閣老に従うて、摂海近傍を巡航した。

其頃の事である。土佐の坂本龍馬が安芳を訪問し来った。坂本はもとより攘夷論者であったから、安芳を刺そうと企てて来たのである。安芳よく其情を察し、従容《しょうよう》として客室を延《ひ》きて之れと逢った。

坂本も亦尋常の刺客ではなかった。先ず安芳の意見を糺すと、安芳は為に海外の形勢を説き進んで日本の国際間に処するべき方法を語り、海軍奨励の急務等を具《つぶさ》に話した。坂本は此説明を聴いて、俄に蒙《もう》を啓《ひら》き、大いに悟る所あって、安芳の説を悉く是認して、刺客に来って却って安芳の為に開発せらるる処があり、請うて其門下生になるに至った。後に安芳の神戸操練所を開くに当たり、坂本は其塾長となった。又其姉に送った書翰にも、日本第一の人物勝麟太郎と云う人に弟子入り致云々の文句があった。

文久三年正月、安芳、江戸へ帰航の途次、伊豆下田に寄港した。宛《あたか》も土佐の山内容堂《ようどう》の船も同港に在ったが、容堂、安芳を招いて、京都の情勢を糺した。安芳、物語りの序に、土佐の脱藩士中に坂本龍馬なる者があるが、英才誠に称すべき人物である。偶我庇護に属している。冀《こいねがわ》くば彼れの罪を恕《ゆる》して、深く咎めぬように見のがして頂きたいと乞い、容堂の認諾を得た。

同年、将軍家茂の上洛し、安芳は之れに従うて上京した。滞京中、寺町三条の街を通行の折柄、夜陰に乗じて刺客に襲われた。時に、安芳の側を護る者は土佐の岡田以蔵であったが、以蔵は声に応じて、刀を抜いて刺客を斫《き》り倒した。以蔵元来剣に達し、殊に暗殺の凶行を頻《しき》りに演ずる性癖があるから、安芳は常に之れを厳戒していたのである。茲に於て以蔵誇らかに語るらく、先生平常我剣を忌んで叱責するが、今日の際我剣なくば先生の首級は胴体と離れて了《しま》っているであろう、以て如何とせらると揶揄して笑った。

元治元年、安芳、安房守に任官せられた、之れによりて、勝安房《あわ》の名が世に伝わる。

同年九月、坂本龍馬から来信あって、薩摩の大島吉之助（西郷隆盛）が先生に訪うであろう。之れは先生が幕府と諸藩との間に立ちての斡旋が、甚だ宜しきを得ぬと詰るものらしい。また時宜によっては刀を抜かねまじき決意であるから、予め注意あって然るべしと報じて来た。

果たして吉之助は吉井幸助［友実《ともざね》］と共に訪ねて来て、国事を談じた。最初は厳しい意気込みであったけれど、安芳の胸懐《きょうかい》をひらいて語るに従って、両雄互いに黙契《もっけい》［無言のうちに意志が一致すること］し合い、双方肝胆を照らして話し合う事となった。

吉之助の安芳の事を大久保市蔵（利通）に報ずる手紙に、

勝氏へ初て面会仕候処、実に驚入候人物にて、最初打叩《だこう》賦にて差越《さしこし》候処、頓と頭を下申候、どれ丈の智略有之やら知れぬ塩梅に見受申候、先英雄肌合の人にて、佐久間より事の出来候儀は一層も越候半、学問と見識に於ては佐久間抜群の事に御座候得共、現事に臨候ては此勝先生とひどくほれ申候、云云。

と、賞賛している。其象山と比較している処に、南洲の人物評が窺えると共に、安芳の真価も明白に論じてある。

幕府の征長を非として職を褫《うば》われた安芳は、再度の征長軍が失敗に帰するや、幕閣は却って安芳を登用して、此難事に当たらしめんとした。

安芳、命を受けて大阪に出発せんとするに臨み、幕府の謀士小栗上野介《こうずけのすけ》［忠順《ただまさ》］、安芳に私語して曰く、今度の命は征長に関するものである事は必然である。今日の形勢を挽回するについて、一方法がある。江戸に於ては大概其議が纏《まと》まっているから告げて置こう。それは仏蘭西から金幣六百万両を借り、軍器、弾薬を購い、別に軍艦四隻を得て、大いに兵備をととのえ、一挙にして長州を倒し、尋《つい》で薩摩を伐《う》ち、其勢いに乗じて、幕府を中心に天子を奉ずるの郡県の政を布くのである。仏国公使は既に之れを本国に告げ、其応答を待つのみとなっている。此事は顕要《けんよう》四五のみ知る処であるが、よく之れを意に体して、長州の事を計られよと告げた。

安芳は、此策は内政に関して外国の干渉を招くの禍根となるべきものと思惟したが、急に臨んでいるから、ここに議論を闘わしている余裕なく、簡単に挨拶して西上した。後に仏蘭西に故障あって此借款は不成功に終わった。

将軍家茂薨《こう》じ、幕府は自ら兵を起こして敗北したから、休兵を命ずる一方、勝者に対して跡仕末の談判をなさねばならぬ場合に立ち到った。斯かる難局を処理するには、尋常の覚悟や手段では為し遂げられぬ。安芳、此大任を受けて、初めは固辞したが、これを命ずるは慶喜の意にあらずして朝廷の詔旨《しょうしょ》［天皇の命を記した文書］にあるなりとの事に、決然立って難局に直面するの任務についたのである。乃ち従者をも連れず、単身小倉袴に木綿羽織なる軽装のままで、広島に赴き、宮島をば其会見所と定めた。

長州の兵や間諜の類は、安芳を疑うて頻りに其旅館の辺りを徘徊し、時には発砲して脅かすものもあった。安芳平然として驚かぬ。宿所の老媼《ろうおう》に命じて新裁の襦袢を多く造らしめ、屢《しばしば》之れを着替えていた。且つ毎朝、必ず頭髪を結ばしめて、身辺の清浄を殊に心がけていた。老媼其仔細を問うから、我首が何時飛ぶかも知れぬ故、いつ死んでも死に恥を曝さぬための用意であると答えたら、老媼は戦慄して色を失うた。

長州の藩使は広沢兵助［真臣《さねおみ》］、高田春太郎（井上馨）、春木強四郎（太田市之進）［御堀耕助］等が選ばれ、慶応二年九月二日、宮島の大願寺《だいがんじ》に於て、安芳と会見した。

長藩使進んで大願寺に入ると、寺内の大広間に、綿服綿袴の小男が兀然《こつぜん》として［じっと］座している。之れ安芳である。流石に広沢等は遜《へりくだ》って椽側《えんがわ》に座し、恭しく礼をした。安芳曰く、其処では話ができぬ故、御進み下さいというけれど、広沢頭を擡《もた》げて、御同席は恐れ入ると倹譲《けんじよう》する。

否、かく隔たりては誠に話工合が悪い、貴殿等が御進みあらぬなら、当方より参ろうと、安芳は身を翻して心易げに長藩使等の仲に割り込んだら、一同哄笑となり、では当方より参ると、ここに双方打ち解けて広間に会し、それから談判は円満に進行する事となった。

榎本釜次郎［武揚］等、和蘭に於て新造した軍艦回陽に搭じて帰朝した際、和蘭の海軍士官十七名を伴い来った。之れは日本の海軍傭教師として来朝したものである。然るに英吉利［イギリス］にも亦海軍傭教師を依頼してあったのが、和蘭海軍士官の到着前に来ていた為に、英蘭両国の士官は各不快を感じ。我等は国王の命を以て日本の幕府に傭われ、我等一手に海軍士官を養成してくれとの請求によって渡来したのである、然るに他国の海軍士官も同じ目的用件で来ているは意外千万であるとて、両々相争うて幕府当局者に詰った。

当局者は之れを解決するに苦しんだ。安芳に斯事《この》を告げて托しようとすると、一切をあげて悉く依托するならば然るべき解決法を取ろう、しかあらずして一々干渉がましき事が生ずるならば、ひらに謝絶すると答えた。素《もと》より手に余っている難事件であるから、幕府当路者《とうろ》［重要な地位にいる者］は安芳のいうが如く、一切の処断を挙げて委ねる事になった。

即ち安芳は、和蘭士官等に向かいて、今の幕府には種々錯綜《しゆじゆ》せる事情が生じている。曩《さき》に諸君を遠くより招いたが、現時の状勢では此儘に滞在を願うわけにいかない事情となっている。其代わりに約束の月俸の三年分を呈するから、一先ず帰国せられたいと談じ込み。築地の旅館に招いて宴を張り、上記の俸給以外に酒肴料《しゆこう》として金千両を贈ったら、和蘭士官等も強く詰る処もなく帰途に就いた。つづいて英国士官にも交渉すると、之れ亦安らかに解決して、当時の難件であった、対外国教師問題も、いと平穏裡に処理する事を得た。

勝安芳の生涯中最も異彩を放ったものは、江戸城引き渡しの一条である、これかや実に明治維新史の大絶頂の一齣であった。

明治元年、伏見鳥羽の戦についで、錦旗東征となるや、江戸は鼎沸《ていふつ》して、幕府旗下の主戦論者は白熱化して了うた。安芳此間に処して、大義を明らかにし、日本国家をして外国の干渉を受けしむるが如き禍《わざわい》を避けんとて、其奔走、其苦心、其努力、実に驚嘆すべきものがあった。之れが為、幕府強硬論者よりは、君国を売る姦奴と悪罵され、官軍の一部よりは奸悪《かんあく》視せられて、危険は絶えず身辺を襲い、まことに薄氷を踏むが如き剣呑な日が続いた。

この時、幕兵八千人許りあったが、機会さえあれば脱走して事を挙げんと覘《うかが》っていた。安芳は此時に方《あた》って猥《みだ》りに軽挙されては、折角の苦心も水泡となるから、之れが説諭鎮定に最もつとめた。

三番町にある二大隊の中、一大隊のみは幸いに説得したが。其説得をなす間に、他の一大隊の約二百人は、二月五日に脱走、約三百人は七日の夜、兵営の塀を越えて街路に出で、頻りに発砲して行人を驚かしめた。士官も之れに制するに苦しむ。

安芳乃ちさきに説得した一大隊の兵士を、土手に整列せしめ、告げて曰く、騒擾《そうじょう》ここに及んでは最早為すべき方法を知らぬ、汝等は其欲するままに奔《はし》れといい渡した。其折、後方から五十人許りの兵が、暗中より安芳に向かって発砲し、脱走三百の兵からも、安芳の提灯をめがけて弾丸を飛ばした。安芳の前面に立っていた従卒二名は、銃声に応じて、胸を貫かれて倒る。

此の如き危険は随時生じて、安芳の身辺はいつも危険の前にさらされていたのである。

安芳の恐るる処は、其一身の危険ではない、国家の前途の如何を憂うるのである。一時の客気《かっき》［血気］に逸《はや》って暴虎憑河《ぼうこひょうが》の勇を振るうものは、快は快であろうけれど、国家を憂うる士の為し得る処でない。安芳固より官軍に対する戦闘については一策があったのである。

先ず軍艦を駿河の海に派し、別に一軍をして官軍を迎え戦わしめたなら、官軍之れを破り捷《しょう》に乗じて吾軍を追うて、清見《きよみ》ケ関《せき》、清水［現在の静岡県］の辺りまで進出するに相違ない。其時横合より吾軍艦から砲撃したならば、官軍は敵し得ずして大敗するにきまっている。ここに追撃に変じて、軍艦と共に之れを挟撃するなら、吾勝利の報は関東の士気を振起《しんき》せしめ、東海道の親藩皆吾軍に加担するや歴然たるものである。更に軍艦を摂海に派遣して、西国中国の連絡を断ち、大阪を封鎖すれば、吾軍の勝利は益確実になる。併し其結果、日本は分裂し、外国の干渉を招く虞《おそ》れも亦十分にあるから、此外国干渉の機会を与える事は、如何にしても避けねばならぬ。外国干渉は内乱以上の災禍である事をよく銘記すべきである。

若し外国干渉を未然に防がんために、故《ことさ》らに戦いを避け、恭順のみを之れ事とし、謹慎を主旨とするならば、屈辱の踵《つ》いで来る事は始めより覚悟してかかるべしである。今日の際、邦国の前途を憂うる時には、唯誠心誠意、国家のため、人民のために、如何なる屈辱、如何なる犠牲をも甘んじて之れを蒙る決心がなくてはかなわぬ。

安芳の熱心に説く所は以上の如き持論であった、慶喜此説を嘉納《かのう》［進言を喜んで聞き入れること］して、専ら恭順謹慎を守って実行したのである。

斯かる際に、時運は切迫して、遂に官軍は江戸に近づき来った。安芳、山岡鉄太郎［鉄舟］と諮り、山岡を駿府に赴かしめて、大総督府に西郷隆盛を訪ねしめ、江戸の実情を告げて、寛恕《かんじょ》の処置あらん事を請わしめた。江戸城授受の黙契は略《ほぼ》此時に成立したのである。

安芳は尚和議破れた時を慮《おもんぱか》って、予め博徒の巨魁数十を集め、官軍若し吾意を汲まずして、強いて其兵を進出せしめるならば、我れに於ても令一下して、火を江戸の四方に放ち、官軍を悉く焚殺《ふんさつ》すべしと命じて置いた。別に房総の漁民をして、予め舟を徴集せしめ、万一江戸城に火挙がるを見たならば、直に馳せて市民を救い出せよと令して置いた。

かくて安芳は、羽織袴に、馬上、唯口取《くちとり》の従者一人のみを従え、芝三田の薩邸に赴き、西郷隆盛と会見した。西郷亦古洋服に下駄を穿って、一僕を携えて現われ。談数刻にして、両雄の肝胆相照らし、茲に無事江戸城授受の要枢を決定した。之れ明治維新史の重要点である。愈江戸城引き渡しの当日には、安芳、夜を徹して、馬上自ら郊外を巡視すること三たび、辛うじて死地を脱した事数度という隠れた苦心の事実もあった。

三田薩邸の両者会見の時、薩州の桐野其他の勇士等、皆拳を握って、次室に談判の結果を待っていた。邸の付近には兵士集屯して、殺気迸《ほとばし》るものがあった。

安芳泰然《たいぜん》として［どっしりと落ち着いて］告げ、西郷、平然として語り。談漸く定まって後、西郷は安芳を門前に送った。安芳の門を出るを見るや、兵士等群をなして来ったが、西郷の之れを送るを見て、粛然として捧銃《ささげつつ》して礼を行うた。安芳、兵士等に吾胸部を指さして、事は一両日中に定まる、其次第によって諸君の銃丸のため我れ斃《たお》れるやも計られぬ、乞う今よりしてよく我胸部を視て、其時の的とせられよと告げた。

慶応三年、幕兵の薩州邸を砲撃せし時、［薩摩の］益満休之助《ますみつきゅうのすけ》、南部弥八郎、肥後七左衛門等、縛に就いた。彼等は曾て江戸市街を騒がした党の巨魁である。幕吏は悉く死刑に処せんとしたのを安芳、窃《ひそ》かに異日に用ゆべきものあるを慮って、慶喜に請うて、三人を自邸に預かり置いた。益満等始め安芳を疑うて、官軍を排擠《はいせい》する［押しのけ、おとしいれる］ものと思い、此機に乗じて安芳を刺さんと謀った。安芳曰く、我を刺さんとならば毫《ごう》も躊躇する事勿《なか》れ、されど其疑を繹かんとあるならば我言を聴けと、諄々《じゅんじゅん》として説く処があった。益満等、安芳の説を聴いて大いに感じ、遂に悟る処あって、安芳に対して心を傾けた。後に山岡の駿府に赴く時、益満等は其東道の役をつとめて大いに用を為した者である。

安芳曰く、維新以前に於て、武士、一旦法を犯す時は切腹して、其罪を君父に謝すを、上策とした。而して切腹せし上には、其罪を深く問わずして、又子孫に累せぬ風習であった。次には国法に服し刑を受くる事を以て中策とし、下策に至っては逃亡して罪を免るるのであった。之れ武士道を根本としていたから、士人若し罪あれば、親戚之れを責めて、切腹せしめ、其恥を重んじたのである。然るに、明治以後は全く之れに反し、法を逃れ身を隠すに巧みなるを以て第一の上策とし、切腹自首するが如きは下々の策として、世挙《こぞ》って之れを愚と称して嘲笑する、道義の地に墜つる固より理《ことわり》であると。

山岡鉄太郎

山岡鉄太郎、諱は高歩《たかゆき》、字《あざな》は猛虎、鉄舟居士と号す。天保七年六月十日、江戸本所の官邸に生まる。父は飛騨郡代小野朝右衛門、鉄太郎は第五子であった。父に従って飛騨に生育し、二十二歳の時、山岡氏を嗣《つ》いだ。剣槍の術を学び、殊に剣道は精妙の域に達し、一流を発明して無刀流と号《なづ》け、春風館を設けて、多くの門生を教養した。鉄太郎復《また》書を能《よ》くし、其揮毫《きごう》〔（毛筆で書いた）書や画〕を需《もと》むる者多く、為に筆を走らす事甚だ速やかであった。幕末に方《あた》り、幕府、講武所を建てて、武を磨かんとし、鉄太郎、其兄高橋伊勢守と共に、剣槍の師となり、鉄太郎の剣と伊勢守の槍とは時の双璧であった。鉄太郎復《また》伊勢守と相謀り、同志五百を聚《あつ》めて時勢に応ぜんとした。明治戊辰、徳川征討の官軍東下し来るや、鉄太郎、勝安芳と諮り、前将軍慶喜の為に、駿府に馳せて大総督府を訪れ、西郷隆盛と会して其意を徹し、よく難件を処置した。明治二年、静岡県権大参事となり、茨城県参事に遷り、三年伊万里県権令に任ぜられ、暴徒を鎮撫して功があった。後、侍従に任ぜられて、至尊の側近に奉仕し、誠忠最も聞こえた。爾来《じらい》宮内官を勤め、皇后宮亮《ぐうのすけ》、宮内少輔に陞《のぼ》る。明治二十年華族に列し、子爵を授けらる。明治二十一年七月十九日、五十三歳を以て逝く。其臨終は高徳緇流《しりゅう》の入寂の如き趣《おもむき》があった。

鉄太郎の家は、世々幕府に仕えて、禄六百石を受く。鉄太郎の父朝右衛門高福の、飛騨高山の郡代となって赴任するや、鉄太郎、時に十歳、父に従って任処に赴いた。

鉄太郎、十二三歳の頃、高祖の剣法に達した事を思い起こして、慨然として父母の許を辞して江戸に帰り、剣道の諸大家の門を歴遊し、遂に浅利又七郎に逢うて、親しく其教えを受けた。

浅利又七郎、義明という、伊藤一刀斎の流を汲んで、頗《すこぶ》る剣技に達していた。殊に其突きの術は精妙正に神技《しんぎ》とも称すべきもので、常勝将軍の概があった。鉄太郎、其門に入りて、練磨刻苦、師亦《また》此好漢を長養するに峻辣《しゅんらつ》手段を用いて愈励ました。

例《れい》せば、鉄太郎、黙思多時、竹刀を擁して自ら睡りに就く頃を窺って、師は俄に突撃して之れを撃つ。鉄太郎跳ね起きて、竹刀声あり、之れに応じた。師其胆勇努力を愛して、斯くの如くに特殊の誘掖《ゆうえき》［導き助けること］をなしたから、其技は頗る進んだ。

加うるに鉄太郎の軀幹魁梧《くかんかいご》、膂力《りょりょく》［腕力］衆に秀でて、之れに対して闘う者は、往々にして挫傷を受くる故に、師から其刀勢の当たるべからざるものを数箇禁ぜられ、鬼鉄の名は剣客の間に漸く喧《かまびす》しくなった。

鉄太郎、剣技大いに進歩したけれど、尚師の前に立つと、師の剣尖恒に我咽喉を覘《うかが》って、如何ともする事ができぬ。鉄太郎、更に熟慮沈思、其及ばざる処を補わんが為に、一層の奮励をなした。

鉄太郎の生家は小野氏である。其山岡氏を冒したは、山岡静山の嗣《し》となったからである。山岡静山は近世槍術家としての異秀であった。通称紀一、名は正視、字は子厳、幕府旗下の士で、二十二歳の頃には、其槍術の卓抜なる、既に江戸府内に於て肩を並べる者がなかったといわる。

名槍家静山は二十七歳を以て歿した。次弟は精一とて、此人亦槍法の妙域に達し、後に槍一筋を以て伊勢守を叙任せられた程の達人であった。併し、精一は、已に高橋家の養嗣子であるから、山岡の名跡を嗣ぐに其人物が欠けていた。

静山、死に臨んで告げて曰く、吾跡を嗣ぐ者は、文武何れを問わず、必ず天下第一流の人物でなければ不可であると。此為に其後継者を得るに苦しみて、高橋精一殊に其選択に悩んだ。勿論一人の必適者がある、小野鉄太郎即ちそれである。鉄太郎は又静山の門に入りて槍を学んでいた。

高橋精一、或る日、鉄太郎の弟兼五郎に向かって、山岡家嗣子《しし》につきての悩みを告げ。足下《そっか》の兄小野鉄太郎は文武に勝《すぐ》れて、必ず将来ある人物であるから、静山も予てより嘱望していたけれど、小野家は高禄、山岡家は小禄であるから、憚《はばか》りて請いかねると告げた。

鉄太郎、此知己の言を伝え聴いて感激措《お》く能《あた》わぬ。数日の後、自ら山岡家に赴き、不肖鉄太郎を以て、静山先生の後嗣《こうし》と嘱望あるそうであるが、之れは我れも亦最も希望する処である。但し鉄太郎は未熟者であるから、果たして如何であろうかと、申し入れた。山岡、高橋両家は固より此申し入れを喜ぶものである。茲に於て、鉄太郎は精一の妹英子《ふさこ》と結婚し、其後は凡て山岡鉄太郎と称したのである。

鉄太郎、初め浮屠《ふと》［仏陀］の法を好まなかった。会《かい》［その頃］、他人の仏教を信ずる者があると必ず之れを嘲り、時には路傍の石仏を蹴り倒す底の所行も往々あった。然るに、剣法上から悟る処あって、長徳寺の願翁に参じて、工夫を凝らしたが、容易に通徹する事ができなかった。併し不撓の意強くして、遠く伊豆龍沢寺《りゅうたくじ》の星定《せいじょう》の許に参じた。

龍沢寺は伊豆三島在にある白隠由緒の名刹《めいさつ》で、臨済禅の道場として世に知られているものである。土地は江戸を離るること三十里、途に箱根八里の険がある。鉄太郎、暇ある毎に、暁の星を戴いて江戸を発し、騎馬で函嶺［箱根山の異称］を過ぎ、夜半に至りて龍沢寺に着き、星定の鉗鎚《けんつい》［禅宗で師僧が弟子を厳しく鍛練すること］を受けたる後、漸く喫飯していた。食事の折、若《も》し湯を得ざれば冷水を以て食を嚥下するの苦酸にも耐えた。

鉄太郎の参禅は其後も永く続いて、後に、滴水《てきすい》、洪川《こうぜん》、独園《どくえん》の諸巨匠の提撕《ていせい》を受け、遂に黒漆《こくしつ》桶《つう》を打破して印証を得るに至った。

安政二年、高橋精一と謀って、幕臣の中から選んで、尊王攘夷の徒五百余名を集めた。中條金之助、関口隆吉、松岡万《よろず》等は其巨魁であった。後に又幕府は浪士を集めた、之れは即ち新徴組である。其隊長になる者二三あったけれど、諸浪士が服さぬから、高橋を以て其統率者に任じた。新徴組の首領は、清川八郎、石坂周造、村上俊五郎、大館《おおだち》謙三郎等であった。

高橋が其統率者となるや、諸浪士は悦んで能《よ》く服したが、此間に於ける鉄太郎の奔走は大いに与って力あるものであった。

新徴組の領袖《りょうしゅう》の一人なる石坂周造は、鉄太郎の妹に当たる桂子の夫であり、且つ鉄太郎門下の逸材でもあった。或る時、鉄太郎にいうに、箱根戦争の最中、使命を帯びて駕輿《がよ》を飛ばした折、銃弾が二三輿を貫いたが、斯かる時こそ我胆力を養成する好時機と思い、諸葛亮の出師表《すいしのひょう》を朗誦したら、実に愉快であったと、誇らかに語った。

之れを聴いて、鉄太郎曰く、それはまことに感佩《かんぱい》の外はない。併し其際、文章の妙味を如何に感じたかと問うと、促急の際に臨んで文章の妙味など識別し得らるるものでないと答う。鉄太郎、乃ち笑うて、その様な事では折角の修養も何の効用もない。危急の際にも尚ゆるやかに文章の妙味を解し得らるる底の境に入らねば、真の胆勇とはいわれぬと、大いに笑殺した。石坂省《かえり》みて赧然《たんぜん》［恥じて赤面するさま］たるものがあった。

清川八郎は鉄太郎と共に千葉周作門下にいた事がある。後に鉄太郎を介して、高橋精一に槍を学んだ。新徴組の領袖の一人で、尊王攘夷の志があった。文久三年四月十三日夜、江戸麻布一の橋に於て、佐幕党の為に暗殺に遭うて斃《たお》れた。

清川の横死を聞くや、鉄太郎は石坂周造と共に急馳して現場に赴いたが、警吏既に屍体を戒厳《かいげん》して何人をも近づけしめぬ。鉄太郎、乃ち石坂に命じ、佯《いつわ》りに狂者の擬《ま》ねをなさしめ、被髪跣足《せんそく》の異姿で、其屍体に近づき。此漢《おとこ》は是《こ》れ吾不倶戴天の仇であった、久しく其踪跡《そうせき》［行方］を索《もと》めていたが、今天佑《てんゆう》あって他人の手で斃れた、愉快々々と。大呼《たいこ》しつつ、刀を抜いて其首を切り、懐中を探って、重要書類を収めしめた。而して共に相携えて、清川の首級を鉄太郎の邸内に埋め、後に寺院に葬り終えた。

鉄太郎の俠名漸く聞こえて、諸浪士の来り援《たす》けを求むる者門に絶えぬ。百五十石の薄禄では到底其費に耐えられる処でない。之れがため鉄太郎の夫妻、外出するにも羽織がなく、内には朝夕の薪にも欠くに至り、鉄太郎、刀を抜きて庭前の樹を截《き》って、之れに宛てた事さえあるのは此時代であった。

鉄太郎の窮乏の様たる、屋根は漏り、壁は落ち、まことにいぶせき生活であった。其庭前に大《だい》柏樹《はくじゅ》があった、近隣の柏餅屋は其葉を売らん事を請う。夫人、柏葉を授けて餅に代え、之れを児に与えた。鉄太郎帰邸して、怪しんで之れを問い、其わけを聞き知り、黙然立って斧を提げ一撃の下に柏樹を伐り倒して薪として焚いて了うた。

鉄太郎の最も真面目を発露したは、明治戊辰の駿府使命の一条である。伏見鳥羽に敗れて、徳川慶喜は東帰し、専ら恭順謹慎の意を表していた。然るに部下の士に不平の徒輩ありて、党を作り不穏の風聞がある。王師駸進して大総督府は駿府に着いた。徳川氏の吏員、八万の旗下の士、啻《ただ》徒らに左論右議にのみ時日を費して、何等の方策に出で得る者一人もない。鉄太郎、ここに決然身を以て此難件に当たらんとした。

先ず慶喜の真意を聴くべく、面謁《めんえつ》を乞うた。慶喜粛然として、其恭順謹慎の赤心を告げる。鉄太郎、深く慶喜の誠意を洞察して、必ず公の清実を徹せん事を期すと、誓った。

鉄太郎思うには、官軍の営中に赴いて、大総督宮に謁し奉り、公の誠意を訴え、且つ、邦国の安穏を計るより外に路はない、さりながら、若し総督府に到らぬ前に於て、官軍の我れを殺す事あらば、其曲《きよく》［間違っていること。正しくないこと］や官軍に在る。江戸百万の生霊に代わって吾命を殞《おと》すは、寧ろ本懐とすべきもので、此使命を果たすには吾一身を賭するは固より必然であると覚悟をした。

乃ち、此説を幕府の重臣に就いて諮ると、衆議交々《こもごも》で容易に決せぬ。遂に軍事総裁勝安芳を訪ねて、其考えを聴いた。安芳は初め鉄太郎の或いは粗暴の挙に出ではせぬかを恐れて容易に其答を云わなかったが、鉄太郎の誠意に動かされて、其挙を喜び、先ず官軍の営中に入るの覚悟を糺した。

鉄太郎曰く、固より機に臨み変に応ずべきであるが、一度其営に入ったらば、官軍は刀を我首にかけるか、縛するかの二つの一に出でよう。其時には、先ず穏やかに双刀を解いて、彼等に手交［手渡し］し、縛すれば甘んじて縛に就かん、斬らば其斬るに任せよう。唯殺す前に、一言を総督宮に言上せしめよよ、然《しか》らば我れ安んじて死に処せらると、講うたなら、官軍と雖《いえど》も亦漫《みだ》りに人を殺す者でもあるまいと答えた。

勝安芳、言を聴いて、膝を折って大いに悦服した。乃ち薩人益満休之助を、鉄太郎の東道となさしめ、駿府に往きて、西郷隆盛に会するのための文書を与えた。鉄太郎勇躍して駿府を臨んで馳せた。

江戸を発し、品川を過ぎ、六郷川の辺りに来ると、早《はや》、官軍は充満している。鉄太郎、故《ことさ》らに中央を闊歩して進み、我は朝敵の名を帯びた徳川慶喜の臣山岡鉄太郎である、総督宮に嘆願の筋があって罷《まか》り通ると、大声疾呼《たいせいしっこ》して過ぎた。官軍の隊長頻りに、徳川慶喜々々々々と呟いていたが、咎むる事もなく、鉄太郎を通過せしめた。此隊長は篠原国幹であった。

箱根にかかると、益満は間道を往かんというたけれど、鉄太郎は潜行すれば却《かえ》って疑いを招く基であると、公然本道を進んで、湯本に投宿した。翌くる日、三島駅を過ぎる時、官兵でありながら、錦符を付せぬものあるを認めて、鉄太郎は之れに向かい、汝等の錦符を付せぬは徳川の兵であるかと大喝《だいかつ》した。隊長驚いて櫃の蓋を開いて錦符を出して、兵士に与えた。鉄太郎、大胆にも薩士の如く装い、其兵二名を借りて先導とならしめたから、之れから先は駿府に至る迄、誰咎める者もなく通過して了った。

鉄太郎、駿府に着いて、西郷隆盛と会見した。鉄太郎問うて曰く、先生の軍事に参せらるるは、人を殺すためであるか、将《はたま》た乱を鎮める為であるかと。西郷答えて、固より乱を鎮むるためであると。鉄太郎進んで、慶喜の誠心唯謹慎恭順に在る事を説き、彼の擾乱を企《つまだ》つが如き輩は慶喜の真意を解せざる鼠賊輩で、徳川氏と関係なき者である事を懇《ねんご》ろに語った。

更に曰く、慶喜既に誠忠無二の心を朝廷に貫徹せしめんがため、我れに命じて此処《ここ》に使いせしめた。慶喜已に礼を執って是れをいう。先生にして若し此際礼を執る事を弁《わきま》えずば、我れ復《また》何をか云わん、唯死あるのである。旗下八万の士、死を欲するものは豈《あに》鉄太郎一人のみであるまい。凡そ不逞を誅するこそ王師《おうし》であるといえるが、謹慎誠忠の者を殺す事あらば、それは王師という事ができぬと。言々肺肝《げんげんはいかん》より溢れて、其誠実金石をも透すの概があった。

西郷容《かたち》を改めて［姿勢を正して］曰く、曩《さき》に嘆願の使者、数次此処に来訪したが、皆恐懼のみして言語に何等の条理がない。今始めて足下から正々の論を聴く、実に足下は語るに足るの人物である。貴説を直に総督宮に言上して見ようと、出でて総督府に往った。

総督府の命令は五箇条あった。大略、城を授受する事、兵器を致し、軍艦を致す事、城兵を郊外に移す事の外に、慶喜を備前に幽閉するの項目があった。鉄太郎、其最後の項目を強く拒んで曰く、主公を他藩に幽閉する如きは、臣下の死を以て肯《がえ》んぜぬ処である。斯くの如きを無理にも強いらるるなら、兵端は忽《たちま》ちにして開かれよう、然る時は王師は人殺しの任務につく理となる。試みに思え、若し先生、其地位を我れと替えられなば、先生は其藩主が他処へ幽閉せらるるをば、安座して甘んぜらるるか、此鉄太郎に至っては死すと雖も耐える能《あた》わざるものであると。熱涙滂沱《ねつるいぼうだ》として、言語悉く血を吐くの切々たるものがあった。西郷沈思久しうして、斯言《このげん》まことに理がある、我れ必ず慶喜公の為に計ろうと諾した。

盟約成って、西郷は為に酒を酌み、盃を鉄太郎にさして曰く、君は是れ勇士で、復《また》謀士でもある、乞う益君国の為に自重せられたいと。乃ち陣中通行の割符を与えて、帰還に便ならしめた。

鉄太郎、駿府を辞して、また益満共に東に帰った。往き往きて、神奈川に来た時、馬五六頭を曳いて往く者がある。誰の馬かと尋ねると、江川太郎左衛門から官軍に提出する軍馬であると答う。よし、我れは官軍である、其二頭の馬を借らんと。直ちに之れに駿乗して、益満と共に長鞭一下した。馬奔《はし》って流星の如く過ぎ、忽ちに品川に来た。品川に駐屯の官兵は之れを怪しんで銃を放った。幸いに弾丸が発せず、鉄太郎は為に危うい所を免れた。乃ち西郷のくれた通行券を示して陳弁して了解せしめ、此処を通行して江戸城に帰り、其使命を全うした事をば告げた。之れに依りて、高札を市中に樹て、市民の動揺を防ぎ、安んじて家業を務むべき事を一般に説諭した。

駿府会談に於て慶喜恭順の事は認められたが、関東の激徒等往々官軍の威を侮る者がある。総督府は西郷を以て、勝、山岡に之れを詰った。鉄太郎等曰く、徳川の士八万、一々について帰順の実をあげしめる事は急遽の間になして能わぬ所である。されども其主公や其重きをなす者等が、一向恭順の実を示しているならば、これで宥恕《ゆうじょ》［寛大な心で罪をゆるす］して貰いたい。而して他の主命を奉ぜぬ輩に至っては、皆徳川氏の縁を断ちたるものと思惟せられたい。斯《この》説尚疑いがあるなら、乞う江戸城中を巡視されたら直に氷解し得ようと。即ち西郷を誘うて城内を見せた。

千代田城中には、巨砲があった、然し之れに伴う弾薬類は毫《ごう》もなかった。若しこの巨砲をも運び去るとならば、短見浅慮の輩は或いは曲解して変動を起こすかも知れぬから、故《ことさ》らに其用をなさぬようにと、弾丸火薬の類は悉く除き去って、兵器の完備を防いだのである。勝、山岡等の心を労した事は斯くの如きものに迄及んでいた。西郷巡視して、其意のある処をよく覚り、一々首《しゅ》肯《こう》して去った。

或る日、突然総督府から鉄太郎を召喚して来た。赴いて見ると、薩州の村田新八現われて、先日足下が官軍の陣営を通行したと聞き、中村半次郎（桐野利秋）と共に、其跡を逐《お》って斬らんとしたが、既に途を江戸の島に取ったとかで、逸して了うた。其際斬り損じたのが遺憾であるから、今呼びてわざわざ此事を告げて置く、かく告げて了えば最早遺憾の念も散じたと語った。鉄太郎亦、足下等は田舎者なる故に迂闊を免れぬ、我れは江戸児であるから、万事機敏であると戯《たわむ》れ。共に相笑うて別れた。

上野東叡山に拠っていた彰義隊は、官軍に対して屢《しばしば》暴挙を敢えてした。鉄太郎、上野に赴いて之れを説諭したけれど、輪王寺宮の執当覚王院、頑として之れ拒み、論難多時にして、遂に目的を達し得ずして別れて帰った。既にして朝廷、彰義隊討伐の令を下し、西郷隆盛は黒門口の攻撃を命ぜられた。西郷、鉄太郎を招いて曰く、足下の精忠空しくして愈《いよいよ》東台征討と定まった。足下の多日の苦心を思うて、特に報じ置くといい終わって、両々相対して涙を浮かべた。

斯くの如き勝、山岡の苦衷《くちゆう》を却って誤解をする者があり、或る者は恩顧の主家を売る者とし、或る者は、官軍を欺いて戦意を削ぐ者とした。前者は頑陋《がんろう》な幕府党の一部で、後者は浅見な朝廷派の一部であった。其為に暗殺要撃の危険に屢《しばしば》襲われ、或る時の如きは、壮漢二名鉄太郎の家に闖入し来って、其面会の強請した。

偶不在であったから、英子夫人代わって面接すると、頻りに鉄太郎の行衛をいえと迫る。夫人少しも騒がずして、徐《おもむ》ろに告げていう。主人の用務について外出する折には、決して一々之れを家族に告げぬ習慣で、主人の行動については婦女子の容喙《ようかい》［横から口出しする］すべきものでないと考えていると答えた。然らば酔余《すいよ》の水が欲しいという。英子従順に水を与えると、更に甘味の物を要求する。尚従順に到来の羊羹を出した。壮漢、秋水《しゆうすい》を抜いて刀尖に、羊羹の一片を突き刺して、試みに毒味せよと強いる。英子莞爾《かんじ》として、朱唇を開いて之れを受けて食べた。之れには壮漢も舌を捲いて去る。

明治元年八月、榎本釜次郎、幕艦八隻を率いて品川を脱して北走する時、途に暴風雨に遭い咸臨丸は僚艦と離れ、針路を転じ駿河湾に入った。船体大破して航海の用をなさぬ。乗員も亦大抵は上陸した折、官軍の艦船三隻来って之れを攻撃した。敗残の兵は鏖殺《おうさつ》され、船も亦沈められた。数十の死屍、湾上に漂流して、腐敗穢臭の惨状を極め、殆《ほとん》ど見るに忍びぬ。されど誰あって之れを収拾して処理しようとする者がない、之れは賊名を負うのを恐れた為であった。

清水港に侠夫あり、通称次郎長と呼ぶ。この酸鼻の状景を見て、転《うた》た惻隠《そくいん》の情に堪えず、自ら進んで船を出して、終日遺屍拾い収めて、之れを懇ろに葬った。此事駿府に聞こえ、次郎長は直に召喚せられた。

糺問《きゅうもん》する者は鉄太郎であった。問うて曰く、賊名ある者の屍体をば、何の所以《ゆえん》に勝手に葬ったか。次郎長自若として、賊か官か、匹夫《ひっぷ》は之れを弁《わきま》えぬ、唯死者には罪がないものと思う。殊に腐敗の死屍を以て海を塞ぐが如きは、港内に業を営む者の妨げとなる事 夥《おびただ》しい、此故により進んで取り除いたに外ならぬと答えた。鉄太郎、其言を嘉《よみ》し、其義気を愛し、却って次郎長から墓表を求められたに応じて、自ら毫《ふで》を揮《ふる》って、壮士之墓と書いて与えた。

雲井龍雄、明治政府を倒さんとして徒党を集めた事がある。其主魁となるべき人物を物色して、鉄太郎に望をかけ、其邸に赴いて、縦横に説破した。鉄太郎沈黙して聴き、隻語《せきご》〔短い言葉〕をも語らぬ。龍雄怒って、木石の如き人物と評すると。鉄太郎俄に威儀を正して励声一番、今や朝廷政を執りて泰平の代を迎えんとするの時に当たり、猥《みだ》りに不軌を企《つまだ》つが如き者こそ、真の木石漢である。言終わらざる内に臂を伸ばして龍雄を捉え、之れを座上に投げつけた。龍雄は弁舌の雄であるけれど、到底鉄太郎の膂力《りょりょく》に及ぶべくもない。宛《あたか》も猫児の如く投げ出されて、悄乎《しょんぼり》、反抗するの気力を喪うていた。

鉄太郎の曾て徳川氏の為に尽くした功績によって、徳川家達《いえさと》から、伝来の名刀武蔵正宗を贈られた。此刀は曾て剣士宮本武蔵の佩刀《はいとう》であったから此名称がある。鉄太郎、決しておのが功を誇らずして、前に難局を免れ得たのは、偏《ひとえ》に天恩の優渥《ゆうあく》によるものであるとて。此名刀を輔弼《ほひつ》の重臣に献ぜんと志し、岩倉具視に贈った。岩倉喜んで、其由来《ゆらい》を川田甕江《おうこう》［漢学者］に命じて起草せしめ、正宗鍛刀《たんとう》記を文した。

鉄太郎は乍らく、駿河に隠退して世塵を避けた。朝廷野に遺賢を索《もと》めて、鉄太郎を召して宮内省に仕えせしめらる。鉄太郎時に歌を詠じて曰く、

晴れてよし曇りてもよし富士の山　もと姿は変わらさりけり

明治二十年、特に華族に列せられ、子爵を授けられた時に、狂歌がある。

食ふて睡て働きもせぬ其上に　蛾賊となりて又も血を吸ふ

鉄太郎の宮中に奉仕した頃は、御英断によって、君側の女官を免し、代わるに忠誠硬骨の士を選んで、側近に奉仕せしめられた時であった。鉄太郎亦其栄選に当たった一人であった。

鉄太郎の侍従の職に就いていた時の事である、明治六年五月、皇城炎上の事があった。爾時《にじ》、鉄太郎は淀橋の邸に在ったが、急報に接して、寝衣の上に袴を穿ち、電馳《でんち》して参内した。火は当《まさ》に熾んに燃えて面を焦がすばかりである。鉄太郎進んで大奥に入らんとすると、御杉戸に錠が固く懸かって容易に開かれぬ。鉄太郎則ち渾身の力を揮って之れを破り、聖上〔天皇〕に供奉して赤坂離宮へ移御ましますに扈従《こしょう》〔貴人に付き従う〕し奉った。

聖上、鉄太郎の恪勤《かっきん》忠誠を嘉《よみ》し給うて、御信任いと篤かった。明治九年、東北地方御巡幸の砌《みぎり》、皇后宮に対《むか》わせ給いて、あとには山岡鉄太郎を残し置く故、万一の事ありとも安んじて可なりと仰せ給うたと、洩れ承る。

又、鉄太郎は常に用ひる木剣をば、玉座の側に奉りて、玉体の御守護となし奉った事がある。鉄太郎歿して後、嗣子を召して、宮中より之れを御返還遊ばされたと拝聞する。

鉄太郎静岡藩大参事として治政に功があった。其藩を去るに及んで、民庶は隊を組み、旗を樹てて、其送別を盛んにせんとした。鉄太郎之れを聞いて、仰々しさを好まず、前夜の内に密かに静岡を立ち去って了うた。

伊万里県は九州中難治の地であった。鉄太郎、其権県令となって赴任すると、故《ことさ》らに深編み笠を冠り、一僕を従えて市中を放吟漫歩した。市民鉄太郎を目して馬鹿県令と呼ぶ。鉄太郎少しも意とせず、斯くて民情を悉知《しっち》したる後、果断一下、廓清《かくせい》［不正、不法なものを取り除くこと］の実を挙げたから、県民皆仰いで其治績を賞《たた》えた。

鉄太郎の勲章論は一世を風靡したものであった。明治十六七年頃、鉄太郎に勲三等を賜るの儀あり、井上馨、勅使として山岡邸に臨んだ。鉄太郎、礼装して勅使を迎え、優渥《ゆうあく》なる恩旨に接して感泣《かんきゅう》するのみである。頓《やが》て、恭《うやうや》しく曰い、直に拝承するべきであるが、之れについて少し伺いたい儀がある、此席にてよろしきやと問う。井上曰く、此処にてよろしい、何なりとも言上なされ。

鉄太郎、態度を厳正にして曰く、勲章とは如何なるものであるか。井上答えて曰く、国家に功労ある者に賜るものである。鉄太郎、更に問う、然るに今日の有様を見るに、功績の如何に関わらず、官位の高き者にのみ賜るやに見受けるが、若し功績を以て議するならば無官卑位の者でも、其功績の大なるものには、高等の勲章を賜るべき筈であるのに、決して左様のものを見ぬのは、如何なる理由であるか、甚だ訝《いぶか》しい。敢えて問うが、一体貴官の勲章は何等であるかと。

井上対《こた》えて曰う、一等であると。鉄太郎曰う、一等官であるから一等の勲章を佩《お》びて居らるるのであろう、其功績とは如何なるものを指して云わるるか。井上色を作《な》して、我れ夙《つと》に勤王の為に奔走して、今も面上に在る刀痕の如きもそれを物語るものであるとて怒気を発した。

鉄太郎莞爾として曰う、それは一身上の物語に止まるであろう。却って聞くが、其負傷は果して幾何《いくばく》の功績をば日本国家に印したか、と詰った。井上益忿《いか》って、然らば問う、山岡氏に何の功があったかと。

山岡則ち襟を正して答える。君、それを問わるなれば答え申そう。抑《そも》、明治政府に在職中の事は唯俸給に報いる労に過ぎぬのである。但し其以前、官軍進んで駿府に来った際、若し一端を過《あやま》たんか、戦塵忽ち起こって、府下百万の生霊は塗炭《とたん》の苦しみに陥る時であった。不肖鉄太郎、此間に処して尽くした行為は、天下国家に効なきものとは自らも認めぬ。然るに今、在職中云々の語を以て、三等勲章を賜わるのは、誠に感銘措く能《あた》わぬ処であるが、賞罰の事は臣一人の事でない、広く天下国家に影響するものである。此苦言を呈するは、畢竟《ひっきょう》大政に参与する人士のための参考にいうのである。冀《こいねがわ》くはこの勲章を持ち還られて、唯微意のある処をよく上達せられたいと告げた。井上、之れを聴いて、其真情に感動し、辞を返す事もなくして去った。

勅使に対してなしたるこの行動が、若し厳旨《げんし》［厳命の趣旨］に触るるに於ては、鉄太郎は屠腹して謝するつもりでいた。其翌くる日、岩倉具視を訪い、昨の委細を告げて反省を促した。具視も亦之れを聞いて感じ、政府の人物が悉く山岡の如き者のみならば甚だ可であるが、大抵は一等勲章を与えぬと苦情を唱える輩だから困ると。鉄太郎の苦言を賞賛した。

明治十五年、鉄太郎の宮内少輔を辞した際にも、井上馨は廟議を携えて、鉄太郎の留職を説きに来た。足下、若し前職に留まるのを好まれずば、他の好む職に就いて、留任して貰いたいと曰う。鉄太郎、然らば陸軍大将となし給え。井上曰く、陸軍大将は軍職であるから計らい難い、文官ならば兎に角何とか奔走すると。山岡応じて曰く、言や甚だ宜し、然らば太政大臣にして貰いたい、と。井上呆然として謂う所を知らぬ。

井上馨、曾て鉄太郎を評して、彼は五六百年前の古武士の面影があるというた。短言よく肯綮《こうけい》［物事の急所］に中《あた》る。

清国欽差大臣、書画会を中村樓に開き、朝野の名士を招いた。賓客に対して各其住地姓名を記す事を請う。鉄太郎名乗って曰く、大日本国臣山岡鉄太郎と。

西南戦役起こるや、鉄太郎、憂色深く、食うに肉を廃し、暑熱に扇を用いず、官軍の戦闘の困難を語って常に愁を含んでいた。又時々、西南の天を仰いで、西郷未だ降伏せぬか、彼れ固より降《くだ》るものでない。嗚呼東洋第一の人傑を失うのであるかと、長大息した。戦終わるや、両国に川施餓鬼《せがき》を行うて、陣歿の士の為に追弔をなした。

鉄太郎、西郷隆盛を評して曰く、彼は余り正直過ぎて、遂に賊名を得たのである。彼にして今少し私智あらば、あのような最後をしなかったであろう。惜しむべし、悼むべしと。

鉄太郎、俠骨にして人に施す事を好み、他人を救うに急にして、おのれ自らに奉ずるには倹素であった。身に絹布を纏《まと》うた事もなく、いつも綿服を着て小倉袴を穿ち、平常用いる蒲団の如きも、破れて綿のはみ出たのも平然として被っていた。夫人曾て絹布の夜具を新調すると鉄太郎之れを見て喜ばず、曩《さき》に陋居《ろうきよ》に住みて薪米に事欠きし時を忘れたかと戒めた。

鉄太郎の門、債鬼の絶えたる事がない。勝安芳之れを見かねて。旧主徳川家に請うて漸く救済した。後に鉄太郎を促して、徳川家に赴いて謝意を述べよとすすめた。鉄太郎、往く事を肯んぜぬ。勝其所以《ゆえん》を詰ると。徳川家に往きて恩を謝すと、吾心は既に其恩を謝し終わったものと思うて、おのずから慈恩を忘るる事あらんかと恐る。寧ろ恩を謝せずして、刻々其鴻恩をまだ謝していない事を念頭に置いた方がよくはなかろうかと。勝此言を善しという。

鉄太郎の剣の至妙の域に達したは、明治十三年三月三十日の暁明という。即ち四十五歳の春である。剣を学んで正に三十七年の後であった。それは天龍寺の［由利］滴水《てきすい》和尚から一公案を得て、日夜窮参の結果、豁然《かつぜん》として大悟し得たからであった。

乃ち師の浅利又七郎を招いて、久方振りに手合わせを請うた。其構えを見ただけで、浅利は竹刀を投じ、最早吾敵にあらずと三嘆し、其伝うる処の一刀斎無想剣の極意をば授けた。鉄太郎の剣と禅とが始めて一致した時は此時である。

鉄太郎の門は無門関である。其出入りするもの日に日に多く、朝野雅俗、老若男女の差を論ぜぬ。顕官もあれば、墨客もある、隠士あれば商売がある、俠客、角力、俳優、芸人の輩に至る迄、各々踵《きびす》を接して到る。貧生食客の類は堂に満ち、高話俗談と相雑《ま》じり、談笑の声は昼夜絶える事がない。世に称して明治の孟嘗君《もうしょうくん》といい、勝安芳は、山岡の化物屋敷と戯評した。

明治の初め、府下に於て飼い主不明の犬を撲殺した事がある。鉄太郎、之れを憫《あわ》れんで、四谷付近の野犬には、悉く鉄太郎の名を記した小札を頸に結んで、撲殺の惨禍から免《まぬ》がらしめた。しかし其時、寄食者たる犬の食い潰した米穀は、毎日三斗以上を要したという。

寒夜、芝より帰る途に、大雪に会して、辻車を傭うた。鉄太郎の偉軀《いく》は尋常に勝《すぐ》れ、且つ風雲を冒しての行進に、車夫老齢にして困殆《こんたい》を極め、歩くに悩んだ。鉄太郎頓《とみ》に覚り、車上から降りて曰く、我れは壮健、汝は老羸《ろうるい》、其位地を異にしたと。強いて車夫を車上に乗せて、自ら梶棒を把って奔馳《ほんち》し、邸内に還りて車夫に酒食を与えた。車夫泣いて人に語るらく、四谷に仏菩薩の如き旦那ありと。

三遊亭円朝は落語家の巨擘《きょはく》として聞こえた名人である。ある日、鉄太郎に対して一席を弁じて先生の鬱を散ぜんという。鉄太郎喜んで、桃太郎の鬼退治を話せよという。円朝辞して曰く、その話は余り幼稚でありますから、今少し高尚なのを申し上げげんと。鉄太郎否《いな》んで曰く、我れ幼少の頃、慈母の懐に在って此話を聞いたが、母の訥弁《とつべん》でさえ尚趣味の津々たるものがあった、況んや汝の快弁を以て話せば定めし快絶至極のものがあろうと思うて望んだのである。乞う辞せずして語れと、促す。円朝為に窮して、前の大言を謝罪して、大いに省みる処があった。

鉄太郎復《また》、或る時、円朝に語る。汝は是れ日本一の話術家である。然れども若し汝の舌を抜き去ったら、爾時《にじ》は如何にするか。円朝驚いていう、三寸の舌は我が全財産、若し抜き去られたら、円朝は畢竟廃物に等しいものでありますと。鉄太郎大いに叱して曰く、そんな事では汝は真の話術家とはいえぬ、区々《くく》たる三寸の舌をのみ只管《ひたすら》頼みとするが如きは、未だ其堂奥に達したものでないと。円朝其言を味わいて大いに改悟し、後に号を無舌居士と称したという。

人あり、鉄太郎におのが仕官の事を頼んだ。鉄太郎、他人の奉公口の周旋《しゅうせん》は好まぬから辞すという。其人強いて求め、若し我望み達せずば、切腹する外はないと切言《せつげん》した。鉄太郎曰く、近頃殊勝な心がけである、幸いに我れに磨ぎ上げた刀がある、乞う之れによって切腹せられよ。但し此座では困る故、稽古場に往きて心置きなく切腹せられよと、短刀一口を差し出した。其人唇の色を失うて畏縮する。鉄太郎益々督促するから、遂に失言を陳謝して低頭した。鉄太郎哄然として、命が惜しくなりましたか、爾来《じらい》よく此事を銘せられよと、大いに笑った。

其人、之れを恨んで、頻りに鉄太郎を暗殺せんとの無名の書状を贈り来った。門下生等万一の事あらんかと憂いたが、鉄太郎は、真に人を暗殺せんとする者は予め公言するものでないとて憤慨する門下生を制した。後に門下生は、其書を贈りし者を探りあてて之れを面罵せんとした。鉄太郎、窃《ひそ》かに使《つかい》をやりて、予め其人に之れを避けしめた。是等の事によりて怨恨を含んだ者も自ら恥じ入って反省する処があった。

鉄太郎の剣技に至妙なるを見て、刃剣の鑑定を乞う者が多くあった。鉄太郎大抵は辞して、某氏の許に往けと教えた。或る日、刀を携えて、鑑定を乞う者があった。作は相州という。鉄太郎袴を着けて、起こって、刀を揮う事両三回。曰く、大丈夫でありますと。鉄太郎の鑑定は斯くの如きものであった。

明治二十一年五月、鉄太郎病の治せざるを知り、上海に在る息《そく》［息子］直記を帰国せしめ、吾死期は七月なるべしと告げた。果たして七月になると、病勢革《あらた》まり、名医も其施すべき術を知らぬ。然れども、鉄太郎の意気は毫《ごう》も平生と異らず、高談快語していた。我れはもと戊辰の際に死ぬべきものを、今日迄寿命を保ったは実に多分の利息であった、今死するとも毫も憂うる所ないと語っていた。

終《つい》に夫人に命じて体軀を浄め、白衣を着け、曾て始めて参内した折の白帯を結び、是れで何時御迎いが来ても応じられると微笑した。

茲に絶筆をなさんものとて、前より写し来った経典を写し始めた。天庭《てんてい》［額中央］に汗膩［汗、あぶら］滴々と湧く、然れども意とせず、細楷で罫紙に数百字を書した。筆勢少しも乱れず、平常の風があった。

頓《やが》て蒲団上は結跏趺座《けっかふざ》し、徐《おもむ》ろに右手に団扇を把り、髭を撫《ぶ》して、空に文字を書く状をなした。

夫人を顧み、微笑を含みつつ永眠した。

伊庭八郎

伊庭《いば》八郎、諱は秀穎《ひでさと》、世々幕臣である。父を軍兵衛といい、剣を以て鳴る。八郎、安政の末、擢《ぬき》んでられて奥詰に補す、幕府の親衛である。八郎亦剣技に秀ず。慶応三年、遊撃隊に附属して、将軍慶喜の警衛として扈従《こしょう》し、京都に上る。明治元年、伏見に於て闘い、驍勇《ぎょうゆう》を以て知らる。王師東に下るや、八郎木更津を経て、林昌之助《しょうのすけ》［忠崇《ただたか》］を説きて、共に海を航して沼津に至り、兵を挙げんとした。大総督府、沼津藩に命じて、之れを錮《こ》して［禁錮して］其兵を解かしめた。八郎、昌之助と共に逃れて、箱根に入り、官軍と闘って左腕を断つ。熱海に奔《はし》り、榎本釜次郎（武揚）の軍艦に入りて、療する事数十日、稍々《やや》癒ゆ。釜次郎の北海道に走るや、八郎、美嘉保丸に乗じて従い、海上颶風に遭いて漂い、銚子港に至る。八郎遁《のが》れて下総に匿《かく》れ、更に外国船に駕して函館に入り、釜次郎と合し、官軍を迎え闘う。明治二年五月、五稜郭に斃《たお》る。二十七歳。

明治戊辰正月、伏見鳥羽の戦に、八郎の附属する遊撃隊は、伏見方面に於て闘うた。隊長は今堀摂津守、幕府の親衛隊であるから、精鋭をすぐって砲煙の裡に勇闘した。中にも八郎は叱咤激励、自ら陣頭に進んで奮戦し、其勇姿、敵味方を驚かした。流弾飛来、胸を撃って倒れたが、鎧下《よろいした》を着用していた為に、貫通を免れたけれど、非常に吐血し、一時危険状態に陥った。併し健康なる八郎の体質は、よく之れを凌いで、後幾何《いくばく》もなくして恢復《かいふく》するを得た。

江戸開城、将軍恭順の際に、遊撃隊を三つに分かれた。一は将軍に扈従して水戸に赴き、一は彰義隊に加わり、他は各所の脱走隊に合した。八郎等五十余人は、榎本釜次郎の率いる軍艦に投じ、幕府回業の挙に出でんとした。

其主張する処は、海軍の主力を以て、速やかに兵庫を衝いて、之れを占領して根拠地となし。別に下関を扼《やく》して〔支配して〕内海の通路を遮断し、又鹿児島を陥れ、桜島に拠りて、海上を牽制し。別に檄文を各藩に飛ばして、其帰嚮《ききよう》〔心をよせること〕を明らかならしむると云うものであった。釜次郎此説を容れるに躊躇する間に、勝安芳、軍艦に来って、順逆《じゆんぎやく》を説き、遂に軍艦の一部分を官軍に引き渡す事に定まった。

八郎、憤慨措《お》く能《あた》わず、艦を出でて上陸し、同志と共に木更津に赴いた。近傍の請西《じようざい》藩主林昌之助（忠崇）を説いて出兵を促し、更に附近の各藩を徇《したが》えて数百の兵を得、海を航して伊豆に渡り、沼津に出でて此処に陣営を布いた。

江戸の大総督府は、沼津藩に命じて、八郎等を捉え、之れを禁錮せしめた。八郎等、錮を脱して相模に走り、小田原藩を説いて其内応を迫り、箱根の関門を護る官軍派遣の中井範五郎等を斬らしめて、自ら其関門を扼した。

八郎等の箱根関門を扼する時、会、雲井龍雄の肩輿を急がして通行する事があった。乃ち輿を止めて、両者相談じ、官軍に反抗する事を議し、相約して別れた。

既にして東叡山の彰義隊潰え、官軍は大挙小田原を懲膺《ちょうよう》する［討伐してこらしめる］の議が生じた。小田原藩大いに畏れて、官軍に謝し、自ら先導となって、八郎等を撃たん事を約し、其屯集せる所を襲撃した。衆寡《しゅうか》敵せず［少人数では多人数にかなわず］、八郎等忽ち重囲に陥り、苦戦して敗走した。

この時、八郎は脱して、早川三枚橋畔に来った。一団の兵士、旗を樹ててさしまねく者があった。八郎之れを吾軍と信じて、心をゆるして近づくと、一士進んで刀を揮《ふる》って八郎の左手を斫《き》った。八郎大喝《だいかつ》、敵を殪した。併し八郎の左の手は既に断たれていたのである。

八郎、腰部を敵弾のために傷つけられた上に、左手をも失うたから、疲労困躓《こんち》、再び立つ能わざるものがある。部下某、之れを負うて山間を走り、熱海にのがれ、榎本釜次郎の率いる軍艦蟠《ばん》龍《りゅう》に収容した。八郎の刀はこぼれて鋸歯の如き形状であったと云う。

八郎、療養数十日にして創《きず》漸く癒えた。試みに銃を執って切断された左腕の臂《ひ》に載せ、右手に引き金をひいて放つと、弾丸あやまたず的中した。八郎会心の笑をもらして、右手尚健在である、以て闘うに足ると。

明治元年八月、榎本釜次郎は軍艦八隻を率いて、品川湾を脱して北進した。八郎時に美嘉保丸に搭乗して之れに従う。館山を出て、外洋を馳する時、颶風に会して、美嘉保丸は僚艦に離れ、風濤のために翻弄せられて、船を損じて、空しく銚子港に漂着した、八郎、止むを得ず、ここに上陸し、再び伊豆に赴いて、尺振八《せきしんぱち》の許に潜んだ。人あり、駿府に行きて、徳川氏に仕えん事を勧めたが、八郎、戦場以外に於て再び官軍の面を見るを好まぬ、と強く拒んで応ぜぬ。

徒食空しく日を送るは、八郎の欲する処でない。身を挺して外国船に便乗して、函館に達し釜次郎の軍に投じたのは明治元年十二月である。爾来、歩兵頭並となり、征討軍を迎えて勇闘した。木古内《きこない》の激戦に際し、八郎、敵弾のため胸部をうたれ、弾丸をぬく事能わぬ故、吾事終われり、吾体軀を敵中に放棄してくれと叫んだが、収容、後送されて、船に移して手当てを加えられた。

更に函館の病院に移送され、療養をうけたけれど、胸部の弾丸をぬく事ができぬ。其儘《そのまま》湯の川温泉に運ばれた。釜次郎の軍漸次蹙《しじか》んで［縮こまって］、遂に五稜郭に拠る事になった。八郎亦五稜郭に収容せられた。明治二年五月、勢愈尽きて、釜次郎等は自刃して其終わりを潔くせんと志した。

其時、釜次郎は毒を盛った薬椀を携えて、八郎の病床に来り。我れも後から行くから、貴公一歩先に行かれたいと、薬椀を授けた。八郎、莞爾《かんじ》と笑って薬椀を傾け尽くして、従容《しょうよう》死に就いた。

一説に、五稜郭内に落下した流弾のためにうたれて落命したともいう。

近藤 勇

近藤勇、名は昌宜《まさよし》、小字は勝太、天保五年、武蔵調布上石原に生まる。父を宮川久次という勇、剣を江戸試衛館の剣士近藤周斎に学び、後に周斎の養嗣となる。文久年間、幕府、有志の処士を簡募し、松平上総介〔忠敏〕に之れを督せしめた。勇、父の門下生と共に来り投ず。上総介罷《や》め、鵜殿鳩翁《うどのきゅうおう》之れに代わる。清川八郎其領袖と目された。将軍家茂《いえもち》上洛に先だち、浪士組は西上し、京都に入り、壬生に屯した。清川、浪士新徴組《しんちょうぐみ》を挙げて東帰するや、勇等は議合わずして、京都に留まった。清川は江戸に於て暗殺され、京都に残る芹沢鴨、近藤勇等は、新撰組を組織して、部伍《ぶご》〔部隊〕を編んだ。来り集まるもの数十百人、芹沢及び勇は其隊長となる。之れを通称して壬生浪人という。新撰組は京都守護職松平容保《かたもり》の命に従い、京都警《けい》邏《ら》の任についたが、組長芹沢、放縦にして暴戻《ぼうれい》の行為が多いから、隊士之れを悪《にく》んで斃し、勇は全隊の帥領となり、土方歳三其副となった。元治元年六月、三条池田屋に勤王有志者の集まるを襲い、十数名を死傷せしめ、二十余名を捕らえた。之れよりして勇の名声大いに響いた。甲子兵燹《かっしへいせん》の禁闕《きんけつ》の変には、勇、新撰組を率いて会藩兵と共に闘い、又天王山に真木和泉を殪した。更に長州を征討するべく、将軍親発の議をたてて、勇は江戸に抵《いた》り大いに奔走した。慶応三年、幕府、勇の効を賞して、見廻り組組頭格に陞《のぼ》した。然るに新撰組に内訌《ないこう》生じ、伊東甲子太郎《かしたろう》の一派は去って、高台寺に分立した。勇、詭計を設けて伊東等を殺す。慶応三年、将軍慶喜上表して軍職を辞し、京都を退いて、大阪城に入る。勇をして留まって二条城を守らしめた。又勇を大阪に召し、伏見を鎮撫せしめた。時に永井玄蕃頭《げんばのかみ》、二条城に在り、勇を招く。勇之れに応じて赴き。其帰途、伊東の残党のために襲われ、伏見墨染に於て狙撃されて肩を傷ついた。之れが為に伏見鳥羽の役に戦わなかった。慶喜東走するや勇亦東に還り、後に甲府鎮撫を名として、新撰隊を率いて甲州に入ったが、官軍の為に敗れて江戸に帰り、後に下総流山に党を集めて屯した。官軍の召喚に応じて赴くと、佯《いつわ》りて捕らえられ、明治元年四月二十五日、板橋駅に斬られ、首を京都に梟《きょう》せられた。三十五歳。

伝えて曰う、勇、十六歳の時、近藤周斎の家に賊数人が白刃を携えて侵入した。勇、衾《ふすま》を蹴って起ち、刀を把って縦横賊と闘い、之れを退けた。周斎、勇の俊秀を見て喜び、乞うて嗣子にしたと。一説に賊を退けたは、生家宮川氏の家ともいう。

勇の修得した剣道は、天然理心流である。其道場を試衛館という。他流試合の剣士の強剛なる者が来ると、九段練兵館の塾頭渡辺昇に応援を求めた事がある。其為に、後年、渡辺が京都に於て、佐幕派の刺客に覗《うかが》われるや、勇は昔の好意に報いるため、陰に庇護していたとの挿話もある。

幕末に方《あた》り、諸藩浪士の跳躍は甚だしきものがあり、幕府は其懐柔統制のために、弘く浪士を募集した。其数は約二百五十名に達した。清川八郎等を以て領袖とし、之れを松平上総介（主税介忠敏）に督せしめた。勇は、試衛館の剣士、山南敬助、土方歳三、沖田総司其他と共に之れに投じた。

上総介罷めて、鵜殿鳩翁之れに代わった。文久三年、将軍家茂の上洛に先んじて、浪士組は前駆警衛として京都に入り、洛西壬生に屯した。勇は八木源之丞の家に宿泊することになった。時に、攘夷の議論は蕩然として天下を風靡し、物情紛然たるものがある。加之《しかのみならず》、生麦事件の後件として、英艦数隻横浜に至りて、幕府を脅して償金を迫り、人心甚だ騒擾した。清川八郎等、這間《しやかん》［この間］に乗じ、江戸に於て事を挙げんとする。幕府、亦浪士間に陰謀秘策を行うものあって、幕府の節度を無視し、擾乱を試むる輩があるから、是等を江戸に送還せしめんとした。茲に於て、清川に従うて江戸に行く者多く、芹沢鴨、新見錦、近藤勇等二十余名のみ、京都に残留する事となった。

京都に留まるものを、幕府は尽忠報国の浪士と呼んだ。彼等を京都守護職松平容保の配下に隷せしめ、乃ち壬生に館せしめた。之れを号して新撰組という。

江戸に帰った浪士組は新徴組である。清川は江戸麻布に於て、幕府見廻り組の士等に暗殺された。新撰組は一に壬生浪士と称し、芹沢鴨と近藤勇とが其統卒を司り、四方の同志を募り、其隊を編成し、法を厳にし、専ら胆を練らしめ、励ますに誠実を以てし、誠の字を用いて其隊旗と為した。

文久三年八月の政変は、近世史上著名な事件である。さしも勢炎を挙げた長州藩及び攘夷の一党が一掃され、三条実美《さねとみ》等の朝参を停め、長州藩の堺町門警衛を解かれた。所謂七卿《しちきよう》落《お》ちの一齣のあった大政変である。

爾時《にじ》、勇等の新撰組は、昼間仙洞《せんとう》御所前を警《いまし》め、夜に入って南門に堅めた。隊士は悉く袖口を山形に白くぬいた浅黄の羽織を着し。隊将である勇は、芹沢と共に、小具足《こぐそく》に身を堅め、烏帽子を冠り、会津藩の合印なる黄襷をかけ、騎馬提灯には、上部へ赤く山形を表わし、誠忠の二文字あるものを符号とし、鉄扇を把って隊員を指揮した。

七卿落ち、長藩退京についで、盛んに失脚の志士の暗中飛躍が行われた。之れがため京都に於ける警戒は頗《すこぶ》る厳重となって、遂に新撰組に命じて京都市中の警邏を行わしめ、若し反抗する者があらば斬り捨てても差し支えなしと許された。之れが新撰組の浪士狩りを始める動機であった。

新撰組の第一隊将芹沢鴨は、本名は木村継次といい、水戸系の尊攘論者であるが、悍強《かんきよう》狂猛威権を恣《ほしいまま》にして、暴戻の行いが屢々《しばしば》あった。之れがために怨憎の念を抱く輩が頗る多い。勇はおのれの腹心である、土方、山南、沖田等と謀って、不意に芹沢の寝室を襲うて、之れを斃した。

芹沢死したる後は、勇は新撰組の唯一の隊長となり、土方、山南は其副となって之れを扶《たす》け、壬生浪士は凡て勇の頤使《いし》に従う事となった。

幕府は、ここに於て勇を以て、御番頭取の格に陞《のぼ》し、副長其他に夫々《それぞれ》相当した格を与えた。然りながら、勇は素《もと》より栄達のために起《た》ったのでない。攘夷の功を樹てんが其主要の目的であったから、文久三年政変の後、十月十日、祇園一力《いちりき》の席上に於ても、勇は公武合体派の諸藩士が、徒らに豪語大言するを見て不満を感じ、皇国一致外夷を攘《はら》うべき事を強く主張した。

勇の驍勇を世に喧伝せしめたは、三条池田屋襲撃の一挙である。元治元年六月、新撰組の手で、古高俊太郎《ふるたか》を捕らえたが、それによって幕府反対派に恐るべき計画がある事が露《あら》われた。勇乃ち其徒党の掃攘《そうじょう》を計るために、六月五日夜亥刻（午後十時）、隊を二つに分かって、其集合処を襲った。

衆凡そ三十人、一隊を土方歳三に率いしめて、三条縄手四国屋へ向かわしめ、勇は自ら他の隊を随《したが》えて、三条小橋西入旅舎池田屋に向かった。会津、桑名の兵亦之れに加わって、池田屋の附近を包囲し、勇は、其子周平の外に、沖田総司、永倉新八、藤堂平助の四人と共に進んで屋内に入り、楼上に登って、乱闘力戦の末、七八を殺し、四五を傷つけ、逮捕二十余名に及んだ。之れが世に有名なる池田屋騒動である。

今に至る迄、名刀虎徹《こてつ》云々の名と共に喧伝せらるるは此事件である。勇の書信にも、永倉の刀は折れ、沖田の刀は鋩子《ぼうし》折れ、藤堂の刃は簓《ささら》の如くなり、周平の槍は斬り折られたとある程の激烈な力闘であった。又、勇の刀は虎徹故に哉、無事に御座候、と記してあった。

周平は、勇の養子で、板倉周防守の臣谷某の子である。此際の活躍を見て、勇は好い養子を得たと満足した。又、土方の隊は浪士の隻影《せきえい》をも見出さなかったから、取って返して池田屋襲撃に援助したのであった。

同年七月、禁闕の事変には、勇は新撰組の兵を率いて、会藩兵と共に、竹田街道九条河原に陣し、藤杜方面の戦闘起こるや、馳せて敗走する長州兵を追撃して、墨染《すみぞめ》に至った。時に砲声御所に当たって響いたから、直に長駆して堺町御門に至り、越前兵と協力して闘い、又公卿門をも守った。

長州軍全く敗れて、天王山に其敗残兵若干、真木和泉を主として集まっているとの報があった。勇は会桑兵等と之れを攻撃したが、真木等は力尽きて営を焚いて自刃した。

長州の敗退するや、幕府は、尾張侯を総督として征長の軍を起こさんとした。勇以為《おもえ》らく、将軍親《みずか》ら麾《き》を把って、列侯を帥《ひき》いて問罪の軍を発すべきである。然らずば何を以て天下に臨む事を得ると。この将軍親討の勧告をなさんがため、九月一日、永倉、藤堂、武田、尾形の四士を従えて江戸に抵《いた》り、大いに奔走したけれど、幕議之れを容れ得なかった。

慶応元年十一月、幕府、長藩訊問使として大目付永井玄蕃頭等を広島へ派遣せしめた。勇はそれに従うて赴いた。此行に就いて、曾て京獄に捕らえられていた長藩士赤根武人と、久留米浪士淵上柳太郎とを放還《ほうかん》［釈放］して、長州の恭順論に力を致さしめようと謀ったのも、勇の尽力であった。

勇は会津藩に隷して新撰組を帥い、幕府の為に尽瘁《じんすい》する処が頗る多かった故に、幕府は其功を録して、慶応三年六月、勇を見廻り組組頭格に陞《のぼ》し、土方を見廻り組肝煎《きもいり》格に補した。之れより曩《さき》に、組の参謀伊東甲子太郎は、勇と議合わぬものがあって、同志の隊士と共に新撰組を去って、別に高台寺に屯して、勤王を主唱した。今ここに勇等に対して幕府の恩賞あるに及んで、幕府の品秩《ひんちつ》を受くるを屑《いさぎよ》いとせぬ輩十名は、相携えて新撰組を出《い》で、高台寺党に加わった。勇対甲子太郎の分立はここに於て愈顕著なるものとなった。

勇、乃ち高台寺党掩殺を図り、慶応三年十一月十八日、策を設けて、伊東を勇の寓居に呼びよせた。饗するに酒食を以てし、会宴多時、其帰る途上を擁して伊東を刺殺せしめた。伊東の死屍を七条油小路に横たえ、其党を誘い寄せ、伏四方に起って悉く之れを斃した。

土佐藩の後藤象二郎は、天下の形勢の王政復古に帰すべきを洞察して、同じく之れを行うならば、寧ろ平和手段を取るべしと思惟し。それには将軍をして自発的に政権を奉還せしめるがよいとの考えから、其腹案を樹てて、諸方に周旋していた。之れについて、新撰組の勢力を代表する勇との会見を欲していたが、一夕、永井玄蕃頭の寓に於て邂逅する事となった。

勇は予てより、後藤の行動について疑念を抱いているものである。それがため自ら外貌にも現われ、双眼烱々《けいけい》として対者の肺腑を刺すの状があった。後藤固より剛胆である。勇を一瞥して、足下《そっか》の身辺にある其長いものが甚だ嫌いである、それを除かれて後、安んじて語り交わそうでないかと、戯《たわむ》れながら挨拶した。勇、其洒脱の気を愛して、大いに意気投合するものあり、相互いに哄笑して大いに時事を談じた。

勇、ある時後藤に告げて。天下の形勢殆《ほとん》ど手の下しようがない、今にして時事に周旋するに当たり、寧ろ貴藩に籍を置いた方が、活動がし易い。我境遇では全く手も足も出せず困難至極であるというた。勇は畢竟強勇一方の者でもなかったのである。

伊東の残党は固より勇に含む処があった。慶応三年十二月十八日、永井玄蕃頭の招きによって、勇が伏見から京都二条城に赴いた。其帰り途。愚染を過ぎる時を窺って、伊東の残党は、暗中、銃を以て狙撃した。弾丸勇の肩を貫いて重傷を負わす。勇、創《きず》を忍んで馬を馳せて伏見に還り、医を招いて其療をうけた。

創重くして、大阪城に入り、松本良順の治をうけたが、此為に伏見鳥羽の変には出陣する事ができぬ。土方歳三をして新撰組を指揮せしめ。幕軍敗北、慶喜東走するや、勇も海を航して東に帰った。

新撰組の隊員は、伏見鳥羽に於て其多くを喪い、江戸に還った者は八九十名に過ぎなかった。

勇は乃ち名を変じ、隊名をも鎮撫隊と改め、甲州に入りて事を挙げんとした。官軍既に甲府に進み、勇は戦いに敗れて江戸に退いた。

茲に会津に投ぜんとするの議が生じ、隊員多くは去って東北に走った。勇は土方と謀って、下総流山に屯して、脱走兵を聚《あつ》めて一勢力を作り、他の幕府軍と相協応せんと志した。

明治元年四月、官軍早くも下総に入り、流山の営を包囲する。勇は官軍の参謀香川敬三の誘うに任せて、官軍の陣営に赴いたが、変名大久保大和は近藤勇なりと勘破《かんぱ》され、官軍の計略に陥って其捕縛する処となった。遂に板橋駅に於て斬に処せられたが、死に臨んで従容《しょうよう》、自ら髻《もとどり》をあげて、甘んじて刀を受けた。

伊地知正治

伊地知正治《いじちまさはる》、通称龍右衛門、文政十一年九月、鹿児島加治屋町に生まる。兵学を以て島津氏に仕え、軍賦役となる。明治戊辰、東山道参謀として奥羽に出征、若松城を陥れて凱旋した。明治二年、永世禄千石を賜る。同四年、中議官、同五年、大議官、同七年、議長、同八年、一等侍講、また修史局副総裁、同十年、修史館総裁、同十七年、伯爵を授けらる、明治十九年五月二十三日、病に罹りて逝く。六十歳。

正治、精悍《せいかん》の気、奇醜の貌、足が跛で歩む形状おかしく、加うるに眼を患うて眇目《びようもく》［隻眼］であったから、見る人皆之れを侮った。正治の母、常に戒めて曰う、跛の身でよく武士になれるかと。正治、即ち奮《ふる》って文武の道を修め、大いに励精した。正治の師は鹿児島の近郷数里距《へだ》たった土地にいた故、正治、宵に家を出でて灯下に学び、更に夜を冒して帰りを急いだ。

正治、少時、群少年のために橋上に要せられ、両手を橋上に縛された。正治、従容として毫《ごう》も騒がす、唯、止めよ止めよというのみで、平然として書籍を暗誦して、手の縛せらるるを知らざる様であった。群少年、暫《ざん》じて直に縄を解いて謝した。

正治、年少にして其英才を以て知られ、種子島六郎、児玉源之丞と共に、江戸遊学を命ぜられ、昌平黌《しょうへいこう》に入った。正治、身を持す事厳にして、節倹時に吝嗇《りんしょく》とまで評せられた。しかし、後に藩命によりて帰国する時、種子島、児玉の二人は旅費のないのに苦しんで、之れを正治に謀ると、正治、襟にかけた財布を示して、かかる時の用意にと思うて、予てから心掛けていたのであると告げた。二人ここに於て始めて平常の吝《りん》なる所以を悟り得た。

幕末の頃、京都に在る薩兵中、放縦なる者があったから、正治之れに帰国する事を命じ、少許の旅費を給した。其兵士旅費の過少なるを以て国へ帰るには不足であると訴える。正治曰く、我れ曽てこれだけの金でよく国に帰り得た事があるから、汝も之れで充分帰れる筈であると諭《さと》して、去らしめた。

正治、眇目、跛足で、其歩む姿勢は、宛《あたか》も骨無き者の如くであった。為に部下の之れを侮る風があったから、正治の発した軍令は殊に峻烈厳粛のものであった。曽て、京都岡崎に於て、藩兵操練を司った時、一隊の少し遅れて来たものがある。正治、令に違うを責めて、列に加うるを許さず。之れを嘲って、戦争過ぎて、矢の根、刀の折を拾いに来る輩に類するものと評した。

官軍の諸将、幕軍を鳥羽伏見に撃って破り、長駆江戸に赴かんとする際。此行、正治を除くがよい、彼は実に厄介者であると、口々に評していたけれど、誰あって之れを正治に告げるものがない。遂に西郷隆盛を煩《わずら》わした。西郷、正治を見て曰く、諸将尽《ことごと》く江戸に向かわば、京都を守る者がない、京都の守護は甚だ重責である、君やってくれぬかと。正治激怒し、刀柄に手をかけて、吉モウ一度言って見いとつめ寄る。西郷驚いて逃れ帰った。西郷すら斯くの如くでは、諸将遂に正治を説く事の不可能なるを悟った。

東北征討に対する大村益次郎の案は、先《ま》ず枝葉を断って、根本を孤立せしむる策であったが、正治、板垣退助と謀り、枝葉を刈るに空しく歳月を曠費［空費］していては、奔命に疲れて了う。寧ろ敵は其境を守る者が多くて、却って中堅の虚しくなっているに乗じ、驀進して若松城を衝き、其根蒂《こんたい》を動揺せしむるが最も策の得たるものである。之れに加うるに、東北の地は漸く風雪の季節となるから、今の内に吾軍を進出せしめて勝を制しようとて。乃ち母成《ぼなり》口から殺到して、遂に会津を陥落せしめた。

正治の軍を督して若松城を攻撃するや、城塞堅固なるに加えて、死士《しし》［死を決して行動する人］を以て之れを守っているから、容易に抜く［攻め落とす］事ができぬ。正治は之れがため長囲の策を立てた。然るに部下の年少気鋭の諸将達は、従来の連捷《れんしょう》に馴れて、攻撃を敢行すべき事を主張してやまぬ。正治乃ち聞かざるまねして、故《ことさ》らに其佩刀《はいとう》を脱し、目釘をぬき、之れを箱に納めて、横臥して鼾声《かんせい》雷を欺くの睡りに入った。之れを見て、諸将止むを得ず、遂に鎮まった。

正治、鹿児島の自邸に在る時、西郷隆盛の不軌を図ると聞いて、大雨の中に傘を用いず、衣を褰《かか》げ［裾を上にあげ］、倉皇《そうこう》として［あわてて］西郷の閑居《かんきょ》に往き、牆《しょう》［土塀］を隔てて、卒然《そつぜん》声をかけた。汝《わ》やア謀反を企《くわだ》つるそうな。西郷曰く、余《わ》やア、甘藷《からいも》を作るのが忙しいと。甘藷を作るとは、私学校生徒を養成するの意である。正治、之れを聞いて直に肯うて去った。

正治、曾て軍隊に臨むや、令甚だ厳にして毫も仮借する処がない。しかし平時にあっては純情流露の人物で、其左院に議長たる時、部下を黜陟《ちっちょく》する［人を評価して待遇を上げ下げする］に際して、必ず忍びざるの状を現わした。止むを得ず免職すべき者があると、其辞令書を渡す日に限って、病と称して決して出なかった。

正治は栄達して、顕官となった後でも、万ず倹素を旨とし、其調度品の如きも凡て簡素質朴の物のみであった。吉井友実《ともざね》、一日、正治の邸を訪れて、議論数刻に亘った。渇を覚え、茶を乞うと。正治俄に曰く、暫《しば》く待て、我れ朝来未だ飯を喫して居らぬ、失礼ながら喫飯の後に茶を呈せんと。即ち書生を呼んで、食膳を運ばしめ、友実の面前に於て、頗る質素の食事を取った。喫し終わると、再び書生を呼んで、食膳をひかす際に、おのれの用いていた飯茶椀を指し、これを洗って御客に茶を上げよ、と命ずる。友実驚いて、貴宅には茶呑み茶碗はないのか。無論無い、飯茶碗は一つさえそれで結構だ、何人客があるとて、呑み廻しすれば、茶碗一つで事足りるでないかといった。

大久保利通、時の内務卿として威権赫々《かくかく》、廟堂を圧するの趣《おもむき》があった。時人、大久保に向かって直言する者は一人もない。正治、一夕、内務卿を訪うて、慷慨して時事を痛論した。内務卿之れを迂遠の言として、唯黙して聴いていた。終わりに臨み、大喝、是れ乃公《だいこう》の知る処あらずと叱した。

後に復《また》、正治内務卿を訪うや。今度は、正治、初めから茄子や芋の話をのみして、一語も時事に触れるものがなかった。唯、談熱するや、鉄張りの大煙管を揮って、銀縁の火桶を打つ事頻《しき》りである。之れが為に凸凹の疵を生ずるとも、少しも意に介せぬ風であった。之れには流石剛腹の内務卿も、応ずるの法がなく、眉を顰めて嘆息するのみであった。正治益気勢をあげて、鉄張煙管を以て、遠慮なく銀縁を敲《たた》く事、丁々幾数遍。

征台の役ありて、大久保利通、全権大臣として支那に赴き、使命を全うして還って来た。正治、之れを訪うて其功を称し、懐中より紙包み出して、恭《うやうや》しく曰く。君の労を慰めんため何か物を贈ろうと思うが、家に佳い品がないから、有り合わせであるが持って来た、乞う齎《もたら》す物を受けてくれよといいつつ手交した。大久保深く謝して納め、後に至って包みを披いて見ると、一箇の炭《た》団《どん》［炭などで作る固形燃料］が儼として在った。

板垣退助

板垣退助、初めは乾《いぬい》氏、名は正形《まさかた》、幼時猪之助と称し、世々土佐藩に仕え、藩の閥閲《ばつえつ》［名門］である。天保八年四月十七日、高知に生まる。安政二年、十九歳、勤番の命を以て初めて江戸に入り、翌年、土佐に帰り、事を以て城南神田の地に謫《たく》せられた。安政六年、罪を釈され て家に還る。万延元年、免奉行に挙げられ、文久元年、江戸藩邸の会計職につき、兼ねて軍備庶務を掌《つかさど》る。同二年、容堂《ようどう》侯の側用人に抜擢された。時に、勤王佐幕の論の為に海内騒然たると共に、土佐藩中に於ても、相互いに徒党を結んで、峙立して争い、党怨容易に解けぬ退助は、恩讐の波瀾に投ずる事なく、一意国家のためと、社稷《しやしょく》のために計るに専念した。此為に両党から交々《こもごも》憎怨されたが、中岡慎太郎等の斡旋によりて、薩の西郷隆盛等と提携し、遂に討幕の計を回《めぐ》らし。明治元年一月十三日、退助自ら大隊司令の任につきて、藩兵を提げて高知を先発し、先ず高松藩を降《くだ》して、京都に出で、東山道官軍の先鋒となりて、三月、信濃諏訪に陣した。進んで甲府城を収め、近藤勇を勝沼に破り、同月十四日、江戸に入った。尋《つい》で下野地方に転戦して、幕兵を逐《お》い、今市《いまいち》に闘って、敵をして会津領に屏息《へいそく》せしめた。茲に於て兵を回《めぐ》らして白河口に向かい。沿道の戦悉《ことごと》く捷《か》ちて、遂に会津若松城を包囲して、之を降服せしめた。東北平定の功顕著にして朝廷賞を賜《たま》う事厚かった。明治二年参与、同四年参議に列したが、同六年、征韓論を主張し、西郷隆盛等と共に野に下り。民選議院設立の建白書を呈し、土佐に帰って立志社を創設し、大いに自由民権を唱え、爾来《じらい》政治政党のため尽瘁《じんすい》する処頗る偉なるものがあった。自由党を組織して、其総理に推された。明治二十年、伯爵を授けられ、特に再三固辞したけれど聴《ゆる》されぬ。又朝に入って再度内務大臣の椅子についた。老来《ろうらい》、力を社会改良事業に注ぎ。大正八年八月十六日、八十三歳にして逝く。

退助の少時の教養は慈母に負う処実に大なるものがある。母は林氏の女、退助の父正成に嫁したが、狂疾《きょうしつ》の良夫に仕えてよく看護し、悠々其天寿を終えさしめた。既に賢妻であって、併《しか》も良母であった。退助は其感化薫陶を享ける事甚だ深きものがあった。

退助、幼より、強者を凌ぎ弱者を扶《たす》くの気風がある。ある厳冬、寒気凛烈の日、乞丐《こつがい》の女が乳児を抱えて、門に食を乞いに来た。其情憐れむべく、転《うた》た惻隠《そくいん》の情にうたれずにいられぬ。退助深く心を動かして、家の内に奔《はし》り入り、姉の衣服を取り出して、挈《ひっさ》げ来って門前の女乞丐に与えた。其衣服は姉の外出の美服であるから、流石の女乞丐も手を出しかねて逡巡していると、退助は強いて手渡して、携え帰らしめた。姉は之れを発見して怨む。退助曰う、たかが一領の衣でないか、乞丐の寒苦は見るに忍びぬ、まことに憐れむべきものがあったと。慈母之れを聞いて喜び、吾家の名を揚げるものは退助であろうと賞した。

児童をして飽かさしめぬと、其欲は長大するばかりである、如かず十分に飽かしめて又羨望するの念を起こさしめぬようにするがよいとは、慈母の常に退助に対する教育法であった。此所以に果物や菓子等も、退助の欲するが儘《まま》に、其求める処よりも多くを与えると云う風であったから、退助、他人の物を羨み望むというが如き念慮を起こさず、又、おのれは獲るに従って友人従者に之れを頒かち与えるという習慣が養われた。退助の生涯寡欲清廉であったのは、一に慈母の薫育によるものである。勿論退助の家は領田三百石、まず富有の部に属していた。

或いは夜遅く帰っても、或いは危険な遊戯をしても、少しも叱責する事はなかったけれど、若し人と争うて泣き帰る如き事があると、男子は泣顔して家に入るものでないと、常に勝つ事をのみ勧めていた。

退助の少時の腕白は枚挙に遑《いとま》あらぬほど多くある。稍《やや》長ずるに及んでも、卓犖《たくらく》殆ど縄束すべからざるものがあった。土州藩の青年輩、相互いに派を作り、党を樹てて、城中に三派ある。曰く南組、曰く北組、曰く上組と。三派、常に反目嫉視《しっし》して、偶々途上に遭う時は互いに搏撃を試みて争うほどであった。併しながら刀剣棍棒の類を用いる事は許されぬ。又、他人の頭に手を触るるが如き事も忌んで、赤手《せきしゅ》で相格闘するのであった。退助は其派の主魁に数えられて、而《しか》も最も年少者であった。

退助、水泳を好み、一日として河上に泳いでいない事はない程であったが、其ために耳を傷つけ、聾《ろう》となって了ったから、医師から、読書撃剣を固く禁ぜられた。凡そ武士の家に生まれた男子が、歳漸く熟して文武の修練を禁ぜられる位不愉快な事はない。退助之より怏々《おうおう》として［満足しないさま］楽しまぬ十八歳の折、自ら決心して、寧ろ吾耳を破らんとて、鼻口を閉じて一斉に気息を吹くと、却って耳孔は頓に開いて、従来の聾を忘るるに至った。ここに於て大いに喜び、剣を揮い、書を読んだ。爾来聾疾に冒される毎に必ず此手段を用いて治し、全く治し終わったのは二十三歳の時であった。

年壮に及び、放縦弥々《いよいよ》壮んとなって、衆人皆目を聳《そばだ》てて退助を見た。後に江戸に入りて、水戸の士と交わりを結ぶや。水戸藩主烈公が封内に衛生思想を涵養する風あるを聴いて大いに感じ、爾後《じご》は大いに身を慎み、最も衛生に注意し、却って他人から、退助は衛生家であると迄いわるる迄に至った。

安政二年、江戸大地震の際は、退助十九歳で、始めて江戸に入った歳である。十月二日、大地揪翻して家倒れ瓦飛び、震死する者二万人。退助時に床几《しょうぎ》に踞《きよ》して隣人と語っていたから、腰辺に刀を佩《お》びていない。地震と共に気付き、急いで室《へや》に入り刀を索《もと》めた。退助の従者馳せつけて、急に邸を脱せよという。退助静かに刀を引いて、何を周章《うろた》える、地震の後は必ず火災があるものだ、直ぐ其用意をせよと命じた。之れは前年、郷里土佐に於て大地震の災禍の経験があったからである。果たして猛烟忽《たちま》ちにして起こり、邸も亦火焰に襲われ危急に瀕したけれども、退助はよく廝卒《しそつ》を指揮して火を防ぎ、其災いを免るを得た。

万延元年、免奉行《めんぶぎょう》になった、免奉行は管税の職である。退助部下の吏を従えて、管下を巡視し、山間の僻地に来た。かかる土地の住民は大抵柔懦《じゅうだ》で、吏員が巡視すると、路傍に拝跪《はいき》して迎え、叩頭《こうとう》百遍、啻《ただ》に貧を訴え、ひたすら免租を哀願するのが常套で。之れがため民に気力なく、食は粗悪、其生活ぶりは殆ど禽獣に類するものであった。

退助、乃ち庄屋を招いて問う、郡奉行来る時には民衆に対していつも何を教諭していたか、多分争闘する勿《なか》れと云うたであろうと。庄屋素《もと》より貴言の通りであると答うるや。退助更に曰く、余の考うる処はそれと全然別個である、無気力の民を励ますには喧嘩に限る、喧嘩は恥を知るに依って生ずるものである。此里民の生活ぶりを見るに、食は粗悪で、而も無気力で、働こうとせぬ。而して一に免租をのみ冀《こいねが》うているのは、畢竟《ひっきょう》恥を知らぬからである。之れを高知城下菜園場の貧民の状態に見ると、彼等は旦夕、鍋釜を質入れするとも、初松魚《はつがつお》に舌鼓をうって相誇り合って美食している。気象［気性］此の如く熾《さか》んである。故に、前年の大地震の際にも、富豪の救《きよう》恤《じゅつ》を斥けて、同じ商売人からの救いはうけたくないと拒絶し、藩庁が仲に立って漸く之れを受けさしめたというが如き事がある。人間恥を知って始めて光が生ずる。而して働きも亦生ずる。

郡奉行のいうが如きに従うていたなら、畢竟卑屈無気力な儒民を作るのみで、一村の振起《しんき》する所以でないと、大いに叱りつけて還した。此事藩の重臣に知れ、愕いて退助を譴責《けんせき》した事がある。

幕末、尊王攘夷論起こるや、土佐藩に於ては、尊王党は大抵下士の中に存し、上士は吉田元吉［東洋］派の佐幕党と、之れに対立する尊王党とに分かれていたが、退助は其内の上士の尊王党に属していた。而して其軋轢の最も激しいものは、上士の佐幕党対下士の尊王党であって、之れが為に吉田暗殺の挙となる迄に立ち至った。退助等の上士尊王党は余りかかる浮動に乗らなかった故に、時には両派から疑惑の眼を以て見らるるやの傾もあった。

しかし、退助は始終勤王の一事を以て貫いていた。時に長藩は攘夷の第一声として、下関に於て外国軍艦に砲撃を加えた。土州藩主の夫人は毛利家の女で、両藩には縁戚関係がある。退助則ち建言して曰く、皇勅煥発して攘夷を命じ給い、長藩今之れに魁をなした、義に於て我藩も之れに慰問の使を発すべきである。しかも両家は姻戚関係があるから、情に於ても若干の出兵をして、長州を応援すべきである。請う、臣をして其任にあたらせしめ給えと。されど藩庁の評議では、攘夷の詔勅は浮浪の徒の作動である、長州の暴挙に加担する如きは軽卒の譏《そし》りを免れぬとて、長州を救援するを避ける事になった。

退助曰く、聖勅《せいちょく》炳乎《へいこ》として［明白に］降《くだ》る。之れについては唯遵奉あるのみである。言を軽挙に托して責を免るが如きは、臣子の分でない。果たして攘夷の令が不可であるなら、何故進んで闕下《けっか》に伏奏して、之れを諫止《かんし》［いさめてやめさせる］し奉らぬ。今日に及んで皇勅を彼是論議するが如きは、実に不敬の甚だしきものである、と痛論したけれど。藩庁では応ずる者がなく、却って退助を以て、下士の激徒と相通ずるものとして指弾した。

中岡慎太郎、退助を訪問して、藩庁は我等勤王党を以て過激視し、貴公をも尚排斥するとは不心得千万であると遊説に来た。退助曰く、来訪の情誼《じょうぎ》［人情や情愛］は謝するが、そういう足下等も亦、曾て、退助を殺さんとねらったでないかと詰る。中岡頻りに之れを否認すると。退助儼《げん》然《ぜん》として、中岡慎太郎は男児乎、其真実を佯《いつわ》って辞を他に托するは、婦女子の為す処だと叱した。中岡茲に於て大いに謝して、貴語甚だ痛み入る、成程当初は貴下の生命をねらったに相違なかったと、告白したら、退助大いに喜び、言を明白にして始めて天下の事を談ずべしだ、と之れより談論頗る進んだ。中岡之れによりて退助を視る事大いに従前と異り。後、薩州の西郷吉之助に告げて曰う、土佐闔藩《こうはん》［「闔」は「すべてあわせて」。ここでの「闔藩」は「（上士・下士を区別せず）藩全体で」の意］碌々《ろくろく》の徒ばかりである、乾退助をして起たしめずば土藩に於て事を成し得ぬと。これらは後来《こうらい》、土佐の薩長と提携して勤王の実際運動に従事した一端緒である。

慶応元年正月、退助、官を捨てて江戸に来た。二十九歳、築地の藩邸に入り、文武を練習し、幕士倉橋長門、深尾政五郎に就きて蘭式騎術を学んだ。退助は、倉橋の訳せる蘭書二十余巻によりて兵を遣《や》るの法を自修して、後来、東北の野に闘うに当たって、其修養した処を傾け尽くした。

慶応三年二月、水戸浪士中村勇吉なる者来って、退助の庇護の下に身を匿《かく》さん事を乞うた。勇吉は浪士の雄で、幕吏の之れを捕らえんと覗うている者であった。其頃、幕府、参覲の制を廃したため、藩士の江戸藩邸に留まる者が尠《すくな》くなり、築地の土州藩邸にも空き家が多くあったから、退助は之れに匿して庇護した。且つ曰く、浪士烏合の衆を以て軽挙事を為すとも、却って敵に勢いを添うるのみである。其点に於ては、大藩は大挙事を為さんとするから、従って因循《いんじゅん》［古い習慣に従い、改めないこと］に似たる者があるけれど、之れは止むを得ぬ事である。浪人達はよろしく、大藩の動くを輔《たす》けて事を共にするのでなければ、其功業を全くする事ができまいと諭した。之れがため、後来、勇吉の輩は多く薩藩の運動に参加する事になった。

既にして、退助、西郷等と会して、討幕同盟の約をなした。慶応三年五月、退助、国に帰り、藩の黌舎《こうしゃ》、致道館に出入りして、修める処の騎兵の術を授けた。藩庁擢《ぬき》んでて退助を大監察と為し軍事総裁に任じた。退助、土藩の兵制を改革し、古式の兵法をやめて、銃隊の充実を計った。乃ち上士徒士《かち》の次弟季子を抜いて、新たに精鋭なる銃隊を編成し、其隊長には、従来砲術に達した足軽隊長が務めていたのを廃して、新たに銃を識らぬとも、つとめて胆勇ある士格の者をば選んで之れにあてた。片岡健吉、山田喜久馬、二川元助（坂井重季）、山地忠七（元治）、祖父江戸可成（土屋可成）、北村長兵衛（重頼）等皆其選に当たった。

然るに是等の人々は、初め、銃に通ぜぬからとて辞退したけれど。退助笑って、諸君は水火に入るのを怖れるかと揶揄すると。山地は憤然として、我れ怖れるものでないと否認する。然《しか》らばそれでよろしい、銃を操る技術は之れを学べば達し得らるるが、危地を冒すの胆勇は生来にある。今度選び取ったは其生来の胆勇の人々であるからであると説くと、衆は皆其至言に服して従うた。

筑前の刀鍛冶豊永久左衛門なる任侠者があった。江戸砂村の土州藩下屋敷に於て、鉄砲製造場を開いていたもので、退助とは昵懇《じっこん》の間柄であった。退助の江戸を去る時、吾庇護の下に隠匿せる浪士等を、久左衛門に托して置いた。然るに久左衛門は京都に来て、其秘密を藩吏に告げ。土佐に入って、退助が大阪から江戸の同志に向かって贈った密書を証拠として、退助が討幕の陰謀を構《つか》うと讒傷《ざんしょう》した。

之れによりて門地を有する上士等は、退助を以て愈下士過激派と通ずる陰謀者であると見做し、連署《れんしょ》して［複数人で署名して］退助の罪を弾劾し、藩庁に其処分を迫った。之れがため退助は危地に陥り、既に刑死に処せられんとする迄に切迫した。幸いに鳥羽伏見の変生じて、幕府党俄に屏《へい》息《そく》し、退助は辛くも危境を脱するを得た。西郷隆盛、他日退助に語って曰く、戊辰の戦に死んだ者は多いが、戊辰の戦に由って生きたものは、板垣氏のみであると。

土州藩、隊伍を編成して、勤王の為に京都に向かって出発する事となった。明治元年正月十三日致道館には人馬沓至して旗幟翻るの盛んなるものがあった、之れ土州兵の高知城を出発するの状況であった。退助大隊司令となり全軍を統率し、発するに臨んで、儼然《げんぜん》令を下して、唯我命に従え、言わんとする処あらば、其部隊の長よりして言わしめよと告げた。之れは退助が総大将となったけれど、其下に従う者等は、日頃交わり深い友人等が多いから、懇意づくによって種々《しゆじゆ》の進言や質問が出ると、それがため却って軍機を失う虞《おそ》れがあるからである。当時、出征の服装なども区々《まちまち》で、洋服を着けた者があれば、甲冑の重装したのもある、伊賀袴の陣羽織というのもある。

漸く江戸に着くに及んで、始めて一定した服装になり得たというから、最初の間は其軍隊の統一に可なり苦心したものらしく、従って前述の如き令を発したのである。

土州隊進んで、讃岐高松城を降《くだ》すや、尋《つい》で松山城を攻めんとの議もあったけれど、退助之れを斥けて、一路大阪に航し、進んで京都に着いた。退助思えらく、藩庁は伏見鳥羽の一戦に狼狽して退助に兵を率いて出ずる事を許したけれど、後に至って意見変更し、或いは兵を阻むかも知れぬ、それでは時機を失するからとて、斯くは疾風迅雷的に入京したのであった。

果たして兵を還すべしの藩命が丸亀に来た時には、退助は既に大阪に進んでいた。更に還兵の命が大阪へ追いかけて来た時には、退助は最早堂々入京していた後の事で、ここに及んでは、今更如何ともなし難きものとなっていた。退助の先見の明は、よく機先を制して、土州藩の名を勤王史上に汚さしめなかった。

退助の率いる軍隊を、東山道官軍の先鋒となすの朝命があった。明治元年二月十四日、隊を整えて御所に至り、蛤門から南門前に達し、禁裡《きんり》を拝して、歩武堂々、京都を出発した。

退助、総督兼大隊司令の重任《じゆうにん》にあり、十八日、美濃大垣に入って、東山道先鋒総督岩倉具定《ともさだ》に謁し、薩長其他の諸藩兵と合した。退助、其乾姓を板垣姓に改めたのは、此大垣に在る時の事であった。板垣姓は、遠祖なる武田信玄の雄将板垣駿河守信形から発したものである。

軍の進んで、信濃諏訪に入るや、谷守部《もりべ》（干城《たてき》）説いて退助をして甲斐を窺わしめた。甲府の幕吏等、言《げん》を左右にして［はっきりしたことを言わずにごまかして］退助の軍隊を阻み、近藤勇の兵を導き入れて、官軍に抗せんとしたが。退助之れを允《ゆる》さず、進んで甲府城を収め、近藤勇（変名大久保剛、又は、近田勇平）を勝沼に破って、東征官軍の第一開戦をなした。

三月十四日、江戸四谷内藤藩邸に着く。時に東海道の大総督府から命あって、明日の江戸城攻撃は故ありて停むと告ぐ。之れ西郷が勝と会見した結果のためである。

十八日、土州兵は市ケ谷尾張邸に移った。この時、東海道の官軍とは議の合わぬものがある。彼れは和議を説き、之れは開戦を主張する。併しながら停戦命令は大総督府の名によって下されたのであるから、之れに従わざるを得ぬ。退助は尾張邸に満を持して時を待つ事にした。乃ち哨兵を張り、斥候《せっこう》を放ち、戒厳甚だ密にして、将士惨《さん》として驕《おご》らざるの概を示した。

土佐の牧野群馬《ぐんま》（小笠原只八《ただはち》）三条実美の命をうけて、監使となって京都より来り、江戸の情況を視察して実美に報じた。ある時、牧野、退助を訪うて尾張邸に来た。談話数刻、薄暮れに至った。牧野曰く、土佐の軍営甚だ戒厳につとむというが、果たして真であるかと。退助笑うて、真か偽か、親しく試みて見よという。其夜の合図の詞を教えて、牧野に往かしめた。暫《しばら》くにして牧野は返り来て、危険危険、実に戒厳行き届いて、一歩に誰何《すいか》され、二歩に糺問《きゅうもん》され、若し一言相言葉を誤ると忽ち身命を殞《おと》すの危険があった。誠に恐れ入った事であると。深く嘆称して去った。

幕府の脱走兵等総毛の野に奔馳《ほんち》し、中にも大鳥圭介の軍が最も勁鋭《けいびん》［「勁」は「ぴんと張りつめて強い」の意］で、会津亦城に拠りて王師《おうし》に反抗するの気勢を現わしていた。四月十七日、征討の令下り、退助の軍隊は之れに向かい、先ず壬生《みぶ》城を援《たす》け。日光の幕軍を掃《はら》わんとして、予め兵火の徳川祖廟を焼くを惜しんで、僧徒に命じて幕軍を退去せしめ、祖廟寺院の灰燼に帰するの殃《わざわい》を免らしめた。

その頃、因州《いんしゅう》［因幡国］の一士、因に日光廟に至って、土足の儘《まま》祠壇を踏み、大呼《たいこ》之れを罵った。其怒勢の劇《はげ》しきを見て、全山恟々《きょうきょう》、官軍を虎よりも惧れる。退助之れを聞いて、因士の暴戻《ぼうれい》の状を憤り。却って之れは王師の名を恥かしめる［辱める］ものであるとして、自ら吾軍隊を率いて徳川廟を拝し、我れは官軍の参謀として拝するのでない、土藩の一士として拝するのであると称して、其礼節甚だ慇懃を極めた。退助の意は、徳川慶喜の王命に抗し、其臣下の叛を計るについては之れを懲らして討つべしである。しかし其祖宗が世々の国家に対して、功労あった事は認めねばならぬ。一旦の威に誇って、其廟を火《た》き、或いは又、之れを恥かしむるが如き所行は、正々堂々の行為でないというに在った。

吾軍、今市に屯し、大鳥の兵は会津領に去った。されど時々来襲して吾軍を脅かす事がある。ここに於て、土州軍の諸将は相議し、小佐越《こさごえ》を抜かん事を乞うた。退助、其地勢を見て、之れを取るとて、別段の益のないのを観破《かんぱ》して許さなかった。諸将は勇に逸《はや》って、此弱敵を伐つには一ダスの弾丸でこと足りる、と固く主張して請うてやまぬ。当時の吾戦士は何れも捷《しょう》に馴れて、武を衒《てら》い、勇を誇りたがるの風弊があり、善謀善策する事を忘れて、客気《かっき》に任せて妄進するの癖があった。退助常に之れを憂いていたが、今この強請に会って、之れを懇《ねんご》ろに説いて、其要求を斥けるよりも、一度は望みのままに戦わしめて、悔を後日に貽《のこ》さぬ方が寧ろ上策である事を悟り、諸将の乞う儘に、兵を進撃せしめた。

果たして敵軍の対抗は頑強で、吾軍の弾薬尽き果て、俄に使を今市の本営に走らして、其補給を乞うた。退助叱って、曩《さき》に一ダスの弾丸を以て善く捷《か》つと傲語し、今に至って俄に補給を哀請するとは何たる事だと、戒めた。しかし吾軍の難闘に苦しんでいる事は、想像がつくから、かく叱る一方には、直に弾薬を送る手段をなし、又別に一隊を派して応援せしめ、遂に敵を破って退けた。諸将此失敗あってより以来は、再び勇を衒い、客気に逸《はや》る事なく、よく退助の命令を遵守するようになった。

土州より新兵若干が増遣せられて来た。其十六番隊長若尾譲助は、曾て連署して退助を罰せん事を藩庁に強請した、徒党中の領袖であった。若尾の今市に来らんとするや、退助の率いる軍隊の将士は、皆旧怨を含んで、彼れをして先頭に戦わしめて、若し一歩でも退かば斬って捨つべしと、唱えた。退助之れを聞き、窮鳥懐に入らば猟夫も之れを憐れむ、彼れさきに我れを窮地に陥れんとしたけれど、今は却って彼れは吾掌中にあるが如きものである。他人の失意に乗じて、吾旧怨を酬いんとするが如きは、丈夫の為すべき行動でない。試みに地を易《か》えて［交換して］想うて見よ。若尾の心中には恐らく恥を忍ぶの志があるを察し得らるるではないか。此の如き境遇にいる者を憐れまざるは人情を弁《わきま》えぬ輩である。殊に彼れの率い来った十六番隊は、多くは門閥家の子弟が多い、之れに対してかまえて礼を失する振る舞いをしてはならぬ。若し吾言葉に逆うて、彼等に仇する者あらば、我れは馬謖《ばしょく》を斬るの悲しみを敢行しなければならぬと、懇切に説き諭した。部下の将士等、皆退助の至情に動かされて、等しく首をあげる者はない。又若尾を始め曩《さき》に連署して退助を訴えた輩は、斯言《このげん》を聞いて涕泣《ていきゅう》せぬはなかった。

五月二十日、大総督府の命令によりて、軍を転じて、白河に進撃する事になった。退助、宇都宮に於て、軍令を解き、士卒の心を憩わしめた。且つ思うには、之れより後は諸藩の兵と交りて往くのであるが、他の藩兵は概ね寛令に慣れ切っているに拘わらず、吾兵のみ之れを厳しくするは策の得たるものでない。須《すべから》く軍令をゆるめた儘にして置くべしであると。

愈進んで白河に入ると、吾隊将交々《こもごも》来って、他藩兵の行動太《はなは》だ乱暴で、軍中尚酒を用いるの不謹慎あるを憤慨して告げた。退助笑うて曰く、さればこそ、我軍にても令を寛にした所以である。他藩兵が酒に酔い、吾兵単《ひと》り醒めていては、彼れの酔漢に対して我れが生面目で相争うが如き事を生ずると、其損傷は嘆くべきものになるであろう。酔漢には酔漢を以てすると、其争いも小さく済んで、過《あやま》ちも自ら発生する事が少なかろうと語り、吾隊にも亦酒を用いしめた。果然酔漢、酔漢と相擁して頗る親交する事を得た。

白河、棚倉《たなぐら》、三春、本宮、二本松と漸次陥落して、福島も城主が城を棄てて去った。八月四日、越後の情報に接して、此方面の王師の捷利《しょうり》を知った。之れより先、退助、薩将伊地知正治に説いて。大村益次郎の策は、会津を征討するに、先ず枝葉を断って、其後根本を孤立せしめて、之れを攻落するの手段を取っているが、今見る処では、枝葉を断つには多くの月日を費すらしいから、斯《この》策を捨てて寧ろ根本を第一に攻落しては如何。それというのは、会津藩では諸口にそれぞれ兵を派出して、肝腎の本拠が空虚になっているらしいから、吾軍は驀直《まくじき》［まっしぐら］に敵の中堅を激しく衝いて、其根本を抜き取るのが上策であると思われる。又、よしや力足らずして、会津城を抜く事ができなくても、其城外を焼いて、勢至堂の険に退いたなら、四方の会兵は驚愕して其気勢を喪うといふ利があるわけであると、策を建言した。

伊地知は、なるほど其策が面白いけれど、時機がまだ早い。北越の官兵が新潟を奪うた時が来たならば、其策を用いても可であると答えた。

然るに今、北越の官軍が捷利を確実に得たという情報に接したから、愈《いよいよ》、直進して会津城を攻撃するの軍議を促す事となり。伊地知も退助の策を是として、之れから冬に向かう時に臨んで曠日弥久《こうじつびきゅう》［むなしく日を費やして長引かせること］、戦いを遷延していては、其間に如何なる不慮の異変が生ぜぬとも限らぬ。今の内に驀進して、会津城を屠ろうと。急に母成口を進撃する事となり、二千有余の官軍は八月二十日を以て行進を始めた。

母成峠は、やがて官軍の占有する処となり、会軍周章して十六橋《じゅうろっきょう》を絶って、其鋭鋒を阻まんとした。しかし吾兵電馳《でんち》して、橋の断たれざる間に此険をも占領して了うた。之れが為若松城は直に官軍の包囲する処となり、乱闘悪戦、維新史上著名な激戦の絵巻物を繰りひろげる事となった。

官軍は切《しき》りに猛襲を試みるが、城兵亦死守して、よく禦《ふせ》ぎ、砲銃の響き、突撃の喚呼《かんこ》、焔烟天を蔽うて白日為に暗しという凄惨の状を呈した。城兵或いは黄昏に乗じて突撃し来り、吾軍屢《しばしば》危急の場合に臨んだ。退助此頽勢を防ぐは一兵卒の力の及ぶ処でない。大将たる者宜しく命を効《いた》すの時であると覚悟し、兵を呼び、自ら刀を抜いて、陣前に在る小荷駄目籠《こにだめかご》を両断して、退く者皆斯くの如くと厲声《れいせい》して［声を張り上げて］、我敗兵を押除いて進んだ。

時に重吉なる喇叭《らっぱ》卒が、喇叭を吹かんかと問うた。退助曰く、吹け、吹け、飽く迄進軍喇叭を吹けよと。重吉乃ち息の限りに進撃の喇叭を吹いた。我軍の士気為に震い、吶喊《とっかん》して［ときの声をあげて］競い馳せて敵を突撃した。敵兵又頑強に盛り返す。吾軍の砲隊長北村長兵衛、二門の大砲を列ねて、連発放射した。狭い街路の接戦であるから、轟然百雷の墜つるが如く、之れに圧せられて、敵兵辟易して城中に退却した。

悪戦幾番、官軍遂に城の外郭を奪うた。然れども城兵は死奮の勢いを以て幾度か逆襲し来った。九月九日、薄夜、大垣の営から火を発し、長州の営にまで及び、まさに土州の営に及ばんとした。諸藩急いで其輜重《しちょう》［輸送すべき軍需品の総称］を他に移したが、火は飛んで倉庫に移り、爆然弾丸が破裂して官軍の将士は皆色を失うた。城兵之れを望んで城中から砲撃を開始し、機に臨んで突出するの形勢がある。

退助其部下の隊長と議して曰く、火若《も》し我後ろを焼かば、吾陣を前に進めよう。敵若し突撃し来らば、官軍は総て敗れるであろうから、其際土州軍は結束して、城兵の突出するに引きちがえさまに城内に衝き入らん、之れ死中活を求むるの奇手段であると。土州軍乃ち満を持して待っていたが、城兵遂に突出せず、火も亦熄《や》んだ。

山地忠七（元治）退助に告げて、火の熄んだは官軍に取って大幸であるが、我等は猛火の消滅を冀《こいねがわ》ぬ。寧ろ炎焔を盛んにして、敵をして城外に突出せしめ、我等の城中に侵入するの奇効を奏する機会が来る事をのみ切願していたが、今や其機を逸して了うた。嗟乎《ああ》、遺憾であると嘆じた。

之れよりさき、土州軍の今市に駐屯する時に、適《たま》ま米沢藩の賊党に合流して王師に反するの報知があった。土軍の将士皆曰く、米沢は風俗淳朴で、上杉家は代々の名家である。土地が遠方に離れているから、上国の形勢に迂《うと》くて、方向を誤り、大義に悖《もと》るの義をとったものであろう、可惜《あたら》の［惜しい］事である。上杉家は吾藩主山内家とは縁戚の間柄であるから、打ち捨て置くべきでない。使をやりてよく説諭して、今の内に方針を改めさすがよいと。併し退助はまだ其時機でないとて之れを止めた。

頓《やが》て奥州路に入り二本松に来た頃、又もや米沢説得の議が出た。今なら時機もよかろうと、其使者になる者を索《もと》めたが。恰《あたか》も其頃法を犯して死刑に処せらるべき者が三人あった。中に沢本盛弥という者は、胆太きしたたかもので、然るべき時の役にたつものであった。泥酔の余り軍法に触れた者であるが、此者ならきっと使者の任務を果たすであろうという事になった。

退助之れを聞いて、此使者をやる事は、若し米沢が帰順せぬとても、其藩中の議論のたねとなり、之れによりて敵の軍気を弱めしむる一手段となるに違いない。されど此事を我等だけで私《ひそか》に行うと、却って味方に疑を招く虞れがある故、各藩に問うた上に施すべきものであるとて、此議を薩長其他に計ると、皆善しと肯うた。

其処《そこ》で盛弥の胆力を試むるために、三人を刑場へひき出し来り、まず他の二人を斬り、つぎに盛弥の順番となった。白刃まさに頸辺に下るも、盛弥は神色自若として憶する風がない。乃ち刑手を止めて、盛弥に向かい、汝の生命を国家の為に用いんとするが如何と問う。盛弥歓喜百拝して、我れに男児の死処を与えらるのは、実に絶大の喜びであると雀躍した。茲に於て盛弥の姿を変えて米沢に赴かしめたが、遂に其使命を全うし終えたのであった。

米沢藩は土州軍の説諭によりて降伏帰順する事に決し、齋藤主計が三箇小隊を率いて、盛弥と共に、九月十五日若松に来り、土州軍に罪を謝した。且つ曰く、若松の官軍、兵乏しくして戦に苦しむが故に、兵を派して援えとの、大総督府の命令があったから、それによって弊藩は近々一大隊の兵を派遣せんとしつつある。村上藩も嘗《かつ》て王師に抗したものであるけれど、之れも亦出兵の議があると告げた。

退助此言を聞いて大いに怒り、何を以て我等が戦いに苦しむと謂うか、若松城を抜く事は容易の業である。唯王師の所以に無辜の民を多く殺すに忍びぬから其処に手加減がある。我等は兵乏しきがために貴藩に援助を乞うものでない。村上藩の如きに至りては物の数でない。貴藩此点をよく合点して、おのれの罪を悔い、為に実効をあげんとするのであるなら、其三小隊は吾軍の用につかってあげよう。若し真に降服の心がないのなら、今直に旗を返して国へ退け、我れはこれ以上多く語るを好まぬと断言した。齋藤壁を隔てて之れを聴き、震慴《しんしょう》して藩に帰り此旨を告げて全く官軍に帰順するに至った。

若松城重囲に陥って、既に抵抗の力は尽き果てた。九月十九日、手代木直右衛門《てしろぎすぐえもん》、秋月悌次郎、桃沢彦次郎等を、米沢藩に遣って降服周旋《しゅうせん》方を依頼した。齋藤主計之れを伴うて、土州軍に来り其旨を告げた。

退助は高屋左兵衛に命じて之れに応接さすと。会藩士曰く、帰順をゆるされるなら、何卒我藩主に寛典《かんてん》［寛大な取り計らい］をゆるされよと。退助謂わしめて曰く、寛典ならずば降《くだ》らぬというのであるかと。会藩の三人愕いて、陳弁し、否、固より抵抗する意志は全く失うているけれど、我等臣子の分としてそれを乞うわけであると曰う。退助又いわしめて曰う、退助は無情漢でない事をよく知っていて貰いたいと。

会藩の降服を納るる時、退助は伊地知正治と相謀り、此事が軍隊に漏れると軍気俄に怠る故、今よりして寧ろ厳しく令を発しようと。即ち諸隊に命して、近時敵城は窮困の余りに、種々の流言を放って我軍を緩めしめ、其隙に乗じて突出せんとする様子がある。今よりは一層警備を厳重にして、必ず怠るな、若し令を犯す者があらば厳しく罰すると。

二十二日、降旗城門に出で、藩主以下城を去って滝沢［会津藩本陣］に退いた。官軍の諸隊の悉く城に入ったのは、明治元年九月二十四日であった。

会津藩主の滝沢妙国寺に隠退謹慎の折、士民、焼芋を籠に盛って運び来り、下賤の微衷《びちゅう》、主君に献ぜられたいと請うた。吾将士之れを見て忠誠であると感心した。退助単《ひと》り憮然として語る。

会津は天下の雄藩として天下に聞こゆるものであった。若し領内の士民が心を協《あ》わせて、藩士と共に官軍に抗したならば、三千の官軍を以て此城は陥るべきものでなかったのである。然るに戦闘の開かるるや、一般の人民は四方に遁《に》げ去り、次には還って吾軍手足の用をなして、賃銭を得る事をのみ喜ぶの風があった。今城落ち国亡んで、面縛の君主に焼芋を献じ来り、之れを以て忠誠を致したと心得るが如きは陋《ろう》［心が狭く、いやしい］も甚だしいものである。畢竟之れは武を以て士の用のみとなし、人民挙げて国を護るの覚悟に欠いていたためである。此事は独《ひと》り会津の問題としては見てはならぬ。之れより後、宇内《うだい》［世界］列国の間に樹ちて日本の興らんとする際に方《あた》って、四民均一皆志を等しうして、よく国家を護り、其楽を共にし、其憂いを同じうする意気込みでなければ、日本の富強は得て求むべきでない。大いに戒心せねばならぬ事であると。思うに退助の後来に於ける政治運動は、此時から、其萌芽を発したものであると云わる。

小笠原只八

小笠原只八《ただはち》［唯八］、名は茂敬、又、茂卿、後に牧野群馬《ぐんま》と変名した。世々高知藩士、文久元年、江戸に在る時、藩主容堂の抜擢によりて、側物頭《そばものがしら》となり、大監察に進む。京都に抵《いた》り、名士と交わりを結んだ。慶応年間、倒幕の議起こるや、板垣退助等と共に密かに薩長の諸士と会議した。明治戊辰、朝廷の命を奉じて、松山藩を徇《とな》い、又三条実美の為に、江戸の状勢を視察して報告した。奥羽征討には、大軍監として従い、明治元年八月二十五日、若松城下に於て戦歿した。四十歳。

文久二年十一月、長州藩の久坂玄瑞、高杉晋作等、外国人を神奈川に要撃して、外患をひき起こし、之れに依って戦端を開かんとし、十二日夜、其藩邸を脱した。長州の世子《せいし》［跡継ぎ］定広《さだひろ》、之れを聞きて驚き、即時単騎馳せて、蒲田の梅屋敷迄赴き。山県半蔵［宍戸璣《たまき》］等をして高杉、久坂等を連れ戻さしめ、懇々説諭して思い止まらしめた。

土佐藩の容堂亦憂いて、藩士林亀吉、小笠原只八、諏訪野助左衛門、山地忠七等に内旨を伝え、馳せて之れに赴かしめた。それは土佐藩士の中に此挙に与《くみ》する者があるからである。只八等四人、蒲田梅屋敷に於て、長州世子に謁し、容堂の旨を伝えた。長州の重臣周布《すふ》政之助、馬上酔に乗じて、容堂公は中々御上手ものだと揶揄した。其意は容堂の狡猾を諷するものである。只八等、斯《この》言《げん》を耳にして、激怒鍔《つば》をたたいて周布に迫る。高杉晋作進み出で、不埒漢は吾輩成敗するとて、刀を抜いて馬を撃つ。馬逸して、周布は漸くにして危地をのがれ得た。しかし只八は切歯して憤り、君辱しめらるれば臣則ち死す、必ず周布の首級《しゆきゆう》を乞い受けたいと。翌日死を決して長州邸に談じ込んだ。長州の世子之れを諭し、後に周布を幽閉に処して、漸く事なきに至った。

土州藩は上士と下士との軋轢が甚だ劇《はげ》しかった。梅屋敷の際、下士勤王家間崎哲馬等は居合わせていながら、彼等は傍観しているのみであったから、上士の勤王家である只八は、乃ち下士の間崎等を詰って、臣子の節を知らぬものと痛罵した。間崎等は割腹して之れを詫《わ》びんという下士の頭目武市《たけち》半平太憂いて、此旨を容堂に告げ、公の命によりて只八を諭し得た。只八の至情常に斯くの如きものがあった。

或る時、土佐の下士五十余名相謀り、容堂を諫諍《かんそう》して［争ってまでも諫めて］、若し聴かれずば、藩を脱して水戸に奔《はし》らんと企てた。只八病んで蓐《じよく》に臥していたが、此事を知って大いに憤り。襖《ふすま》を蹴って起ち、容堂に謁して、下士輩、公を威嚇して臣子の礼を紊《みだ》る、決して宥《ゆる》すべきでない。乞う彼等に謁を許すと称して、之れを白洲に延き、我等亦侍士五十余人を配して、一挙血烟をあげて斫《き》らんと説く、容堂笑って諾したが、此事下士に漏れて、遂に拝謁の願書の却下を請うた。只八、藩論の因循《いんじゅん》を憤って、官を辞して退き、偏《ひとえ》に上国の事を憂いていた。慶応三年五月、板垣退助帰国して、西郷等と約して、勤王の盟を結んだ事を語る。只八勇躍、具足櫃を携え来り、自ら探って、此軍用金を見よ、此銃を見よ、皆是れ勤王に従わんためのみと告げた。只八退助と親交あり、益々其提携を堅くした。

明治戊辰、官軍江戸に入る。西郷隆盛、勝安房と諮り、平和の裡に事を定めんとし、官軍の軍気漸く怠るの状態を示した。只八、江藤新平と共に、三条実美の命によって監使となりて京都より江戸に来った。時に只八、牧野群馬と改称していた。群馬、新平と共に具《つぶさ》に視察して、還って実美に報告した。之れ大村益次郎の江戸入りとなった因である。

群馬、時に尾張邸に屯する板垣退助を訪い、軍情を視た。（委細は板垣退助の項に在る）土州の軍律頗る厳なるものがある。群馬戯《たわむ》れに退助に曰く、兄の軍実に峻厳、ここに臥するは恰も石窟に座するが如き空々寂々の気を感ずる、寧ろ去って品川に宿ろうと。退助戒めて、市上［市中］極めて不穏である、時に官軍の途上に斬らるる者があるから、戒心するがよい。殊に子は肥満して歩行に悩むものである故、夜陰は必ず駕輿《がよ》に乗るを避けよと、くれぐれも忠告した。

数日の後、群馬来訪して。先日、兄の命を用いず、甚だ危険に臨んだ事があった。それは過ぐる夜の帰路、足が疲れたから兄の戒めに背いて駕輿を雇うて、金杉辺りまで行った。果たして覆面の大漢の頻《しき》りに吾輿を窺うものがある。茲に於て曩《さき》の兄の言を思い当たり、密かに刀を廻し、鞘をはらって、大喝其面上を突いた。鮮血迸《ほとばし》る声があって、大漢地に倒れた。乃ち輿丁《よてい》を叱って走らせると、輿丁は愕いて其疾《はや》き事風の如きものがあったと。語り終わって大いに笑うた。退助曰く、子の大胆なる驚くべしである。だがしかし、何故速やかに輿から飛び下りなかったのかと聞くと。否、啻《ただ》、面を刺せる時の痛快は格別なものであったと。退助更にいう、若し敵五六を以て襲い来ったのなら、如何にしたと。群馬頭を掻いて、それには閉口する。

大村益次郎東下して官軍を統ぶるや、群馬再び江戸に来り、町奉行の職に就く。東叡山の戦いに臨み、兵士等群馬に問うて、東叡山を焼き立ててもよろしきやと。群馬笑って、覇者の残物固より灰燼にせよと。

群馬又同志の友人が皆砲煙の裡に闘うを見て、雄心勃々として、遂に冠を捨てて大総督府の軍監となりて、白河に来り、退助等と合した。

蓬田に宿する時、退助は敵襲なき事を覚って、今夜は衛兵の要なき事を説いた。しかし他藩は之れに賛成せぬから、止むを得ず、退助は夫卒に銃を持たして番兵とし、兵士を皆眠りにつかしめた。しかも退助は臥床して、万感交々《こもごも》起こって容易に寝に入る事ができぬのに。群馬は其は退助の軍配は実に可なるものであると、掌を叩いて賛嘆していたが、横に臥するや否や、直に鼾声《かんせい》を発して熟睡した。善謀の退助、却って群馬の胆大なるに驚嘆した。

若松城下の戦は、彼我《ひが》の奮闘激甚なものがあった。群馬、自ら大砲の綱をひき、高声に放歌して、吾軍の士気を励まし、弾雨の間に突進した。飛弾、群馬の中軀にあたって破裂し、夜に入って絶命した。

此日、群馬、退助と倶《とも》に滝沢の山上に登り、眼下に若松城を視て、まさに是れ我が埋骨の地とするに足ると告げた。斯言《このげん》識をなして遂に其日ここに斃《たお》れたから、退助、群馬の死屍を抱いて大いに慟哭した。

佐川官兵衛

佐川官兵衛、諱は清直、小字は勝、天保二年九月五日、陸奥《むつ》会津若松城五軒町に生まる。世々会津藩の要職に補せらる。官兵衛文武の道を修め、殊に馬術と剣術とに勝《すぐ》れ、又、勇悍を以て聴こゆ。藩主の京都守護職となりて上洛するや、官兵衛、陣将隊士の上席として京に入り、物頭より累進して［地位が次々に上がり］学校奉行に任ず。又、別選隊長となる。明治戊辰の役、伏見鳥羽に於て勇戦して人目を驚かしめ、越後長岡の救援に馳せて、健闘よく官軍に抗した。若松城包囲せられて、孤城落日の観ある時も、官兵衛単り城外に留まって、屢々《しばしば》官軍を悩まし、闔藩《こうはん》降伏の後漸くにして兵を収めた。明治十年の西南役には、一等大警部として従軍し、豊後口に向かい、坂梨に於て戦死した。四十七歳。

官兵衛、一に鬼官兵衛といわる、其驍勇以て知るに足る。戦闘に臨んで勁勇《けいゆう》なるのみならず、平常と雖も、剛気悍勇、誠に鬼の名に恥じぬものがあった。下層の者は其勇猛を知って、鬼の名の綽号《しゃくごう》［あだな］なる事を知らずして、常に鬼官兵衛様といい習わしていたものもあった。

会津藩は由来《ゆらい》尚武の藩であり、時々、城東大野原に於て追鳥狩りを行う。陣伍堂々、藩公親しく之れを率い、大演習をして、鳥獣を捕獲せしめらる。此故に演習ある毎に士気振るい、騎馬なき者は馬を購いて此名誉に列せんと勉《つと》める。

官兵衛少壮［若く意気盛ん］にして、之れに従い、馬を馳せて鳥を追う。一鞭鳥を撃って斃し、之れを取らんとして、馬を停め、歩行して還る間に、太田某なる者が、素早く拾い取りておのが物にしようとした。官兵衛怒って、剣を按じて某を詰ると、鳥を捨てて走った。後に某は、官兵衛が脅喝《きょうかつ》して吾獲物を奪ったと訴えた。官兵衛陳弁よく事理を尽くしたから、事なきを得たが、官兵衛の強勇を知る者、其時の怒勢を想像して、鬼の綽号は其頃から萌しかけたのであった。

官兵衛、江戸勤務となり、隊を率いて江戸に来た。偶本郷に火災があった。公命によりて、官兵衛、加賀藩邸を訪う。乃ち弟又三郎、藩士黒河内友次郎等を随えて、馬を奔《はし》らせて加賀邸に向かう。途中、幕府の消防夫等と遭遇した。消防夫等は幕府の威を借りて、官兵衛等の行進を遮った。官兵衛は之れを事ともせず、其儘駆けて加賀邸に至り、使命を果たして帰途に就いた。

先に遮った徒輩は、之れを以て防火線を強いて乱したものとして、凶器を揮って、官兵衛等に襲撃しかかった。官兵衛等之れを邀《むか》えて闘い。殊に官兵衛は馬上より、敵手の指揮者なる騎馬の士を斫り倒し、又三郎等もよく防ぎ闘い、隊を収めて帰るを得た。偶一兵卒の捕獲せらるるものがあって、其者から会津藩の佐川官兵衛たる事が分明となり、町奉行より藩邸に照会する処があった。

其情報に曰く、旗下乗馬の士に傷つくものがあり、消防夫の死傷せるものもあり、是等は皆幕府附属の輩であると。当時の習例によると、かかる闘争によって死傷した者は、其家名を除去せらるると同時に、其加害者も亦重き刑に処せらるるのであった。藩主憂いて、有司を遣わして、幕吏に対して穏便に処する事を請求すると共に、深く事実を窮問する事をやめ、官兵衛を国に還して謹慎を守らせしめた。

官兵衛の祖父亦兵衛に之れと同軌の事実があった。曾て亦兵衛、江戸に居る時、麴町に大火があった。公命をうけて火災地に行く途に、同じく幕府の消防夫と紛争を惹き起こし、敵に死傷を出さしめた。其際、亦兵衛は隊伍を整えて、其消防役所に行き、重役に会うて内済《ないさい》［表沙汰にせず内々に事を済ませる］を請うた。重役之れを拒むと、亦兵衛再び繰り返して請う。彼れ再び拒む。則ち亦兵衛態度を厳粛にし厲声《れいせい》一番して曰く、三度其内済を請うが、これでも許さぬかと。其圧力のはげしきに怖れて、遂に重役は唯々《いい》として肯うた。官兵衛の今回の挙は殆《ほとん》ど祖父亦兵衛に類したから、会津藩では、此祖父にして此孫ありと称して、官兵衛の勇猛なるに益目を聳《そばだ》てた。

文久年間、会津藩主容保《かたもり》、京都守護職に任ぜられ、藩士を率いて上洛した。時に京畿の間風雲暗憺たるものがあって、守護職の任は甚だ重いものであった。元治元年の禁闕の変以来、都下は益騒然として、更に警護の隊の充実を要した。乃ち藩士の子弟で武術優秀の者を選んで別選隊を編成したが、其隊長を得るに苦しんだ。重臣皆曰く、官兵衛の驍勇を之れに用いようと。官兵衛是れによって別選隊長となり、又別に学校書生を以て書生組を組織して、之れも亦官兵衛門の統率の下に置いた。

官兵衛、年壮にして剛直、胆略がある。部下はよく之れに心服し、威望は藩の内外に聞こえた。古武士の心髄を得たるが如き官兵衛は、洋式の練兵を好まずして、隊士亦会津藩特有の武術を研究し、まことに純乎たる日本武士の団結であった。

慶応三年、将軍慶喜、大政を奉還して二条城に恭順した。官兵衛、別選隊書生組を率いて城中に入り、玄関の左右に幕営して警護の任に当たった。朝廷、徳川氏を倒さんとして、新たに長州兵の入京を許され、長藩士意気揚々として兵器を携えて京都に来た。薩兵亦是れと提携して頻りに幕府を侮る。会桑其他の幕府加担者は之れを見て憤慨措《お》く能《あた》わぬ。

官兵衛の弟又四郎及び常盤次郎、市中を巡邏して、守護職屋敷に至ったが、薩兵八名、窓から首を伸ばして屋内をのぞく。又四郎之れを制すると、却って我に向かって攻撃し来ったから、又四郎等闘うて敵二名を殺し、四名を傷つけた。又四郎、次郎共に重傷を負い、又四郎は邸内に入って絶命した。官兵衛急を聞いて馳せ来り、又四郎の死屍の頬を撫でて、汝まさに忠死した、我れ早晩其跡を追うべしとて、血涙滂沱《ぼうだ》たるものがあった。

側の人々皆悲憤して、薩邸に火を放って、此怨恨を晴らさんとたける。官兵衛戒めて、私の事を以て公に及ぼすは非である、暫《しばら》く我為に待てと慰撫した。

還って曰く、薩長の在京兵は我に比して少ないから、其軍勢の増大せぬ内に、明日を期して掩《えん》撃《げき》［小部隊で急襲すること］して之れを屠り、君側の奸《かん》を掃《はら》わんと議した。幕府新撰組の近藤勇亦之れに賛同して、正に暴発せんとする時、慶喜は会桑及び他の諸侯を従えて、大阪に退いたから、官兵衛、君上の恭順に反して、都下を騒がすは臣子の道でないと思惟し、空しく遺恨をのんで、部下と共に大阪に下った。

慶応四年（明治戊辰）正月、慶喜は会桑二藩を先鋒として、京都に入らんと鳥羽伏見両道から進んだ。官軍の兵之れを拒んで戦端は開かれ、城南地方は砲煙の覆う処となった。

官兵衛、部下を率いて伏見肥後橋より進んだ。袴を穿ち、冑を殺り、其上に羽織にて被い、鉢金で額をまき、腰に采《さい》を挟んで、衆を指揮し。戦闘酣《たけなわ》となるや、刀鎗《とうそう》を以て敵の中堅を突かしめ、勇姿颯爽として四辺に輝くものがあった。

已にして吾後方に於て火焔上がり、前後進退に苦しむ事になった。衆曰く、退いて肥後橋を守るべしと。官兵衛曰く、軍目付の意見は如何あるかと。軍目付佐藤某曰く、退いて戦うがよかろう。官兵衛乃ち、軍目付の意見此の如くんば、之れに従うべきのみと謂うて、自ら殿軍《でんぐん》して［しんがりとなって］隊を退却せしめた。其挙止の沈着なる、官兵衛にして始めて為し得る処と賞賛せられた。

戦闘は正月三日より六日に及ぶ。官兵衛連日連戦、常に刀鎗の隊を以て敵中に突貫して之れを敗り、鬼官兵衛の驍名は遂に頭角を現わした。毎戦進んで必ず陣頭に起ち、頗る異色がある。五日の激戦には、淀川堤上に於て、銃丸雨下する間に部下を指揮していた。敵弾、刀に触れ、刀は折れ、脇差しを抜いて更に叱咤し、隊を挙げて敵中に突貫せしめた。弾丸飛来、官兵衛の面を撃ちて右眼を傷つけたが、失明に至らぬから、勇を鼓して闘いを続けた。慶喜之れを聴いて大いに賞嘆し、自署《じしょ》の書を与えて伏見口軍事委任を命じた。

此役に於て、官兵衛の部下の死傷する者多く、隊員の三分の二を失うて了うた。以て如何に其戦闘の激烈であったかを知るに足る。併《しか》も精鋭の刀槍隊は世に会津の勁武を示すと共に、鬼官兵衛の号もここに於て全く確定せられたのであった。而も此時官兵衛は始めて西洋の戦器の利なる事を知って、今後の戦争は泰西の利器に限るというた。

伏見鳥羽に敗れて、会兵東還し、錦旗江戸に翻って関東は官軍の席捲する処となった。朝廷別に北越征討の兵を発した。時に官兵衛、君命を奉じて越後長岡の救援に向かった。

長岡藩の総裁河井継之助と相議して、共に官軍を逆《むか》えて戦い、長岡城を奪われ、陣地を移して、杉沢村に苦戦した。其退却に臨み、官兵衛は我戦死者三宅九八郎の帽を取って逆に冠って去った。部下の士之れを指して、隊長の帽は倒しまであるというと、官兵衛笑うて、畢竟敵にうしろを見せぬためのであると謂うた。

官兵衛、継之助と謀り、奇襲して長岡城を奪還したけれど、官軍の鋭は愈加わって、新発田《しばた》藩亦内応して官軍を導き、水原《すいばら》、新潟等を略取したから、吾前後を包囲せられた形勢となり、止むなく軍隊を還そうとした。時に会津藩に於ては、白河口から官軍の為に圧迫せられて、甚だ危険になったため、藩主は官兵衛を若年寄となし、速やかに若松に帰るようにと命じて来たから、八月九日、官兵衛若松に帰来した。

越後の役に於て、又もや鬼官兵衛の声名は顕著になった。時人、河井継之助と、桑名の立見鑑三郎と、米沢の千坂《ちさか》太郎左衛門と、鬼官兵衛とを並称して四天王と呼びならい、仰いで是等を敬視した。

官兵衛の若松に帰るや、藩主は家老に任じ、防戦の事を司らしめた。

八月二十一日、石筵《いしむしろ》方面の吾軍敗れて、官軍猪苗代に入り、会津は驚愕の度を増して来る。然るに藩士の各部隊は皆出でて国境を守っているから、城中には僅少の兵しかなかった。即ち農商民から募集した敢忠組と、白虎隊の一部隊とがあるのみであった。

官軍次第に進撃し来って城は包囲の状態となり、漸く累卵《るいらん》の危うき［積み上げた卵のように危険な状態］に瀕して来た。官軍更に小田山を占領して、城中を瞰射《かんしゃ》する［高い場所から見下ろして射撃する］から、城中の死傷は相続いて出で、落城は最早時間の問題となって来た。之れに加うるに城外の倉庫焼けて、糧食の乏しきを告げかけている。

之れに処するには、先ず城下の敵を攘《はら》うて、糧食運輸の途を開く事が最も肝要となり、官兵衛は進んで其大任を引き受けて、城中の精兵一千を率い、敢然死闘する事になった。

時に藩主は手づから帯ぶる処の名刀を官兵衛に賜《たま》い、其行を盛んならしめた。官兵衛感激して、我れ城下の敵を掃攘《そうじょう》せぬ間は、一歩と雖も城内に足を踏み入れぬと誓うた。爾来《じらい》丈夫の誓約を堅く守って、それよりは官兵衛城外にのみ転戦悪闘して、途に降伏落城の際に至る迄、未だ曾て一寸も城内の土を踏まなかった。

八月二十九日、払暁、兵を勒《ろく》して［整えて］城を出でてより、官兵衛の勇戦は会津戦史上最も壮烈を極むるものであった。数次敵を破って、鬼官兵衛の威名は歴然として輝き、殊に長命寺の戦たるや、最も激烈を極めたもので、之れがため西方の敵兵を掃《はら》い、城中に糧食の道を通ぜしめたのであった。

官兵衛の父幸右衛門、老齢尚奮《ふる》って闘い、弾丸を蒙る事三つ、腹部を貫き、右手をうたれ、足を傷つけて、遂に城中に入りて歿した。母原田氏は、家を出でて城に入らんとする際、敵兵二名之れを追うを、某氏の門に避けて、懐剣を抜き放ちて、一兵を抱いて刺し、一兵を走らしめた。

官兵衛の城外戦の目覚ましさは、実に神出鬼没の奇襲をくり返し、時には官軍の兵器衣類糧食を鹵獲《ろかく》して城内に運ばしめて、吾志気を振るわした事もある。併し大廈《たいか》の覆《くつがえ》らんとするに当たって、一木のよく支うる事ができぬ如く、官兵衛の健闘も時運を回《めぐ》らすには力が足らぬ。若松城は急迫して茲に涙を嚥《の》んで軍門に降《くだ》るの止むなきに至った。

　官兵衛飽く迄降伏を斥け、単り大内村に在って依然として官軍に抗しつづけていたが、藩主は之れを憂いて、特に使を派して懇ろに諭す所があった。官兵衛乃ち命を奉じて、一軍を挙げて塩川に至り、謹慎の意を表した。

　明治六年、征韓論起こり、参議西郷隆盛等職を辞して郷里に還り、天下騒然として、朝廷大いに憂う。翌七年川路《かわじ》大警視朝命を奉じて、東京守衛の巡査を旧会津藩に募った事があった。其募りに応じて集まるや否やは、一にかかって官兵衛の諾否にあったのである。従って官兵衛其取捨に悩み苦しんで躊躇していたが、使者の之れを促す事急なるばかりでなく、旧藩士の窮乏を告げて哀願するに切なるものがあったから、遂に意を決して、官の募りに応ずる事となり。旧藩の子弟三百を随えて、官兵衛は東京に上った。しかし漸くにして大警部の職についたのみであるが、官兵衛、毫《ごう》も不平の色を現わさず、よく其任務を尽くしていた。

　明治十年、薩軍大挙して熊本城を囲む。其勢威猖獗《しょうけつ》で、官軍急派之れを撃破せんとして、鎮台兵の外に東京警衛の警視巡査を以て別隊を編成して、九州に赴かしめた。官兵衛其選にあたって征途に就いた。

　官兵衛、檜垣直枝《ひがきなおえ》に従うて、豊後口に向かった。三月十七日、巡査五百を率い、坂梨を発して一挙賊塁を抜いて熊本城に達せんと進軍した。軽装、警視局の徽号ある指揮旗と、名刀正宗に佐川官兵衛と鐫銘《せんめい》したるとを携えるのみで、猪突奮進した。戦い熱して、銃丸の為に左腕を貫かる。乃ち手拭いをとって自ら繃帯を施し、再び起って巡査を指揮した。又もや、飛弾胸部をうち併せて前額に命中した。鬼官兵衛遂にこの戦場に斃れた。

白虎隊

戊辰、会津戦役に於ける悲壮譚は多々あるけれど、わけて人口に膾炙するものは、白虎隊少年闘士である。明治元年八月、石筵口破れて、官軍、会津領に進撃し来り、吾精鋭の軍隊は皆国境に派せられていたから、敵は進んで十六橋《じゅうろつきょう》を渡り、戸《と》の口原《ぐちはら》に陣した。白虎隊の一部隊、之れを防ぐべく闘うたが、遂に敗れて、城を退くに方《あた》り、路を失いて、弁天祠前に出で、兵燹《へいせん》［戦争による火災］の烟焔を見て、城将《まさ》に陥らんとすると察し。ここに若松城を拝して、二十名の少年武士環座して自尽した。中に飯沼貞吉のみ、殊せざる間に発見せられて、幸いに蘇生した。是等の隊士は皆十六七歳の少年のみであった。戦死十九名の姓名を列録すると、

井深茂太郎（十六歳）　永瀬雄次（十六歳）
石山虎之助（十七歳）　野村駒四郎（十七歳）
伊藤俊彦（十七歳）　簗瀬勝三郎（十七歳）
石田和助（十六歳）　簗瀬武治（十六歳）

池上新太郎（十六歳）　間瀬源七郎（十七歳）
伊藤悌次郎（十七歳）　有賀織之助（十六歳）
林　八十治（十六歳）　安達藤三郎（十七歳）
西川勝太郎（十六歳）　篠田儀三郎（十七歳）
津川潔美（十六歳）　鈴木源吉（十六歳）
津田捨蔵（十七歳）

明治元年八月、白河口の官軍は、二本松口を発して、母成《ぼなり》峠の会津軍を破り、二十一日、石筵方面の関門を占め、進んで十六橋の険を渡り、戸の口原に露営した。時に会津の壮者は出でて諸方の国境を守り、残る者は吏胥《りしょ》［地位の低い役人］及び老幼婦女子のみで、敵軍を防ぐ兵に欠けていた。乃ち第二奇勝隊、砲兵三番隊、敢死《かんし》隊を戸の口原に派遣したが、奇勝、敢死の両隊は、数週前に農工商から募集した兵であるから、銃の取扱法すら弁《わきま》えぬ。二十二日、官衙《かんが》の吏員で編成した遊軍寄合組を出兵したが、之れ亦兵数寡少なる上に、兵器ととのわず、甚だ微力の軍隊であった。

以上四隊の外に、白虎二番士中隊三十七名も派遣せられた。白虎隊は会津藩士の十六七歳なるを選んで編成し、上級の士族の子弟を白虎士中隊と呼び、中士のを白虎寄合隊といい、下士のを白虎足軽隊と称した。各級の隊に一番隊二番隊とある。白虎二番士中隊は、上士の子弟で組織せられた三十七名の一隊で、将校の数は五名。

八月二十二日、白虎二番士中隊は、隊将日向内記《ひなたないき》に率いられ、城外滝沢村に至り、夕刻、戸の口原に進んで敵を防ぐの命を受けた。折柄大雨ありて行進甚だ悩み、出でて戸の口原に赴くと、彼我《ひが》の接戦甚だ急なるものがある。兵数の多寡といい、兵器の精否といい、其強弱殆ど対比すべきものでない。会軍次第に敗れて死傷相踵《つ》ぎ、漸次退却を始めた。

翌払暁に至り、会藩の他の諸隊は悉く已に退き去り、白虎隊のみ遺されて、腹背敵に挟まれているのを発見した。大いに驚いて、且つ戦い且つ退き、隊将の指揮宜しきを得なかった為に、隊士二十名、鮮血淋漓《りんり》の儘《まま》、刀を杖つきて山徑を潜行した。

併も飢えと疲れとに殆ど戦闘の意志を喪うている。若し敵のために発見せられて、其捕虜となるの恥辱を見んよりは、寧ろ自刃して相果つるが本望だともいう者もあったけれど、君公の前途を見てから、生を捨つるも晩《おそ》くないではないかとの、西川勝太郎の説に従うて、兎に角城に還る事にした。

然るに捷徑《しょうけい》［近道］を知る者が一人もいない。所嫌わず、崖を攀《よ》じ、山谷を跋渉して、天明の頃漸くに滝沢不動に達し、新堀に至った。

此時、官軍の先頭は已に城下に迫り居り、其後続部隊は滝沢坂上にいて、此の敗残の少年兵士等をめがけて、狙撃乱射したから、之れを避けて、匍匐《ほふく》して洞穴をぬけ、弁天祠の傍に出た。此所から望むと、城下は一面の火の海と化して、若松城は焔煙に包まれている。物すさまじき砲銃の響きや、剣戟《けんげき》の音は手にとる如くに聞こえる。最早落城の間際と視るべしである。

茲に於て隊士は互いに顧みて、今や一死君国に殉するの秋であると観念し、二十名、環座して城を拝し、潔く自尽して斃《たお》れた。

井深茂太郎　会津の世臣重教の嫡子。十三歳にして藩の講釈所を及第し、賞賜せらる。黒川の地に深沢天神というのがあった。其祠傍の地蔵堂は、深夜赴くと必ず怪があるとて、人々皆畏れをなしていた。茂太郎之れを狐狸の悪戯と解し、暗夜、独り堂前に踞《きょ》して暁に及んだが、毫も怪異に遭わなかった。即ち文に達し、武に勝るの好箇の会津少年であった。白虎士二番中隊の記録を司り、戸の口原に敗れて、他の十九少年と共に飯盛山に自刃した。

石山虎之助　会津世臣井深数馬の二男。五六歳の頃、百人一首を暗誦して、人を驚かしめた。十二歳にして藩黌《はんこう》日新館に入り、文武優秀の廉《かど》で恩賞を授けられた。郭内の本一の丁に用屋敷なる官舎があった。夜中に怪異があるとて、世に懼れられていたが、一夜、虎之助同輩と某家に会した折、談此事に及んで、虎之助は自ら其怪を探る事になった。時に微雨そぼ降り、黒暗々の夜であった。虎之助、立ち出でて用屋敷の前を数回往還して帰って来た。衆之れを聞いて容易に信用せぬ。然らば証拠を残して置いたから就いて見よというから、衆、灯を執りて、行きて検し視ると、果たして門柱に虎之助の紋章を刻した小柄が突き刺してあった。時に虎之助僅かに十三歳であった。

伊藤俊彦　藩士新作の長子。常に曰く、我祖先は追鳥狩りにて数次賞を受けたが、今日の時勢は追鳥狩りを以て兵を習うが如き時ではない。若し敵の来襲あらば、我れ必ず一番槍の賞を受けんと、短刀を以て案を打って傲語していた。

石田和助《わすけ》　藩医龍玄の子。友人等、和助の家が卑賤から起ったのを辱かしめて、成り上がり者と蔑称した。和助笑って、農家より進んで藩公の医となる、固より成り上がり者である。しかし乍ら、碌々《ろくろく》として先祖の高禄を守り、唯之れを失わぬ事のみを汲々つとむる惰者に比しては、其何れをとるべき乎を尋ねたいと、云うた。

池上新太郎　藩士与兵衛の子。十歳にして日新館に入学し文武の道を修む。戊辰の役、父は青龍一番寄合組隊の半隊頭として、楊枝口に出陣した。新太郎、願わくば父と共に死なんと乞うて、父の軍に従ったが、後に白虎隊に編入され、勇躍して入隊した。

伊藤悌次郎　藩士祐順の子。少にして勤学を以て賞せらる、柔術と砲術とに励む。白虎隊に編入せらるるや、父ために栄光の利刀を購うて与う、悌次郎、喜んで国家に報じ、慈父の賜《たま》う恩を空しうせずと称し、八月二十二日、其刀を帯びて戸の口原に戦うた。

林八十治《やそじ》　藩士光和の子。十歳にして日新館に入り、十五歳にして講釈所に入り、屢々《しばしば》賞を受く。八月二十二日、家を辞せんとするや、祖母戒めて、諸事油断なく御奉公せよという。八十治答えて曰く、平常の庭訓《ていきん》［親が子に教える教訓］ある上に今祖母の戒めあり、一死を以て必ず君恩に報ぜんと奮然隊に伍して戸の口原に向かった。

西川勝太郎《しょうたろう》　父半之丞は一刀流の名手で、伏見に闘うて勇名を轟かした。勝太郎亦父に恥じぬものであった。八月、白虎二番士中隊、藩主容保に随うて滝沢に赴いた。ここに議あって、一隊は止まりて滝沢を守り、一隊は進んで敵に当たるべしとある。勝太郎乃ち曰く、寡兵を以て大敵に当たる時に臨み、勢力を二分すれば、進んで戦う者も敗れ、守る者も亦其益がないであろう。我等年少の輩は一致して敵に当たるがよい、留守するは壮者を以てせられよと。衆之れに従い、協力して戸の口原に戦うた。敗れて後、途に自殺を計るの説が出たが、勝太郎止めて、我等の力全く尽きたのでない。其上君公の事についても未だ何等の知る処もない。今乍《しば》らく退いて、刀折れ、力尽きて、城陥り、君公殉せるを見て、死するも遅くはないでないかと。衆又此言に従って、城に帰ろうとして、道を失し、飯盛山に登って、城廓の兵火に冒されいるを視て、終《つい》に自刃した。

津川潔美［喜代美］　藩士高橋重固の三子、津川瀬兵衛の養子となる。少年数輩と学校よりの帰り途、路上蛇の横たわるを見つけた。衆之れを殺そうとするを、爬虫を殺して何の益する処があると止めた。一日、母と共に城西中田観音に詣でた。茶店に憩うて午餐を取る時、巨犬がいたから之れに残肴を与えていると、犬誤って、潔美の拇指を咬んだ。乃ち自ら其指端を噛みきりて捨て犬歯の毒の他に及ぶを防ぎとめ、迸《ほとばし》る鮮血を清め、平然として繃帯して帰った。之れは母を驚かしめるを恐れたのである。

津田捨蔵《すてぞう》　藩士朝則の子、江戸藩邸に生まる。曾て其家に蔵する古甲［古い鎧］を見て父に其所以を問うた。父は遠祖大谷吉隆［吉継］の遺物と答う。吉隆畢竟何者か。父はために、吉隆が石田三成の誼《よし》みによって、義のために敗を予知しながら、関ケ原に戦死した史実を教えた。捨蔵大いに感憤し其甲を着けて、刀をぬき三たび敵を斬るの状をなした。

永瀬雄次　藩士丈之助の次男。長じて砲術を学ぶ。雄次、戦に臨むために、母に乞うて浅青色の洋服を作った。之れは出でて山野に於て戦う時に、樹草の色と相接して敵の注意を避くるためである。八月二十二日、石筵の敵、進出したりと聞くや、朝餐の箸を棄てて起ち、脚絆を両脚に穿つ間もなく、銃を把って奔《はし》り出た。母、為に他の隻脚《せっきゃく》［片足］の脚絆を携えて逐《お》いかけ、漸く諏訪通に至って之れを着けさしめた。

野村駒四郎　藩士野村清八の三男。好んで槍術を学んだ。戸の口原の戦に激戦の末、携える銃損じて用をなさぬようになったから、破銃を捨て短兵急に接戦せんとした。会々小隊長山内弘人の連発元込銃を肩にして来るを見て、隊長には銃を要しないであろうから、我れ之れを借りるといい、其銃を取って突進した。

簗瀬勝三郎　藩士源吾の三男。弓馬剣槍の外に、仏蘭西調練を学んだ。父は兵学の師であった。

簗瀬武治《たけじ》　藩士久人の次男、母は、明治十九年思案橋事件の頭目永岡久茂の長姉である。武治射技に達し、飛鳥を射て賞賛を博した事があった。十三四歳の頃、父に従い本郷村に行くの途中、小松の渡しの仮橋を通ると、老農婦が橋から水に落つるのを見た。水勢急であって将《まさ》に溺れんとしている。武治、衣帯のまま飛び込んで其老婦を救い揚げた。又友人と共に若松市中を散歩する時、火災が起こり、猛火忽ちにして数戸を焼き払い、防ぎ難き模様となった。武治、乃ち消防夫を指揮して鎮火につとめたが、毛髪衣服を焼くも尚防禦に尽力して、ために数ケ所の火傷さえ負った。火は漸くにして鎮まった。

有賀織之助《おりのすけ》　藩士権左衛門の次男。九歳にして、城西鴨川原に於て、大演武があった時、薙刀を揮って衆人の称賛を博した。常に冒険の気性強く、大雨の後、鶴沼川の濁水を往復力泳して、朋友をして舌を捲かしめた事もある。約を守る事至って堅く、一日、疾風豪雨、迅雷天地を震うの時に当たって、身に蓑笠を纏《まと》い、裸足で、約束の地へ約束の時刻に来た事がある。

安達藤三郎　藩士小野田弥右衛門の四男、後に安達氏を冒した［他家の姓をなのった］。城北、木流村にある観音堂は四月八日が其賽日で、農民は各々馬を飾って競い連れて来る。一農夫、酔うて馬に乗り、散々麦畑を荒らし廻っていた。藤三郎も騎馬で来ったが、此様子を見るや、俄に馬首を回《かえ》した。友人其所以を尋ねると、李下に冠を正さず、瓜田《かでん》に沓《くつ》を容れず、というが、騎馬の酔漢の悪戯の傍にいて、つまらない嫌疑をうけるは好ましくないからと答えた。

篠田儀三郎　藩士兵庫の次男。六七歳の頃、友と螢狩りする事を約束した。其夜に及びて風雨激甚となり、到底螢をとり得るが如き夜でない。然るに儀三郎、右手に螢籠を携え、左手に箒《ほうき》を摑んで訪れ来た。友驚いて此風雨に如何にして来たかというと。儀三郎は、約束は約束だ、螢の有無は問題でないと答えた。又、降雪奇寒の日にも、約の如く、儀三郎のみ、木履《ぼくり》を手にして、跣足《せんそく》で来り会した事もある。

鈴木源吉　藩医玄甫の子。源吉の戦いに出でんとする時、兄金次郎、冬広《ふゆひろ》［刀工の名］の短刀を与えて、負傷のため生擒《せいきん》［いけどり］せらるる時には、此短刀で速やかに白刃せよと戒めた。源吉、喜んで之れを受けて出発した。

飯沼貞吉《さだきち》　飯盛山自刃の二十士の中に、単り蘇生したのは貞吉である、藩士一正の次男、嘉永六年に生まれ、明治戊辰の際には十七歳であった。刀を把り自ら咽喉を刺して、他の白虎隊士と共に斃れたが。偶々藩士印出《いんで》新蔵の妻、飯盛山に避難し来り、白虎隊士の死屍を見て、我子も此中に交りいるかと、捜し索《もと》めていると、まだ死に切らぬものが一人ある。之れを負うて滝沢村の農家に運び、手を尽くして介抱したら、幸いに蘇生せしむる事を得た。之れ貞吉である。即ち病院に移され、療養多日、遂に全治するを得たのである。

榎本釜次郎（武揚）

榎本釜次郎、後に名を武揚と改む、号は梁川、幕臣榎本園兵衛の次子、天保七年八月、江戸下谷徒士町《したやかちまち》に生まる。十二歳にして、昌平黌《しょうへいこう》に入り在学五年。嘉永六年、和蘭学伝習生となりて長崎に赴き、蘭人に就きて蘭学を修め、海軍操練所に其専門の学を修む。安政五年江戸に還り、海軍操練所教授となり、文久元年、和蘭留学選抜生を兼ねて、軍艦開陽丸建造監督の為に、幕府より和蘭留学を命ぜらる。長崎を出で蘭国に航す、時に二十六歳。航行中、爪哇［ジャワ］附近に於て乗船難破し、無人島に漂着して、具《つぶさ》に［「ことごとく」の意］難苦を嘗《な》めた。更に爪哇島に達し、乗船をもとめて、和蘭アムステルダムに着く。留学六年、開陽丸竣工し、同艦を操縦して帰航の途に就く。帰朝の後、開陽艦長より、軍艦組頭取、軍艦奉行に累進し、当時海軍の新智識として錚々たる者であった。徳川幕府倒るるや、明治元年八月十九日、軍艦八隻を率いて、品川湾を脱して北行し、北海道に赴きて官軍に抗した。自ら総裁となり、松平太郎を副とし、荒井郁之助を海軍奉行に、大鳥圭介を陸軍奉行となし、五稜郭に拠りて勢威頗る揚がる。明治二年、官軍、海陸並び進み、之れと闘いを交えて、釜次郎等は遂に敗れ、官将黒田清隆の勧降に従いて、甘んじて朝廷に降《くだ》った。明治政府に仕え、或いは駐外使臣となり、或いは逓信、文部、農商務、外務の大臣と為り、海軍中将に陞《のぼ》り、子爵を授けらる。明治四十一年十月二十六日、七十三歳にして逝く。

幕府、長崎に海軍操練所を設け、伊沢美作守《みまさかのかみ》其奉行となり、和蘭人を教師に聘《へい》して、専門の学科を教授せしめ、昌平黌の選抜生を以て伝習生となして、之れを学習せしめた。釜次郎、昌平黌を卒《お》えて、長崎の伝習生たらん事を志願したが、目的を果たし得ぬ。釜次郎は、美作守の邸を訪い、其従僕として長崎に行かん事を請い、漸く允《ゆる》された。時に嘉永六年、釜次郎十九歳であった。

従僕の資格は、伝習生と共に教場の机に同列する事が出来ぬ。室《へや》の片隅に在りて聴講するより方法がなかった。然るに卒業の暁になると、却って釜次郎の成績優勝なるを認められ、江戸に還って、海軍操練所の教授に任命せられた。

曾て江戸に大地震ありし際、釜次郎昌平黌に在りて易経を読んでいた。大地掀翻《きんぽん》、家屋倒壊、釜次郎は幸いに窓より脱し得た。牛込に住する慈母の身を憂いて、余震激しき中を馳せて赴き、母子相擁して、共に無事なるを喜んだ。

文久元年、幕府、留学生を選抜して和蘭に送る時、釜次郎は其選に当たった。兼ねて幕府から和蘭造船所に建造を委託した軍艦開陽の建造監督をも命ぜられ、内田恒次郎《つねじろう》、沢太郎左衛門、赤松大三郎、林研海《けんかい》其他と、長崎より出発して海を航した。瓜哇の北東なるプロレパル島附近に於て、暴風雨に遭い、船は洋中の暗礁に座して、船員等、端艇《たんてい》をおろして逸し去り、釜次郎等は破船に残され、空しく数日を費している内に食既に尽き果つ。

一日、小艇の波間に泛《うか》ぶものを見つけ出したが、之れは蕃人《ばんじん》［未開の地の人］の蕃船であったけれど、必死の場合であるから、其危険を問うに暇がない。近づく蕃船に躍り入りて、日本刀を擬《ぎ》して［突きつけて］、人間の住む島へ導けと命じ、又団扇を与えて其歓心を求めた。蕃人、且つ怖れ且つ喜び、釜次郎等を一小島に導き、おのれ等は船を馳せて去った。この小島は無人島であった。炎熱甚だしくして、蚊軍の襲来は昼夜をわかたず、釜次郎の困苦は真に筆舌に絶するものがあった。

数日の後、蕃船数隻漕ぎ来って、釜次郎を迎えて、プロレオ島に導いた。島の酋長から瓜哇政庁に通達し、ここにバタビアのホテルに安着する事を得た。

更にバタビアを出発して、洋中の孤島セントヘレナに上陸し、風雲児拿破崙［ナポレオン］の墳墓を弔い、喜望峰をめぐって、和蘭アムステルデムに到着する事を得た。此航程は半歳の月日を費した。

釜次郎の和蘭留学中は、兵学、法律、化学、器械の諸学科を修学して、研究六年に及んだ。偶々モールス電信機の発明があった事を聞き、電信機二台を購《もと》めた。又丁抹［デンマーク］墺地利［オーストリア］の両国間に兵端を生じたから、其実戦を視察して大いに得る処があった。頓《やが》て開陽艦竣成するに及び、之れに搭乗して帰朝の途に上る。

時勢推移して、葵旗の威は全く地に堕ち、幕府は倒壊して了った。明治元年、釜次郎憤発して、幕府回業を計る為に北海道に赴かんとした。時に、幕府が曩《さき》に英国に建造せしめた甲鉄艦が到着するとの報があった。其当時、甲鉄艦は此一隻のみであるから、之れを我有に帰すると否とは其勢力に多大の関係がある。釜次郎は甲鉄艦を捕獲して我艦隊に編入する事を欲して、官軍の有とならぬ前に、之れを窺うた。それがため日々小艇を観音崎附近に派して、奪取の機をもとめていたが、僅かに逸して了うて、甲鉄艦は官軍の戦艦に加えられる事になった。

茲に至って、釜次郎全く決意を断行する事となり、明治元年八月十九日、開陽、回天、蟠龍《ばんりゆう》、神速《しんそく》、千代田、長鯨《ちようげい》、咸臨、美嘉保の八艦を率いて、品川を脱して安房館山に泊し、自ら総督となり、開陽を以て其旗艦となした。

釜次郎は、戦い克って徳川氏の政府を再興する事が出来なければ、徳川氏の連枝《れんし》［貴人の兄弟姉妹］一人を奉じて、北海道を領して、独立国を建設するの意志であった。

諸艦、舳艫《じくろ》相銜《ふく》んで［多くの船が続いて進んで］外洋を北航する途中、金華山［宮城県石巻市の島］沖に於て、大颱風に会した。開陽、回天は損じ、咸臨は清水港に漂着し、美嘉保は銚子に破損沈没し、蟠龍、長鯨、千代田、神速のみ辛く難を免れた。かく艦隊の組織は崩れ、戦闘力も弱ったから、松島湾に入りて、寒風沢《さぶさわ》［島］に上陸し、艦体の修繕する間、仙台に滞留した。

この時、会津方面に敗れた大鳥圭介が来り会して、釜次郎と共に北海道に赴く事を請い、仙台の星恂太郎《じゅんたろう》も加わったから、気勢新たに揚がり、艦の修繕もできた故、六艦抜錨《ばつびょう》して、十一月二十日の夜、函館を距《へだ》たる十里の鷲木に入港した。

釜次郎は、函館、五稜郭の官兵を逐《お》うて地を占領し、更に松前、江刺をも占領した。茲に於て五稜郭を本営とし、総裁以下の役員を選挙し、函館、松前、江刺の地に奉行を置き、政治組織をととのえて基礎を固めた。

明治二年、朝廷は薩長肥其他の諸藩の兵を発して、之れを征討せしめらる。其海軍には、甲鉄、春日、丁卯《ていぼう》、陽春等八隻の軍艦を派した。釜次郎は荒井以下の海将に命じて、之れを宮古港に襲撃して甲鉄艦を奪わしめんとして、大いに闘うたけれど、其目的を達せずして還り、官軍は海陸より攻撃し来った。

吾軍よく防いだけれど、何分衆寡《しゅうか》の懸絶《けんぜつ》しているため［多勢に無勢が著しいため］、敵する事能《あた》わぬ上に、官軍は軍需品の補給に便があるけれど、釜次郎には之れを欠き、勢次第に蹙《しじま》り来って、遂に退いて五稜郭に集結するの止むなきに至った。かくなっては頽勢支え難くして、到底自滅の外に途のない窮境に陥った。官軍の軍監田島敬蔵来って、頻《しき》りに帰順を勧めた。釜次郎、其厚意を謝したが、降る事は肯んぜぬ。

薩の中山良三が出降［投降］を促し来るに会して、海上万国法二巻を手交して、此書は曾て兵学を和蘭に修めた時に得たる貴重の書籍である、貴下に托して今之れを官軍に贈ろう。我れ死すとも此書は永く皇国の益となるものであると。暗に決死の意を示した。

良三帰って黒田了介（清隆）に此事を告げると。清隆大いに感じて、書を釜次郎に送り、天下の珍書の烏有《うゆう》に帰する［すっかりなくなる］を惜しみて寄贈を辱《かたじけの》うした事を謝し、他日必ず之れを天下に梓行《しこう》［出版］しようと約し、酒五樽を贈って其将士を犒《ねぎら》わん事を乞うた。五月十七日、釜次郎及び松平太郎等の隊将は、衆に諭して、我等の運命已に旦夕に迫っている、吾輩は固より諸君と共に死を決していたが、此上、寡兵を以て大敵に当たって、徒らに無辜の士を多く殺す事は、其志とする処でない。吾輩衆に代わって其罪を官軍の軍門に謝し、潔く天誅に就こうとすると告げた。衆泣いて答える事ができぬ。田島敬蔵復《また》来って諭したから、釜次郎等は遂に出でて黒田了介の軍門に降伏する事となった。

釜次郎等、函館より青森を経て東京に護送され、鍛冶橋監獄に幽閉せられた。内閣の諸公、朝敵の所以に斬首の刑に処せんと議する者が多くあったけれど。黒田了介独り固く自説を主張して、釜次郎等の罪は固より重いには違いないが、彼等は有用の良材であるから、寧ろ宥《ゆる》して国家の大用を為さしめるがよい。諸公若し彼等を斬らんとするならば、其以前に我れの割腹するを允《ゆる》せと称して、飽く迄釜次郎等の為に宥しを乞うて動かぬ。朝議遂に黒田の説を容れ、下獄三年にして、釜次郎等は放免の恩典に浴す事を得た。

釜次郎出獄するや、黒田は時に開拓使長官であった。釜次郎を招くと、釜次郎は甘んじて其下風に就き、北海開拓に尽瘁《じんすい》して、黒田の知遇に酬いた。

幕末の頃、釜次郎、開陽の艦長として、薩艦春日を逐《お》うた事があった。幕府当路者に之れを阻む者があって、釜次郎を抑止しようとした。釜次郎憤りの余りに、帽を破り、袖を裂いて極論し、漸く追撃する事に決した。しかし其時は已に遅くして、春日を逸して了うたが、其附属の運送船に土佐沖で追いつくを得た。しかし其運送船も亦沈没し果てていて、檣上《しょうじょう》に生存する鼠一匹を捕らえたのみであった。釜次郎、之れも敵の片割れであるとて、部下を命じて鼠を生擒《せいきん》せしめ、之れを食い殺して了うた。

釜次郎の青年時代、或る夜、牛込江戸川端を通行すると、劫賊《ごうぞく》の刀を閃《ひらめ》めかして脅迫するに遭った。釜次郎亦刀を抜き、叱咤一番した。賊は驚いて刀を落として逃亡する、拾うて見ると、まさに利刀である。直に之れを古道具屋に売り飛ばして、其金を懐にして、莫逆《ばくげき》の友［親友］三浦甫一と共に、酒楼に上り、大いに痛飲を試みた。

荒井郁之助

荒井郁之助、幕府代官清兵衛顕道の子、諱は顕徳、天保七年を以て生まる。昌平黌に学び、安政四年、軍艦操練所に入り、航海術を修め、擢《ぬき》んでられて其教授となる。文久元年、江戸湾を測量し、又小笠原島に航した。尋《つい》で操練所頭取に進む、後に、講武所取締に転じ、海軍奉行に陞《のぼ》る。明治戊辰、郁之助、榎本釜次郎と志を合わせ、北海道に走り、其軍の海軍奉行となった。宮古の海戦には司令官の任に就く。明治二年、榎本等と共に降伏し、投獄の後、赦されて開拓使出仕となり、主として農耕の道にいそしむ。爾来育英の業を励み、又、気象台長ともなった。明治二十六年、浦賀船渠株式会社を設立した。四十二年七月十九日、七十四歳にして歿した。

幕末に際して、海軍の将校は多くは放縦な生活をして、豪快を以て相誇るの気があった。或いは折花攀柳《せっかはんりゅう》の風流を衒《てら》い、或いは行酒遊宴に耽《ふけ》るの傾きがあった。郁之助、這間《しゃかん》［この間］にあって謹慎、身を持し、頗る他の敬愛の情をひいた。当時、国家多事で、大官の往来、軍器の運輸等、概ね海路に由るの慣らい〔倣い〕があったが、郁之助、常に船長となって、善く之れを処理した。

万延元年より始め、翌文久元年に至って完成した江戸湾実測図は、郁之助の関与したものである。また文久二年、外国奉行水野筑後守〔忠徳〕の小笠原島に渡航するに臨み、郁之助は運送船千秋丸に搭じて従い、島を視察して帰った。

明治戊辰、榎本釜次郎等と北走するに及んで、郁之助は艦隊の司令官として開陽（艦長沢太郎左衛門）に座乗し、開陽の江差沖に於て座礁するや、回天を以て之れに代えた。又、軍の主脳者を投票を以て選んだ時、郁之助、海軍奉行に挙げられた。

宮古の戦闘には、司令官として、旗艦回天に搭乗し、艦橋に在って戦を督した。既にして官艦甲鉄を襲い、舷々相摩して接戦する時、甲鉄よく禦《ふせ》ぎ、四周の七艦悉く吾回天を射撃し、吾軍死傷相踵ぎ、遂に甲鉄艦の奪うべからざるを覚って、郁之助は後退の命を下した。回天艦長甲賀源吾、司令官の命を伝えんとする折、敵弾飛来して、甲賀は壮烈な戦死を遂げた。ここに及んで、郁之助、自ら機関室に後退を命令して、甲鉄を離れて港口に向かった。舵取水夫小頭を顧みて、よく舵を取れと命ずるや否や、飛弾、舵取を斃す。郁之助直に舵を取り、突嗟の急に其方向を失わしめぬ。ついで水夫頭馳せ来って、司令官に代わって舵を取り、漸くにして港頭を脱して還るを得た。

爾来、郁之助は旗艦回天にありて、海軍を督して、各所に転戦したが。明治二年五月、函館湾の戦闘に多数の敵弾をうけて、回天は破損し、殊に機関部をうたれたから、修理の手段に尽き、港内適当の位置を選んで浅洲《あさす》に乗りあげ、浮台場となし、砲十三門を悉く片舷に備えて、官艦の来襲に応ずる事にした。

五月十一日、官軍大挙して攻め、函館は遂に官軍の有に帰した。之れによりて回天は腹背から砲弾の雨を浴び、殆ど支えて戦う能わぬの窮境に陥った。郁之助、遂に軽舸《けいか》［軽舟］に乗じて、回天を離れ、一本木に上陸して五稜郭に入った。此日の戦闘、幕艦蟠龍一隻を以てよく数隻の官艦と闘うたが、蟠龍も亦座洲して、其夜、回天、蟠龍共に官軍の手によって、火を放たれて焼かれた。これで海上遂に幕艦の片隻もない事となった。

勢蹙《しじま》りて最早官軍に抗すべくもない。官軍の勧降に応じて、榎本釜次郎、松平太郎、大鳥圭介及び郁之助の四首領は衆に代わって屠腹して罪を謝し、其兵衆を刑せざるを請うて、四将出で て軍門に降《くだ》った。

郁之助等は、熊本藩兵に護られて東京に送られ、糾問所《きゆうもん》の獄に投ぜられた。糾問所はもと旧幕時代には、大手前歩兵屯所と唱えたもので、郁之助は大鳥圭介と、毎日出勤して陸軍の事を処理していた場所であった。曩《さき》には出入りする毎に、番兵数人整列して、銃を捧げ敬礼して、郁之助等を送迎した処であったから、郁之助、大鳥と相顧みて今昔の感にうたれた。

郁之助は海将であるが、水泳をよくせず、却って鎗《やり》に長じていた。併し平常は遜《へりくだ》って片鱗をさえ現わさぬ為に、之れを知る人少なかった。曾て其邸に賊が侵入した。郁之助、起って長鎗を揮い、大喝叱咤《だいかつ》して賊を逐《お》う。其気勢の猛き、家族等も始めて郁之助の雄姿を見て愕いた。

郁之助、人為《ひととな》り、寡言にして併も謙遜に過ぐる態度を持していた。人の宮古海戦の猛襲を問うと、僅かに、あの時は何が何やらサッパリ解らぬほどの激戦であったと、答えるのみであった。又伝えて謂う。脱走軍の主要幹部を投票する時、総裁の任には、榎本釜次郎最高点の如く結果づけられているが、実は彼の時に、郁之助が有勢であったけれど、謙遜家の彼れは、之れを避けて、榎本に譲ったのであるとの説もある。

郁之助、辞儀凡て慇懃で、如何なる者に対しても挨拶叮嚀《ていねい》を極めていた。又酒を嗜まず、甘味を愛して、五稜郭に在る頃も、常に汁粉を食べて軍を励ましていた。

郁之助、明治政府から、海軍少将に任ずるの内命があったけれど、之れを固辞したとの説がある。却って初めの気象台長となった。郁之助、頗る科学的才能と其趣味があったから、曩《さき》には海軍や航海の事を司り、後には測量課長となり、復《また》気象の事に携わったのである。其外、英和辞書の編、工業新報の刊、地理説話の著、測量新書の訳等がある。

甲賀源吾

甲賀源吾、天保十年正月三日、江戸に生まる、諱を秀虎という、遠州掛川藩士秀孝の四子。十七歳、江戸に出で、蘭学を修む。海軍に志して、矢田堀景蔵《やたぼりけいぞう》［鴻《こう》］の塾に入り、次に荒井郁之助の塾に入りて学び、安政五年、矢田堀に従って長崎に赴き、航海術を学修した。翌六年軍艦操練方手伝出役を命ぜられ、爾来幕府の海軍に従い、文久元年、江戸湾測量、同二年千秋丸にて小笠原島に渡航した。慶応二年、奇捷《きしょう》丸艦長に補せられ、明治元年、軍艦役を命ぜられ、尋《つい》で軍艦頭並に陞《のぼ》る。同年八月、榎本釜次郎に従い、品川海を脱して函館に奔《はし》る、時に回天艦長であった。明治二年三月、官軍の甲鉄艦を拿捕せんとして、富古湾に闘い敵弾に中《あた》りて斃る。三十一歳。

明治二年三月の宮古湾海戦は、明治初期の海戦史上最も壮烈を以て聞こえたものである。幕艦回天の艦長甲賀源吾あってこそ、始めて舷々相摩すの大血戦は演ぜられたのである。或る人、之れを以て吾邦に於ける欧式海戦の嚆矢と評した。

始め、榎本等の品海を脱せんとする時に、曾て幕府より米国に注文した軍艦甲鉄が横浜に入港したから、甲鉄を奪って吾有に帰せんとして、其隙を窺うていたため、荏苒《じんぜん》［なすことのないまま歳月が過ぎるさま］日を送っていたが、甲鉄艦は官軍の手に帰したから、恨みをのんで北進したのである。当時日本に在る軍艦は木造船のみで甲鉄のものは一もなかった。この甲鉄艦は其名の如く、装甲艦で、堅牢の点に於ては在来の艦船の比でなく、且つ装置の大砲も格段に有力なものであったから、榎本を始め幕軍の海将が垂涎して之れを吾掌中に収めんとした事情は察するに余りある。

幕艦開陽は、始め旗艦として雄を誇っていたが、江刺に於て座礁して航海の用をなさなくなって破壊して了った。茲に於て回天が吾旗艦となった。回天はもと普魯西［プロシア］の軍艦で、廃艦となって、英商の手に入り、之れを修理して幕府の購う処となったものである。甲板上長二百三十呎［フィート］、最大幅三十四呎四吋［インチ］、噸［トン］数千二百八十噸、馬力四百馬力、大砲は五十六斤が十二門ある。船材は木である。之れに対する甲鉄は、排水千三百五十八噸、馬力千二百馬力、三百斤砲一門七十斤砲二門、当時日本唯一の有力な装甲軍艦であった。

幕艦は曩《さき》に甲鉄艦を奪う機会を逸したから、之れを攻撃するがために、特に尖頭に鋼鉄を付した砲弾を製造して、甲鉄艦の攻撃準備に怠らなかった。

源吾、幕艦隊の司令官荒井郁之助に進言して、北進の官軍艦隊の東北某地に集合するを窮うて、急遽襲撃して、甲鉄艦を奪うの策を樹てた。軍議此策を可として、回天、蟠龍、高雄《たかお》の三艦を以て之れに当たる事とし、荒井は全艦隊を督して、宮古を襲撃するの策が計画せられた。

其策は吾三艦の宮古に入港する時には、各々外国旗を掲げて敵を欺き。襲撃開始と共に旭日旗に改め。蟠龍と高雄とを以て甲鉄の左右両舷に横接せしめ、遽《にわか》に敵艦に侵入して之れを拿捕するの方法を取る事にし、回天は他の敵艦数隻に当たって、彼等をして甲鉄を救援せしめぬように為す事になった。斯くて甲鉄を奪い得たなら、其艦を操縦運転する為の人員をも予め定め置いて、三月二十日の夜、意気昂《あ》がって三艦函館を出発した。

官船の軍艦旗なる菊紋旗をば翻した三艦は、南部地方の海岸を巡航して山田港に入り、初めて官艦の宮古に集合する事を知った。しかし山田に入る前夜に、風濤激しくして、三艦は分離し、漸く回天は米国旗を掲げ、高雄は露国旗を掲げて、山田に入港したのであるが、蟠龍は未だ来着せぬ。されど、蟠龍の到着を待っていては或いは機を失するの虞《おそ》れがある故、高雄をして甲鉄を襲わしめ、回天は他艦と闘うの議と改め、二十四日午後二時山田を抜錨した。

不幸にして途中に於て高雄の機関に故障を生じて、回天と雁行する事ができなくなった。若しこのままに時刻遷延しては、明々の白昼となって、襲撃について非常の困難を感じるから、此上は回天一艦のみで事を為すことになり、回天艦上俄《にわか》に甲鉄艦攻撃の準備を急いだ。乃ち接舷攻撃を行う時の準備として、予め吾将士には合印を附して同志撃ちの危険を避けしめ。愈彼我《ひが》の舷側相接する時とならば、吾攻撃隊は勇躍敵艦上に侵入して、一気に敵を圧倒し了《お》わるの手段を評決した。是に於て回天は孤艦米国旗をかかげて、官艦八隻の集合せる宮古に進み入った。時は明治二年三月二十五日の黎明である。

既にして回天は甲鉄に近づき、急に舵を転じて機関を止め、少し後退すると、宛《あたか》も回天の艦首は甲鉄艦の右舷中央に直角に乗りかけた。俄に星条旗を卸《おろ》して旭日旗を掲げ、五十六斤砲を放射した。つづいて小銃乱射。甲鉄艦の狼狽は名状すべからざるものがある。

乃ち回天の突撃隊は、一躍甲鉄に乗り移らんとしたが、彼れの舷側、我れに比して一丈［約三メートル］も低いために容易に飛び込めぬ。之れに加うるに敵兵は舷側に匿れて銃槍を以って待っているから、吾突撃隊も逡巡した。一番分隊長大塚波次郎、刀を揮いて先ず躍り込んだ。之れに励まされて突撃隊は続々飛び移ったが、予期しなかった新鋭の速射砲が敵艦にあって、之れが為に甲鉄艦に移った突撃隊は悉く撫ぎ倒された。

回天艦長源吾、艦橋上に之れを視て、勇奮指揮していたが、官軍の諸艦から霰弾《さんだん》小銃弾を猛射せられて、艦橋上は弾丸雨飛の光景となった。源吾殊に覘《うかが》われて猛射を浴び、遂に左股にうたれ、右腕を貫かれたが、よく耐えて衆を激励していた。司令官より後退の命発せられ、源吾之れを命下せんとする時、甲鉄の速射砲弾飛来して、源吾の顳顬《こめかみ》を貫いたから、ここに壮烈な戦死を遂げた。

源吾斃れて、司令官が艦長に代わり、機関室に後退を命じ、甲鉄を離れて港口に脱した。高雄を見て戦闘終結の信号を以て報じ、倶《とも》に北航して、途に蟠龍に会し、三艦函館に向かった。

宮古の一戦、回天其志を遂ぐる事能わなかったけれど、壮烈の戦いをなして幕艦為に気を吐いた、之れや甲賀源吾の名の後世に伝わる所以である。

松岡磐吉

松岡磐吉《ばんきち》、幕府代官江戸川英龍の家士。安政年間、長崎伝習所に入り、砲術航海術を学んだ軍艦組、軍艦役となる。明治戊辰、榎本釜次郎に従って、蟠龍艦長となり北海道に赴き、官軍と闘う。宮古の海戦には風波の難に遭いて、戦に会せず。遂に幕艦の最後の一艦となり、函館に闘い、殊に朝陽を撃沈して勇名を馳せた。明治二年、衆と共に降《くだ》り、獄に入る。明治四年、獄中に歿した。

明治の初め、幕府の軍艦八隻、品川湾を脱して北海道に奔《はし》る。之れ明治維新の最後の戦闘なる、函館付近の役の起こる所以である。幕軍の総裁榎本釜次郎は当時海軍の一権威者であった。従って之れが部下にも錚々たる海将があった。中にも、回天艦長甲賀源吾、蟠龍艦長松岡磐吉は其勇姿永く伝えられて、其戦績は大いに明治初期海軍の気を吐く者であった。

磐吉は安政三年、幕府の長崎伝習所第二回伝習生として、榎本と同窓であった。

軍艦蟠龍は、安政五年、英国女皇から、将軍の乗船にと贈り来ったもので、エンペロル号とて、曾て女皇の遊船であった。明治戊辰、八月、僚艦と共に品海を脱す、艦長は松岡磐吉、機関長加藤其。

蟠龍の洋上に出るや、暴風雨のために航海に苦しみ、僚艦皆散乱し、蟠龍亦汽鑵を破損した。磐吉海上に於て汽鑵の修理をなし得るかと問うと、機関長は、到底企て能《あた》わざる処である、加うるに飲料水が欠乏を告げていると答えた。依って順風に乗じて清水港に入り、静岡に往く態度を示して、其修理を全うせんとて。船を南に航して、安房の陸上を窺い、次に下田に寄港し、遂に清水に入った。

修理十数日、漸く錨を抜いて出港したが、又もや風濤高いために、伊豆阿羅利港［安良里港］に碇泊した。港は巴状形をしているから、外海から其港内を視る事ができぬ。此ために難破して清水にいる幕艦咸臨をば撃たんとして、進航し来った官艦の目を遮る事ができて、蟠龍は見出されずにすんだ。咸臨は官艦に襲撃され、死屍累々の惨状を呈した。

九月十八日、蟠龍は仙台領東名に入津《にゆうしん》し、僚艦と共に舳艫《じくろ》相銜《ふく》んで、十月二十日、北海道鷲ノ木に着いた。之れより翌年四月まで、函館港内に於て激戦九回、其外に松前及び福島の砲撃に従うた。

明治二年三月の宮古海戦には、回天、高雄と共に、蟠龍も参加する事になって、三艦共に函館を出でたが、途中又もや暴風雨に襲われて、三艦分散し、蟠龍は遂に海戦に加わるの機を失うて了うた。

宮古の海戦には遅れて其勇を示すこと能わなかったけれど、爾後《じご》の海戦に於て蟠龍の健闘を見ぬ事はない。殊に五月四日の函館湾内の戦闘には、蟠龍、回天の二艦を以て、官艦の精鋭五隻と戦うた。蟠龍には一弾が命中して其運転に自由を欠いたけれど、尚屈せぬ。既にして回天は敵弾八十余発をうけて、重要機関部を損じ、浅洲に乗りあげて、浮台場と化し終わった。蟠龍はよく回天を援《たす》けて、自ら損処を修理して、官艦を逐《お》うて、退却の余儀なきに至らしむ。

幕軍は曩《さき》に開陽を喪い、今復《また》回天を失うて、唯蟠龍一隻を以て海を護るのであった。磐吉の任愈重く、磐吉の意気益健剛であった。五月十一日、官軍海陸並び進んで、函館及び五稜郭を猛撃した。幕軍大いに苦戦したが、海上に於ては、蟠龍一隻を以て敵の五艦に当たり、縦横奮戦其勇猛さを以て、彼我《ひが》をして驚かしめた。

磐吉、艦長として、始めより檣楼《しょうろう》［マスト上部にある物見台］に立ち、望遠鏡を把って、指揮をしていた。蟠龍の砲手永倉伊佐吉が放った一弾は、官艦朝陽の右舷を貫通して、弾薬庫に中《あた》り、大爆音を発して、二分時を経ぬ間に、全艦沈没し、纔《わず》かに舳部を水上に現わすのみとなった。朝陽艦長中牟田倉之助、重傷を負い、溺死者五十六名。この朝陽は官艦中でも、常に勇敢に戦った艦であったから、幕軍之れを望んで大いに歓声を揚げた。

磐吉亦鋭意を振るい、発砲猛射、能《よ》く官軍と闘うたが、夕刻に至って弾薬尽き、火薬庫内既に一物なきに至って、敵の逼《せま》らざる間に、塁下に避けた。今は機関の損処のため運転不如意となっている。遂に浅瀬に乗り揚げて、乗員は悉く上陸して了うた。内に永倉伊佐吉は、海岸から軽舸《けいか》を取り来らんとして、海中に躍り入り、途中に病起こりて、殆《ほとん》ど陸に達する頃溺死した。

朝陽爆沈するや、官艦甲鉄にいた海軍参謀曾我準造（祐準）は、中牟田が死したものと思い、偶甲鉄の士官に朝陽艦長の弟がいたから、令兄の仇はあの蟠龍である、蟠龍今岸膠して、彼処にある、乗員は悉く退去した、令兄の仇を焼き払って恨みを報い給えと教えた。士官欣躍して蟠龍に放火し、回天も此時焼かれて了うた。

函館の変終わって後、英人某、半焼の蟠龍を得て、上海に回航して大いに修理を施し、再び日本に運び来って、開拓使の御用船となし、雷電丸と名づけた。後又、横須賀に属して軍艦となり、廃艦の後は捕鯨船の任務につき、更に尾張熱田汽船会社の有ともなり、老朽全く用を為さざるに及んで、明治三十年、大阪木津川に於て解体せられた。

磐吉は、艦を捨てて上陸し、函館の敵陣を突破して弁天砲台に入った。陸には既に戦いに敗れて吾軍五稜郭に蹙《しじか》み、海には又一艦もなくなっている。ここに於て官軍の海陸兵は競うて攻める。

幕軍遂に降伏し、磐吉また東京に護送されて、糾問所の獄に投ぜられた。獄は一棟を七室に分かち、領袖株の榎本釜次郎、松平太郎、永井玄蕃頭、荒井郁之助、大鳥圭介、沢太郎左衛門と磐吉との七人が牢名主であった。磐吉、獄中に疾んで甚だ重態となった。十月に入りて殊に病篤く、衰弱して運動も意に任せぬようになった。併し一時は恢復《かいふく》し、壁を隔てて他房の吾士に対して英語を教授していた事もあった。然れども疾再び発して、他の六将は遂に出獄して白日を見たが、磐吉のみ独り獄中に歿した。

大鳥圭介

大鳥圭介、諱は純彰《すみあき》、如楓と号す。天保三年二月二十八日、播摩赤穂郡赤松村字細念に生まる。少時、閑谷黌《しずたにこう》に学び、大阪に出で、緒方洪庵の塾に入る。又、江戸に来り、坪井芳洲に従い、其塾長と為る。江戸川坦菴《たんあん》［英龍《ひでたつ》］の嗣子英敏《ひでとし》の邸に居住し、兵学を専攻した。更に仏蘭西人に就きて学ぶ。尼ケ崎藩、徳島藩に仕え、また鹿児島藩主島津斉彬の遇をうく。慶応二年、三十四歳にして、幕府の禄を食み、遂に歩兵差図役頭取に進み、主として洋式兵術を研鑚した。幕府のために陸軍編成に勉《つと》め、新たに伝習隊を組織した。明治戊辰、脱走兵を従えて、日光に拠らんとして、野州《やしゅう》の地［下野国］に転戦し、去って会津に往き、戦敗れて仙台に於て榎本釜次郎と会し、倶《とも》に海を航して北海に赴き、王師《おうし》に抗した。明治二年、官軍に降《くだ》り、獄に在る事三歳。赦されて朝に入り、累進して学習院長、華族女学校長、駐清、駐韓の公使、枢密顧問官等を歴任した。殊に明治二十七八年の戦役［日清戦争］には、朝鮮公使として英名あり男爵を授けらる。明治四十四年六月十五日、溘焉《こうえん》として［にわかに］逝く。寿八十。

弘化二年、圭介年歯僅かに十四歳、備前閑谷黌に入学した。黌は和気《わけ》の山間に在って、巒峰《らんほう》四周頗《すこぶ》る幽邃《ゆうすい》の地に在る。芳烈公（新太郎少将）［池田光政］の祠畔に椿谷と名くる静境があって、黌用の学灯の油料を得るため椿を植え、二百年の星霜《せいそう》［歳月］を経て、蓊鬱《おううつ》［草木が盛んに茂るさま］白昼尚暗き寂寥の場所である。少年圭介、夜間屢《しばしば》此森に入りて、胆力養成に資した。今尚、大鳥圭介胆試しの地として、里俗《りぞく》之れを称えている。

圭介、二十一歳、嘉永五年、大阪緒方洪庵の塾に入りて、蘭学を修めた。学資は原書を謄写して其筆耕料を得て、僅かに之れを補うていた。当時の蘭学書生は大概苦学生が多かった。羽織は十人に一枚位、刀も十人に一本位しかない。其故に外出に際して更替して行き、銭湯にも交わる交わるに往きて浴した。

圭介、江戸に来り、坪井芳洲の塾に入る時、蘭学上達せるを以て、其塾長に推された。併し嚢《のう》中《ちゅう》常に乏しく、親友二人と同じ下宿にいたが、皆貧困生で、三人で一領の衣服があるのみである。されば一人が外出している際には、残る二人は破れ蒲団にくるまって其帰るを待つという状態であった。時に各藩競うて外国の兵書を求む。圭介、薩藩の求めに応じて、兵書一冊を翻訳し、十五金を得た。乃ち同宿三人の衣服を購い、相携えて江の島に遊び、久し振りに英気を養うた事もある。

幕末、天下多事にして、西洋の軍艦交々《こもごも》来航し、幕府の威望漸く衰え、風雲急にしていつかは動乱の勃発する気合いがあった。圭介、茲に於て医書を擲《なげう》って、専ら兵書築城等に関する蘭書を繙き、大いに他日の用を期する処があった。

江戸川坦菴歿して、嗣子英敏、芝新銭座に江川塾を経営して甚だ隆盛であった。蘭学の教師矢田部卿雲死したから、其補欠として、圭介聘せられて、蘭語の兵書を以て、西洋新智識を門下生に授けるようになった。時に安政四年、圭介二十六歳である。

又摂津尼ケ崎藩から召され、阿波徳島藩の蜂須賀家からも聘せられた。

築城典型、砲科新編は、其時に刊行せられたもので、圭介は西洋の活字の便利なるを知り、蘭書によりて其鋳造法を研究し、新鋳活字を以て遂に両書の刊行を見るに至ったのである。人あり、圭介を近世活字の祖であるとも云う。而《しか》して両書は、洋式兵書の古典として又珍重さるべきものでもあった。

圭介、蘭学によりて概ね西洋科学を窺うた。中にも写真術をも解し、某大名邸の鬼瓦を撮影して時人を驚かしめた事がある。薩摩藩主斉彬の聞に達し、天彰院の島津家から十三代将軍に入輿《じよゆ》するに際して、婚嫁の記念撮影につきて、其方法書を献ぜしめられた事もある。又、蒸汽船の実物模型を製して、之れを水上に浮かべ、品川台場を一周せしめた事もある。

圭介、蘭学の外に、中浜万次郎に就きて英語を学習し、更に横浜に行きて、ヘボン、ブラオン、トムソン等の外人に、英語及び数学を学び、仏蘭西人ブリュネ、カズノフ等に仏国式兵学を修めた。仏国人に就いて学習したのは、文久三年、三十二歳の折であった。之れは世界の大勢を見ると、従来の和蘭学にのみよる事は、時代遅れの嫌いがあるから、進んで英仏の学を修めたのである。

圭介の学業進み、声名次第に揚がるものがあった。島津斉彬、其秀才を愛して、頗る好遇していた。斉彬は当時の名君である。其中屋敷の在る芝田町《しばたまち》に、台場を設け、大砲を備えた際にも圭介の尽力は勿論それに加わっていた。

慶応三年、徳川幕府より禄をうけて、旗下の群に入り、開成所《かいせいいじょ》［江戸幕府設立の洋学研究・教育機関］教授に抽《ぬき》んでられた。後に歩兵差図役頭取となり、横浜に於て、仏国士官の教授の下に、洋式兵術を実地に講究して、大いに得る処があった。爾来《じらい》、圭介は仏式操練を主として行い、遂に幕府のために伝習隊なる一軍隊を編成した。

時に、江川の養成した御料兵たるものが、最も進歩した隊として重視せられていた。併し御料隊は江戸付近の良家の子弟を集めたもので、品質良好であるけれど、紈袴《がんこ》の出で、体格意気に於て劣るものがあった。圭介は却って民間から、陸尺《ろくしやく》、馬丁、消防夫、博徒等の壮暴なる者を集めると、召集に応じて都下無頼の徒の来り参ずる者、千人、復《また》千人。是等を皆体格検査を行い、其勝《すぐ》れたる者のみを選んで、千五六百を得た。分かちて二大隊となし、隊名を練習隊と附し、後に伝習隊と云う。蓋《けだ》し幕府軍隊の最強のもので、之れに西洋新式の操練をなさしめたのであるから、圭介の名は隆々たるものがあった。

幕軍、鳥羽伏見に破れて、慶喜東帰し、専ら謹慎の意を表した。官軍錦旗を擁して、東海、東山両道を下り、江戸城を屠らんとする。勝安芳、山岡鉄太郎は恭順論を唱えて、社稷《しやしょく》と邦家の大計のために奔走していたが、榎本釜次郎、大鳥圭介は専ら主戦論を主張した。遂に圭介は志を決して、日光の険に拠り、官軍と一戦を試みん事を計った。時に、慶応四年（明治戊辰）四月であった。

圭介以為《おもえ》らく、勝、山岡の徒が已に恭順を説いて奔走しているから、かかる際、江戸に於て一戦するは不利である。如かず江戸を脱して日光の天険に拠らんと。時に、圭介、陸軍歩兵奉行であった。乃ち妻子を僻陬《へきすう》の地へ遣り、駿河台の邸を出でて、向島から更に報恩寺に赴いた。圭介と志を同じうする者約五百名此処《ここ》に聚《あつ》まる。倶《とも》に江戸を脱して市川に来ると、次第に集まる者増加して終《つい》に二千人に上った。衆望《しゆうぼう》圭介に帰して、圭介を其総督の任につかしめた。

往く、往く、野州小山に闘い、鹿沼に達した。隊の者で駅の商人から掠奪する者がある。圭介は一々之れを糺して、其掠奪の価を償うて商売の迷惑を除いた故に、沿道の民は規律の厳正を賞して喜んだ。

合戦場駅に着いた時、巡視兵が怪しき町人を捕らえて来った。之れを調べて見ると、付近の壬生藩の間諜らしい。衆は軍律に照らして斬罪に処せよという。圭介親《みずか》ら糺問するに及んで、其者自若として、我れまさしく間諜であると自白し、泰然死を怖れぬ丈夫の風を示した。圭介之れを見て大いに感じ、斯くの如き健男子を殺すは実に惜しむべき事であるとて、態々護衛兵を附して此間諜を壬生城下まで送らした。

圭介は宇都宮に於て闘い、捷《か》つ事を得ずして、日光に進む。途上日没に会して、寒村を過ぐると道路の両側の農家が等しく軒下に戸板を列《なら》べて、握り飯、梅干しなどの食を吾兵に勧めた。疲労困弊《こんぺい》せる兵士等は其温情に接して泣いて喜んだ。農夫等曰く、我等卑賤の身であるけれど、久しい間東照宮の恩沢を蒙っている者である、今徳川家の為に努力せらるる軍隊に対して、かく粗食を献ずるのは、三百年来の恩義に報いる寸志に過ぎぬと。圭介、益感嘆して、懐中から小判金五両を出して、盆に載せて贈ったが、なかなか受けるを肯んぜぬ。圭介叱るが如く諭して強いて之れを与えて去った。

日光に着き、鉢石町に宿営したが、市中狭隘で混雑一方でない。且つ日光は要害の地ではあるけれども、糧食が豊富でないから、此処にいて持久すべくもない。しか而已《のみ》ならず、輪王寺ではここで兵火を起こされては困るからとて、数次退去を迫り、遂に寺内に退隠謹慎中の板倉侯を煩《わずら》わして其説得を乞うた。

圭介之れに対して曰く、日光東照宮のいます事確かに承知している。されど徳川家を思うて憤起した我軍隊の戦うに当たりて、弾丸の神廟に触るるとも、定めし神君の御怒りはあるまい。それよりも此処で防戦の準備がととのうや否やが問題である。其準備さえ完全したなら、我れまさに一戦を試みるつもりであると傲語した。しかし前にいうが如く、日光は僻地であるから、軍隊を永く留むるに適せぬ故に、日光廟を拝したる後、今市《いまいち》に退く事に定めた。

今市に退いた後、更に会津領に到り、会津藩の驍将山川大蔵（浩）と共に、屢《しばしば》官軍と戦ったけれどやはり捷《か》たぬ。時に一挿話がある。多くの将は敗戦したなら、意気消沈して憫《あわ》れなものであるけれど、圭介は百折《ひやくせつ》尚屈せざるの概《がい》があるから、戦い終わる毎に、また負けて来たと語りつつ、徐《おもむ》ろに次策を案じて、又奮起していた。大蔵為に曰く、圭介は敗れる毎に其偉大さを表わすものである。

諸道の官軍、会津領に迫りて、吾軍頻りに敗れた。圭介は諸方に闘うて遂に米沢に走る。然るに米沢藩は反覆して圭介等を喜ばぬ。即ち出でて二本松を恢復せんとしたが、時運益非であるから、圭介は仙台に赴き、此処で、榎本釜次郎等の海将と会し、遂に海を航して、倶《とも》に北海道に赴く事にした。

北海道に於て、幕軍は大いに勢力を張り、土地の官軍を逐《お》うて、五稜郭に拠り、其基礎を固めた。乃ち、投票を以て役員を定め、圭介は推されて陸軍奉行となった。爾後《じご》、圭介、主として五稜郭の本営に在って、戦いの枢機に参じた。其後幕軍はよく闘うたけれど、勝利の運命は常に官軍の上に輝き、幕軍敗戦につぐに敗戦を以てして、遂に軍門に降伏するの止むなきに至った。圭介等は東京に送られ、獄に下り、三年間苦楚を嘗《な》めた。其降伏帰順の時に、詩がある。

砲裂艦摧吾事終、幡然代レ衆殺二茲躬一、独慙一片男児骨、不レ曝白沙青草中、
一場春夢恍無レ痕、戦血染レ衣紅尚存、両岸秋風数行涙、扁舟載レ恨渡二刀根一、

圭介の坪井芳洲塾にいる頃の話として、其頃の書生仲間といい伝えた面白い物語がある。圭介が芝の植木屋に間借りしていた頃の事であるが、その植木屋が恰《あたか》も島津侯の出入りであったから、或る日、斉彬侯が微行《びこう》［しのび歩き］でここに来た。すると奥まった箇処から奇妙な発音が聞こえる。斉彬は之れを怪しんで問うと、大鳥圭介なる蘭学生がいると答えた。斉彬乃ち圭介を召して、種々蘭学について質問するに、其学才の優秀なるものがあるを発見した。

斉彬大いに賞して家族に命じ、圭介に饗応して遣《つか》わせよと謂う。家人取り敢えず蕎麦を取りよせて与えると、圭介謝して有難く頂戴致すといいつつ、斉彬の目前に於て、蒸籠《せいろ》蕎麦の上から、汁を打ちかけて箸でかき込んで食った。斉彬笑うて汁は茶碗に容れて食べるべきものであるに、何故其如き不思議な食事をするかと問うと。圭介は答えて、江戸にいる事久しけれど、貧書生なる為に、市中の蕎麦屋へ行った事もなく、それがため江戸の蕎麦の食べ方を弁《わきま》えませぬと告ぐ。斉彬其貧書生なるを憫《あわ》れみ、之れに因みて大いに好遇せられたという物語である。此挿話は永く

江湖《こうこ》［世間］に伝聞せられて、有名なものとなっていたが、或る人此事について、大鳥圭介自身に尋ねた時に、圭介は之れを否認していたともいう。

鳥羽伏見に敗れて、徳川慶喜の東帰するや、圭介因に謁《えつ》を請い。昔、東照宮は一度の戦いに敗れても尚気を屈せず、悠々として、再挙を計られた。公の東帰は其策の得たるものでなかったかと思惟せらる。冀《こいねがわ》くは、大阪城には尚吾兵の残るものがある故に、我れをして二千の兵を率いて海を渡って大阪を救援せしめられよ。公亦兵を率いて再び東海道を西上せられ、名古屋を以て滞陣の地とし、徐《おもむ》ろに機を待たれよ、我れ必ず事を成し遂げて見せんと。面を冒して諫言をした。慶喜曰く、左様の事は毎時《いつ》もよく聴くけれど、いつとて騙《だま》されてばかりいる。過日の鳥羽伏見の折も、亦その類であった。汝のいう処も其流儀にあらぬかと。圭介首を振りて、伝習隊は会桑の兵と相違して居ります。何卒吾建言する処を御許容ありたいと、夜遅くまで縷々《るる》進言したが。其翌朝に至り、大阪の兵悉く退却した報があったため、圭介の議も遂に水泡に帰して了うた。

圭介曰く、我れ若かった頃、乗馬で市中を見廻る事を好んだが、折々浪人に抜刀で追いかけられた。之れはさして恐怖を感ぜなかったけれど、戦をして敗戦した時の苦悩はまた格別のものであった。士気が沮喪すると共に、将の指揮がよくなかったために、かくては敗戦したものと考えて、遂に隊将の命令が行われざるようになる。其折の心痛というものは実に言語に絶するものである。しかし、数日間休養させて、酒でも飲ますと、士気は再び振るい起つが、敗戦の感は実に痛恨の一事に尽きると。

大鳥圭介

星恂太郎　附　細谷十太夫

星恂《じゅん》太郎《たろう》、名は忠狂《ただのり》、天保十一年十月四日生まる。仙台の人、東照宮宮仕星道栄の子。後に台所人小島友治の養子となり、孝治と称したが、庭厨［料理］の事に従うを忌み、生家に復《もど》りて武芸を修め。元治元年、江戸に奔《はし》り、幕臣の西洋砲術家に其術を学び、又、横浜に於て米国人ウエンリート［ユージン・ヴァン・リード］に従い、兵学砲術を講究した。明治元年、藩に還り、壮者千余名を集めて額兵隊《がくへいたい》と名づけ、之れを統率した。官軍東北に進出し来り、仙台藩は兵を四境に派せんとするに臨み、額兵隊亦戎器《じゅうき》［戦争に使用する刀剣・銃砲・爆発物の類］をととのえ、将《まさ》に出師せんとすると、藩論俄に恭順に変じた。恂太郎、慷慨《こうがい》して藩命を肯んぜず。九月十五日、檄を市井に掲げて、告げずして隊を進発せしめた。藩侯驚いて、親《みずか》ら槻木《つきのき》駅に馳せ、其行進を止めた。恂太郎還って宮床《みやとこ》に屯す。時に榎本釜次郎艦船を率いて松島湾に在り、恂太郎を招いた。恂太郎之れに応じて、倶《とも》に海を航して北海道に赴き、上陸後各地に戦って其勇を称せられた。明治二年五月、榎本等の降伏するや、恂太郎亦弘前に幽せられ、二年三月放たる。爾来北海道に住して、尋《つい》で家を岩内《いわない》に移し、製塩業に委《ママ》わった。

明治九年七月二十七日、三十七歳にして歿す。

恂太郎、軀幹短小、白面巨眼、性詭激《きげき》［言動が異常に激しい］にして、人或いは狂暴という。酔えば即ち詩を吟じ、其声音清朗、耳を傾けしめる。曾て攘夷の説を持して、藩老但木土佐《ただきとさ》、儒者大槻磐渓《ばんけい》等の開国論者を国賊と見做し、金成某等と共に相謀って、磐渓を刺さんとした。磐渓為に、海外の大勢を諭すに及んで、大いに悟る処あり。江戸に脱して、洋式の兵法を学んだ。

恂太郎、江戸に来って、藩士富田鉄之助の許《もと》に投じ、旅費を請うた。富田、之れを在江中の但木土佐に協《はか》る。但木曰く、何に用いる金かと。富田対《こた》えて、恂太郎の為に請うのであるが、彼れは将来有為の材であると。但木笑うて、恂太郎の事なら能《よ》く知っている、其乞いを諾しようと。乃ち恂太郎は去って四方に遊び、各藩の兵備を視る事を得た。

明治戊辰、東北征討の事起こるや、仙台は之れに備えんとし、国老但木、恂太郎の用ゆべきを知って、之れを帰国せしめた。恂太郎、悦んで帰り、前非を償うべき時であるとて、藩兵楽兵隊のために訓練の労を執った。

楽兵隊長但木左近、藩命によりて秋田口に出陣し、加うるに軍事多端で、諸隊へ編入されたために、楽兵隊の兵卒は時に六十人に満たぬ少数になった。恂太郎、俄に敢死《かんし》の兵を募り、藩士中の家長及び嫡男を除いて、八百余人の壮丁《そうてい》［労役・軍役にあたる成年男子］を得た。其百五十人を砲兵に、二百人を土坑兵に、他を楽兵となして、兵服は英国の制に倣いて赤色を用い、事に臨んで之れを裏にして着ると黒色となるものを用いた。此隊を額兵隊と称し、恂太郎其司令となった。

八月、官軍進出して、南方の同盟藩破れ、仙台藩の国境漸く事繁《ことしげ》し［「事繁し」は「ものものしい」の意］からんとした。藩は額兵隊に出兵を命ずる、恂太郎は聴かずして曰く、常に出兵を急いで、之れに補給すべき兵器弾薬の事を忘れ、毎戦必ず利を喪う、慎しむべき事であると。昼夜兵士を督して、弾薬製造にいそしみ、準備漸く整って、九月、当《まさ》に隊を進めて戦場に向かわんとした。

会々、藩論恭順に変じ、謝罪の意を徹せんと図ったから、急に恂太郎の出兵を止め、隊を養賢堂に移さしめた。恂太郎慷慨して曰く、吾隊を以て従来の失敗を浄め、武名を揚げんと欲していたのに、藩論一変して吾出兵を停める。今や西軍の入城し来るのを我等は拱手《きょうしゅ》して［手をこまねいて］傍観していられようか、須《すべから》く一戦を交えて東北男児の意気を示すべきであると語ると。衆悉く勇躍して共に出発せん事を望んだ。

赤装兵八百先ず出で、総軍一千余、歩武堂々《ほぶどうどう》として養賢堂を出でて行進し、芭蕉ノ辻に檄文を掲げ、進んで槻木駅に至った。

額兵隊出動の報に驚いて、藩侯及び世子は親《みずか》ら馬を馳せて岩沼に赴き、手書を以て恂太郎を召し、懇《ねんご》ろに諭す処があった。恂太郎、君命に接して否む事できず、涕涙潸々《ているいさんさん》［さめざめと泣き］、雄心を収める事を約した。

之れよりさき、仙台藩衝撃隊長細谷十太夫《ほそやじゆうだゆう》［直英《なおひで》］は、相馬口の解兵の為に引き揚げ来り、小野田に於て恂太郎と逢い、互いに胸懐《きようかい》を告げて別れ、細谷は仙台に帰った。茲に仙台以北の地に額兵隊を移さしむべく、恂太郎を説得せよとの藩命に接して、細谷は再び恂太郎と会した。其額兵隊を移す理由は、近日、四条総督が仙台に入るから、仙台以南に額兵隊を置く時は、万一の事変が発生する虞《おそ》れがあるとて、之れを危険視したのである。

細谷十太夫は復《また》勇武の士であった。始め江戸事情探索の藩命を受けて、生糸商に扮し二本松より出発せんとしていた際、白河城は官軍の占有する処となり、仙台藩兵が敗績したとの報に接して大いに憤慨し。旧知の博徒二三名に命じて随行せしめ。須賀川に至って、妓楼柏木屋を借り切り、仙台藩細谷十太夫本陣と書したる張紙をなし、来り投ずる者を待った。風を望んで集まるもの多く。又、諸方に使を派して、俠客を召集すると、約六十名を得た。ここに一隊を組織して、衝撃隊と号し、細谷之れが隊長となる。隊の服装は、黒筒袖、黒小袴、紺股引《ももひき》脚絆、紺鉢巻、紺足袋、総て黒色を用いた、之れ夜襲に便なるが為である。一に之れを鴉《からす》組と称した。

細谷乃ち鴉組を率いて官軍を邀《むか》え闘い、白河口に其勇を振るうた。官軍俗謡を唄うて曰く、細谷鴉と十六ささげ、なけりゃ官軍高枕と。十六ささげとは、棚倉《たなぐら》藩の十六士を指していうたので、如何に細谷の鴉組が縦横善戦したかは、此俗謡を以ても知る事を得る。

細谷鴉組が其驍勇を唄わるるとも、吾軍の頽勢を恢復する事はできなかった。白河破れ、二本松落ち、漸次退却の道すがら、老若男女の兵火に逐《お》われて逃げ迷う惨状は見るに堪えぬものがあった。細谷亦空腹を感じ、道傍の畑に入りて、西瓜を食い。尚今夜の食にあてんとて、大西瓜を見出して、之れを槍の穂先に貫いて担ぎつつ行った。途上餓えに泣く児の跣足《せんそく》の儘によろぼい「よろよろと」歩く姿を見て、惻隠《そくいん》の情を生じ。聞けば前夜より一飯の食にもあわぬというから、細谷は西瓜を児に与えた。飢児悦んで貪り食う。其状景を見て、細谷はそぞろ涙に咽《むせ》んだ事がある。転じて相馬口の敵と戦う。其発するに臨み、山崎源太左衛門は細谷の武勇を賞して、贈るに蝦夷錦の陣羽織を以てした。

既にして藩論一変して降伏に決したから、細谷以為らく、事態斯くなった上は、徒らに戦を挑んで彼我《ひが》の損傷を増すは意味の無き事であると。即ち敵陣に一書を贈って、藩主は軍門に謝して、謹慎休戦を宣している。仍《より》て我隊から貴隊に対して抗戦する事をしないから、左様承知してもらいたい。さりながら貴軍より進み来る時には、当方も敢えて防禦を試みるであろう。此旨予め申し進じて置くと。官軍答えて曰く、委細承知した。

茲に於て、細谷は仙台に帰り、途に恂太郎と会し、復《また》恂太郎に仙台以北へ退くべきを伝えたのである。

細谷、恂太郎を説く為に赴く途中、菅生《すごう》駅の茶店に憩い飲食した。其時、一羽の鴉が飛び来って細谷の膳の上の魚を啄《ついば》み喰う。細谷訝《いぶか》しみて問うと、其家の児等の飼う鴉であると答う。細谷私《ひそか》に以為らく、我隊を世に鴉組と云うが、我等は藩侯から禄を賜りて、昨日は敵と闘い、今日は敵に抗せんとする者を控止せんとしている。恰も飼われたる鴉と同じようなものであると、乃ち金を与えて其鴉を購い、輿上《よじょう》、馬上に伴うたが、鴉も亦よく細谷に馴れて従うた。

恂太郎、細谷等の勧告を聴き、其否むべからざるを知り、諾して宮床に退いた。

仙台藩論一変して、官軍に対して謝罪謹慎の挙に出たから、前に勢力を振るうた佐幕派重臣等は皆罰せられ、仙台に来ていた榎本釜次郎等は退去を強いられた。又、暗殺隊を派して恂太郎を刺さんとするとの風評もあった。之れによりて額兵隊に動揺を来たし、千余の兵は漸次減少して、遂に半減するに至った。恂太郎、毫《ごう》も気を屈せずして、日々調練を行い、牛を屠って其肉を給与し、満を持して放たざるの勢いを示した。

松島湾に碇泊していた榎本釜次郎は、幕艦を率いて北進せんとするに当たり、恂太郎に説いて、此地を離れて、共に北せん事を勧めた。恂太郎、之れを可とし、隊に令を下して、榎本等と共に北海道に行かんとする者は、我れに従え、仙台に帰らんとする者は、随意に去れという。此時、恂太郎に従わんとする者、四百名を数えた。

恂太郎、去るに臨んで、細谷と会して、石巻の街上のある張り店［遊郭］に酒肴《しゅこう》を連ねて、離別の盃をあげた。細谷曰く、君は松前に行きて死ね、我は仙台に還りて殺されん、今日の会合は之れ生別にして死別を兼ねるものであると。

愈出発に臨み、幕艦に投じた額兵隊は、士官令官百人、工兵百二十人、砲兵二十余人、合わせて二百五十人を数えるのみであった。分かって開陽、回天の二艦に搭乗し、波を蹴って一路北進し、鷲木港に着いた。実に明治元年十月二十一日である。

恂太郎に別れた細谷は、官軍に捕らえられた。既に斬られる処を、藩の救解によりて、纔《わず》かに助かり、仙台に至り、親類預けの身となった。後に復《また》捕吏に襲われたけれど、巧みに避けて身を全うした。

恂太郎の北海道に赴いた後、額兵隊長として各処に勇戦した。恂太郎、初め飲酒に耽《ふけ》り流連《りゅうれん》［家に帰らず遊び続ける］を事とし、他の非難を蒙っても、我れは死生の境に臨む者であるから、乞う度外《どがい》に措《お》けと抗弁して歇《や》まなかった。然るに北海道に来るや、深く禁酒を守り、操行厳粛にして、別人の観があった。木古内《きこない》口の戦闘に於て、額兵隊最も善く闘うた。矢不来《やふらい》に於ては、両軍悪戦苦闘した。恂太郎、砲台にありて兵を指揮していたが、砲車砕かるるに及び、自ら銃を把って発射し、弾丸尽きて、身辺には唯二士の姿あるのみという窮境に陥り、到底捷《か》つ能《あた》わぬを察して、割腹せんとしたが、従士に諌められて、止むなく退却した。

吾軍の勢尽きて遂に五稜郭に蹙《しじま》った。絶望の余りに郭内を脱して官軍に降《くだ》る者が続々ある。官軍亦頻りに降伏を勧め、明治二年五月、酒五樽を餉《おく》り、且つ曰く、必死の防禦は感ずる処である、若し兵糧弾薬に乏しくば、之れを贈らんかと。榎本答えて曰く、厚意感謝に堪えぬ。しかし糧食弾薬の類は敢えて望まぬ、唯賜る処の酒は喜んで酌《く》まんと。然れども吾軍の諸将、或いは毒あるを疑って、官軍の酒を飲まんとする者がない。恂太郎笑いつつ、窮余の我れに対して、官軍いかでか毒を贈らん、安んじて酒を酌むべし。と言い乍ら、石を執って樽の鏡を割り、巨椀に酒を汲んで嚥下《えんげ》して舌を鼓《こ》した。之れを見て諸将争って飲む。

黒田清隆

黒田清隆、旧名了介、天保十一年十月生まる、鹿児島藩士、清行の子。江戸に遊んで砲術を研究し、藩に帰るや外交掛を命ぜらる。之れによりて、清隆、諸藩の士と接し、天下の時勢を知る事を得た。薩長連盟の当初、清隆は、西郷隆盛に代わって長州に赴き、桂小五郎等と折衝して、両藩同盟の端緒をなした。明治戊辰の役、清隆、西郷に従って出征し、其荘内藩を降《くだ》すに当たって、最も功があった。尋《つい》で、榎本釜次郎等の函館五稜郭に拠るや、清隆海軍参謀として赴き、榎本等を説いて降《くだ》らしめ、後又、おのれの戦功に代えて、榎本等の死を宥《なだ》められん事を請うた。明治二年、兵部大丞《たいじょう》、同三年、北海道に開拓使を置かるに及んで、次官となりて頗る開拓につとめた。同七年、陸軍中将に任じ、屯田兵を設置し、それの総理となった。同八年、参議兼開拓使長官に進む。此年、朝鮮に使し、全権弁理大臣として、朝鮮の無礼を責めて、謝罪の実をあげしめた。西南の役には、勅使柳原前光《やなぎわらさきみつ》に従うて、鹿児島に赴き、島津久光父子を説いて、大義を誤らざらしめた。又、征討軍の参軍となり、軍務に従う。明治十四年、内閣顧問、同十七年伯爵を授けらる。後、大臣になる事数回、時には内閣総理大臣となった事もある。枢密院議長にも任ぜられた。従一位大勲位に至る。明治三十三年八月二十三日逝く。六十一歳。

清隆の生家は、藩に仕えて四石取の武士であった。如何に質素な生計をするとて、斯くの如き小禄では常に窮乏を訴えるのみで有った。家居も九尺二間の連棟で、破壁を隔てて隣家を臨むという長屋であった。従って室内は日光を見ず、悪湿の気不断にたち籠めているという陋屋であった。之れを以て清隆の少時、已に薪水《しんすい》衣食の苦を知っていた。

清隆、青年の頃、薩藩に仕えて、三両二人扶持《ぶち》を受け、大砲の綱曳を為す。時に藩に定服なく、各人被服を競うた。清隆乃ち飛白《かすり》の衣服に、紅葉入剝身紋りの兵児帯《へこおび》を締めて、欣然として「よろこんで」出場したが、赳々たる薩摩武士中に清隆の紅彩独り異色があった。人皆清隆を指してヨカ二才と呼ぶ。清隆弥々《いよいよ》得意になって砲煙の裡に馳駆《ちく》した［走りまわった］。

清隆、明治に至りて、官位共に高く、頗る栄職に進んだ。されど曩昔《のうせき》の衣帯を秘蔵してやまず、毎歳の誕生日には、必ず旧衣帯を床上に飾りて、旧を懐《おも》い、今の驕奢《きょうしゃ》を戒めていた。

明治維新の大いなる原動力は薩長連盟の提携完成にある。初め土佐の坂本龍馬、中岡慎太郎等、薩長の間に周旋して其結合に尽力した。慶応元年、西郷隆盛、東上の途次、馬関に来って桂小五郎（木戸孝允）等と会見する予定であったが、事ありて果たさず。西郷はおのが代理として、清隆をして長州に赴かしめた。

清隆、外見甚だ木強漢《ぼっきょうかん》［無骨な男］である。西郷の代わりとして其大任を委ねられたが、仲介者たる坂本、中岡は、清隆の技倆を疑うて、甚だ事の成否を危ぶんだ。其出発に臨み、西郷、清隆を戒めて、長州の桂氏は傑物《けつぶつ》である、彼れのいう事を唯々《いい》として聴け。仲介の中岡氏は異材である、其導くが儘に従え。啻《ただ》事を成就せしめば夫《そ》れでよいのであると。

此時、清隆の平常の貧生活を知っている西郷は、清隆に旅費を支給して、長州に赴かしめんとした。清隆辞して曰く、予め必要あるべきを慮《おもんぱか》って、貧苦の中より貯えた小判五両が懐中にあるから、其御心配及びませんと。西郷手を拍って喜び、以て大事に托するに足る男だ、しかし公用であるからとて、其旅費を支給した。坂本等亦之れを視て、清隆の人物なるを聊《いささ》か悟り得た。

桂小五郎も亦、始めは清隆を見て、西郷の来らざるに憤るの色があった。しかし清隆の重厚寡言にして、しかも淡白なるに魅せられて、遂には自ら京都に赴いて、西郷に会う事を諾した。清隆果たして西郷の知遇に背かずして、よく其重責を果たし得たのであった。

清隆又曾て日比谷の島津邸に在る時、友人湯池定基《ゆちさだもと》と共に街上《がいじょう》を往き、途に某侯の列に遭った。湯池過って其扈従《こしょう》［貴人のおとも］の士と相触れた。扈従の士怒って之れを譴《せ》める。湯池は其譴むるの所以なきを以て憤慨し、手を佩刀《はいとう》に触れて、当《まさ》に抜かんとした。清隆の俄に之れを遮り、且つ自ら頭を低うして、扈従の士に陳謝して事無きを得た。後に清隆戒めていう。彼れの衆、我れの寡、争闘すればとて犬死にの結果があるのみである。天下の事を以て任ずるの士、今日の場合は猪突の勇を振るうて一時の快を貪るが如き秋でない。乞う深く自重せよ。

伏見鳥羽の役に、官幕の兵混戦して、闘い当に酣《まさ》《たけなわ》となった。時に清隆、海江田信義と共に斥候《せっこう》として鳥羽に在った。危機切迫の刹那、両人相顧みて、斫《き》り込みを謀り、驀進、刀を閃《ひらめ》かして敵陣に殺到した。敵陣之れがために乱るるの端となった。斫り込みは、薩士独得の猛撃である、其鋭き事雷霆《らいてい》の如きものがある。

明治戊辰、東北に拠りて官軍に抗する者、会津の外に荘内藩がある。共に奥羽の雄藩として其強兵をうたわれた者である。荘内の軍、秋田を冒して其勢極めて猖獗であった。官兵出師して之れ撃ち、遂に圧して降伏せしめた。

清隆、官軍の参謀として出征し。九月二十二日、荘内の力尽きて降を請い、罪を謝するや、清隆、其謝罪嘆願書を領して、媾和〔講話〕の議を協《はか》った。清隆曰く、謝罪の実際は兵器を出し、開城するに在る。其実際を示さば、願意の程は大総督府に達せん、期限は三日以内を以て約すと。荘内即ち脱藩投帰の兵を悉く移し、国境各処に人を派して、其守備を解かしめ、ひたすら謹慎の情を示して、王師を迎えた。清隆此間に処して、荘内藩の窮状を察し、其寛厳宜しきを得た。

函館の戦役には、清隆海軍参謀の任にあって従軍した。明治二年五月、幕軍蹙《しじか》んで五稜郭の本拠既に危うくなった。清隆、軍使を派して降伏を勧めたが、榎本等容易に応ぜぬ。唯榎本の和蘭留学中に得たる仏のオルトランの海上万国法を、貴重の書籍として贈り来った。清隆、後に此書を福沢諭吉に託して翻訳せしめ、世に公にした。又珍籍を贈られた事を喜び、榎本に書を致して感謝し、酒五樽を与えて、其陣中の労を犒《ねぎら》えよと告げた。

清隆、ここに榎本等を殺すに忍びずして、将来国家の為に用いんとするの意がある。切に諭して、其降伏を強いた。榎本等遂に議を決し、清隆と降伏条件等を議して、出でて官軍に降《くだ》った。之れによって全日本に於ける官軍に反抗する徒をば悉く鎮め終わったのである。

降将榎本等は東京に護送され、獄に下された。其罪を決するに方《あた》り、死刑を論ずる者に甚だ有力者があった。然れども、清隆は、堅く自説を持して降《くだ》らず。榎本等の死を宥《ゆる》して、却って国家の用を為さん事を主唱した。曰く、王政一新して天下と更始《こうし》するの際、宜しく寛典《かんてん》に従うべきである。今や国家新たに興るの時に当たり、榎本の海軍に於ける造詣の得易《やす》からざるものがあるを用いて、邦家の利益となすべきであると。

されど、廟議中に賊魁誅すべしの説を甚だ強くいう者があった。清隆忿然《ふんぜん》として、榎本を必ず斬らんとするならば、乞う先ず清隆の如き無用物を斬れと叫び。席を蹴って家に還り、剃髪して、今日の論議に臨んで御前を騒がせし罪は万死に当たると称して、終《つい》に自ら謹慎屏居《へいきょ》して朝に出でぬ。ここに於て廟議決して、榎本の死を宥《ゆる》す事となった。

清隆、北海道開拓の任に就くや、榎本を起用して、其才能を用いんとした。榎本亦清隆の厚誼に感じ、身を下風に墜して、よく其任を尽くした。

明治の初め、樺太に就きて、日露交渉を重ねた事がある。丸山作楽《さくら》は樺太に赴きて、実況を見聞している者であった。之れが故に露国と談判を遂げて、樺太の中央部敷香《しすか》に鎮北府を設け、専ら樺太の維持につとめ、北海道と樺太とを合併すべしとの議を立てた。然るに英国公使パークスは、樺太は古船一艘の価値もないものであるから、露国に与うべしと称して、吾廟堂を威喝していた。之れによりて、樺太問題は当時の政治的難件として横たわっていた。

清隆曰く、北海道の近きを捨て、樺太の遠きに及ぼすは策の得たるものでない。鎮府を石狩に置きて、先ず北海道を開拓せよ。之れを捨てて、独り樺太に力を致すのは、其結果逆睹《ぎやくと》［予測］し難きものであるとて、北海道開拓を先になすべき事を建議した。廟堂此説を容れて、鍋島閑叟《かんそう》［直正］開拓使長官となり、清隆次官となる事となった。之れ北海道の開拓さるる端緒である。

然るに、丸山作楽等大いに之れを非難し。三条実美《さねとみ》に向かって、吾樺太策用いられずば、実美の前に割腹して死なんという。三条大いに驚いて、清隆を招いて、其意を尋ねた。清隆平然として壮夫の言や甚だ宜し、吾邦忠臣義士を出さざる事久しいものであるから、彼等若し果たして、閣下の前に割腹するとあらば、誠に是れ昭代《しょうだい》［太平の世］の亀鑑《きかん》［手本］とするに足るものである。乞うに従って割腹を御許しあれと。而して丸山等は遂に割腹を為し得なかった。

清隆は有名な酒豪であった。酔余往々粗暴に流るる癖があった。然れども他の一面には謹慎重厚なる古名将の風があった。清隆、家に在るや、毎晨《まいしん》［毎朝］、嗽《くちすす》いで後、袴を着して、几《き》前に座し、孔明《こうめい》［諸葛亮］の出師表《すいしのひょう》を一読して後、始めて食膳に就くのが其慣らい［倣い］であった。其痛飲淋漓《りんり》の後には、爛酔《らんすい》狼藉で、人或いは虎の如く恐れた。夫人之れを厭《いと》うて、松方正義、大山巌《いわお》、西郷従道《つぐみち》等の同郷人に請い、清隆を諭さん事を頼んだ。一日、三士相携えて、清隆を訪うと、清隆喜んで酒を命じ、献酬を重ねた。松方時に大酒の害を説いて、娓々《びび》として［しつこく］語った。清隆、黙して之れを聴き、松方の説き終わるや、昔より乃公《だいこう》に苦言を呈し得る者は、大西郷と大久保の外はない筈だと放言して、復《また》悠然として盃を揚げた。

奥羽征定の後、清隆、西郷従道と共に、東京に還り、一旅舎に投じた。此旅舎の浴槽は、俗に五右衛門風呂と称するもので、釜の底に板を置き、湯満てば底板が浮かんで蓋の如く見ゆるもので。浴者は其板を踏んで、温まるの装置になっている。両人其構造を知らぬために、浮かべる底板を取り出して捨てて了い、身を躍らして釜に投じた。釜底の熱鉄は火の如くなっている。趾［あしゆび］面焼けて其痛み甚だきびしい。思わず叫声をあげて飛びあがり、清隆は両手を釜の縁にかけ、脚を上げて熱を避け、頻りに水々と叫ぶ。旅舎の婢急に馳せて、此状景を見て、失笑して止まる処を知らぬ。如何に強い薩摩さんでも之れには耐《た》まりますまいと。清隆其所以を知りて、且つ怒り且つ笑うた。

向島の槖駝師《たくだし》［植木屋］依田某、芝の縁日に草花と二鉢の松とを陳《なら》べた。草花は売り尽くしたけれど、松は高価である為になかなか購う者がない。偶質素な服装の人が従者をつれて来り、松を指して価を問う。答えて曰く三十円。其人曰く可。我れに従いて携え来れと。橐駝師怪しみつつ従い行くと、宏壮なる邸に入り、其代金を与えられた。尚明朝所用ある故、必ず来れと命ぜられた。

翌朝、其門に至り、標札を見て、枢密院議長黒田清隆なるを知り、大いに驚き、大いに畏れた。清隆庭前に招き入れて、あの松は幾許《いくばく》の年月を丹精に費したかと問う。橐駝師謹しんで、数十年の丹精を語って、其高価なる所以を説き、売りて得たる金は死歿の際の用意に残さんと欲する旨を告げた。清隆其素朴にして邪気なきを愛して、三十金にては其用には足るまい。之れからは吾邸に来って、庭園の修補に尽くせよ。賃金を与えんと命じた。橐駝師泣いて其恩命を懇謝した。

一日、清隆、汝が楽しみは何乎《なにや》と問う。答えて軍鶏を闘わしむる事であると答え、吾家に好軍鶏がありますが、既に齢老いて余命永からずと思うと告げると。清隆、然《しか》らば我れ汝に最もよき闘鶏を与えんとて、狩野元信の画《か》ける二羽の鶏の闘える図と、金若干とを与え。此鶏ならば何年経っても壮健である、又之れを見て楽しみにしていればとて、決して過失は起こるまいと笑って語った。橐駝師益《ますます》清隆の恩に感じ、毎日其図を拝して、清隆の恩義を忘れなかった。

清隆、大いに刀剣を愛し、意に満つる物あらば千金を辞せぬ。一日、刀剣商利刀二口を携え来って曰く、兜を割り硬玉《こうぎょく》［翡翠］を截《き》るべき名刀であると誇った。清隆、斯言《このげん》の通りならば其価格を問わずに需《もと》めよう。但し其利鈍《りどん》を試して見んとて、起って庭前に下り、楓樹の古株を斫《き》った。刀折れて二段となる。更に一刀を以て松樹を斫ると、之れ亦折れて三段となって飛散した。破片、清隆の右肩を傷つけ、鮮血淋漓たるものがある。刀商之れを視て大いに愕き、走り去って了うた。

清隆、由来辺幅《ゆらいへんぷく》［外見］を修むる者を好まぬ。邸を出でて、昼餐の刻となると、路傍の蕎麦屋に馬車を着け、御者馬丁等を従えて、蕎麦を食う。座に股引印半纏の徒があればとて、少しも頓著《とんじゃく》の色もなく、おのれは普通の盛蕎麦を好めるままに取りよせ、御者馬丁には上等の種物を与え、主従鼎座《ていざ》して箸をとった。従者二人は却って恐縮して、食うに憚《はばか》っていると。之れを見るや、大喝、馬鹿野郎、男らしく食えと叱りつける。但し二人が気を取り直して健啖自在にすると、大いに喜んで、甚だよい、もっと啖《く》え、もっと啖え。

中牟田倉之助

中牟田倉之助《なかむたくらのすけ》、天保八年二月二十四日、肥前佐賀に生まる。幼名金吾、諱武臣、父は佐賀藩士金丸文雅、外叔父中牟田武貞の養嗣子となり、其家を嗣《つ》いだ。安政二年、藩命に依り蘭学寮に入り、翌年、長崎に赴き、海軍伝習所に入った。安政六年、三重津海軍学寮に務め、主として航海術を教授し、文久二年、幕吏に従って、上海に渡航し、高杉晋作、五代才助《ごだいさいすけ》等と行を倶《とも》にした。元治元年、甲子《かっし》丸買い入れのため、長崎に赴き、之れより甲子丸の船長として、各地を巡航した。明治元年、新購入の孟春丸に乗じ、東北地方に官兵を輸送し、六月、暴風雨に遭い、白銀村海岸に擱座《かくざ》［座礁］す。九月、陽春丸を率いて、野辺地《のへじ》を砲撃した。明治二年、朝陽丸艦長として、北海道に闘い、五月、敵弾のために火薬庫爆発、朝陽は沈没、倉之助は負傷した。明治三年、海軍中佐に任ぜられ、爾来累進して、明治十一年、海軍中将に陞《のぼ》り、同十七年、特に子爵を賜《たま》う。又、明治四年、兵学頭に任ぜられた以来、海軍兵学校長、横須賀造船所長を経て、東海鎮守府司令長官、横須賀及び呉の鎮守府司令長官、海軍大学校長、海軍軍令部長の要職にいた。大正五年三月三十日、八十歳にして逝く。

安政三年、藩命によりて、長崎海軍伝習所に入学し、航海術、造船所、砲術、測量術其他を学習した。此伝習所は、幕府の設けたもので、幕臣の子弟及び各藩の伝習生を集めたものであった。倉之助、時に二十歳、洋々たる希望を抱いて入学したが、之れぞ彼れの生涯を海軍に貢献した頭緒であった。倉之助、数学を好むにより、専攻科目としては航海科を選んだ。当時の風習として、武人は特に算盤勘定なるものを賤しんでいたが、倉之助は此風習に背いて殊に数学に趣味を有していた。遂に之れに没頭して、専ら航海術を学んだのである。

勿論数学の教科書は外国の物であるから、生徒の手には容易に入らない。之れが為に倉之助は、蘭人教師の退出する時刻を窺うて、それよりも一歩以前に門外に於て待ち受け、蘭人教師に請うて、次の課業日まで其数学書を恩借し、下宿に帰りて孜々《しし》として之れを筆写し、約束の期日には、門外に待ちて返していた。

文久二年、倉之助二十六歳の折、千歳丸に搭乗して上海に赴いた。国際都市なる上海の繁華は、倉之助を驚かしめたが、当時、長髪賊の難［太平天国の乱］の為に上海は脅かされつつあって、時に殷々たる砲声を聞くものがあった。殊に西洋人の勢力は至勁《しけい》なるもので［きわめて強く］、之れを支那人と比して雲泥の差があるをば実見し、倉之助は、国内の争乱は却って外国人の勢力を浸《しん》潤《じゅん》せしむる所以の大なる事を知り、窃《ひそ》かに感ずる処があった。

同行の高杉晋作も亦其日記に、上海の地は支那に属すと雖も、英仏の属地と謂うも亦可也と記し。吾邦人と雖も、心を須《もち》いずして可ならんや、支那の事に非ざる也と断定している。倉之助の感慨や固より之れと等しうするものである。

この上海行の一行中に、倉之助は、長州の高杉晋作と、薩州の五代才助（友厚《ともあつ》）とに最も交わりを親しうした。三者共に時代に傑出するもので、高杉の事はいうを俟《ま》たぬが、五代は後に実業家の巨材となったもので、この時、従者の空位がなかったから、自ら身を窶《やつ》して、一介の水夫となって随い来ったのである。

倉之助は、特に高杉とは水魚の交わりをなした。倉之助の英語を解し、航海術に達しているに反し、高杉は漢学に長じ、支那人との筆談が自由であるけれど、少しも英語を解せぬ。此所以に有無相通ずる［一方にあり他方にないものを融通しあう］ので、両々其足らざるを相補い、長ずるものを相利用して、諸種の事情に接する事を得た。或いは漢字新聞と英字新聞とを交わる交わる読み聞かせ、或いは相携えて出でて、支那兵の操練を見、或いは外国船舶を見学し、或いは外国人の日本に対する意見を聴き、殊に病褥《びょうじょく》に臥する時には、相互いに看護する情緒は甚だ密なるものがあった。高杉の護身用として短銃を購うたのも此時であった。

幕末に於ける佐賀藩は、海軍の先覚者として世に聞こえていた。又、王政維新当初に於ける佐賀藩の船艦として最も活動をなしたるものは、孟春丸であった。孟春丸はもとエウヂニーと号した、新造の鉄骨木皮の艦船で、速力備砲等、在来の佐賀藩所有の艦船に比して遥かに勝るものがある。

倉之助、藩命を帯びて長崎に赴き、此艦の購買につき折衝した。然るに此艦船に対しては他の有力なる購買希望者があり、それは筑前藩と京都の政府とで、相争うて其所有に帰せんと競うた。加之《しかのみならず》、佐賀藩の会計吏は逡巡して其支出を惜しんだため、容易に事が決しかねたが、倉之助は堅く主張して、遂に吾藩の有とした。実に明治元年の事である。孟春丸は朝廷の召命に応じて、関東、東北の征戦に従い、佐賀海軍の為に気を吐き、官軍の為に力を併せたのである。而して孟春丸の艦長は倉之助であった。

明治元年三月二十三日、孟春丸は横浜に投錨した。之れ朝命を奉じて来着したのである。時に、幕府の軍艦十余隻、品川沖に碇泊していた。品川沖と横浜とは甚だ近距離の間に在る。四月二日、倉之助、孟春丸の甲板に在って展望していると、一隻の甲鉄艦が威容堂々として入港して来た。この甲鉄艦は曾て幕府が外国に建造を托した新造軍艦で、而も装甲及び備砲の優秀なる、常時の日本軍艦の内に、之れに比肩し得るものは一もないという、まことに刮目すべき新偉力であった。

この新偉力が若し幕府側に加わったならば、到底、朝廷の海軍力は幕府に及び難きものになる。幕府の軍艦も亦此新偉力を以て、必ず吾力に添えんと窺うていた。而も十余隻の幕府の軍艦は指《し》顧《こ》の間［呼べば答えるほどの近い距離］に在り、危機は懸かって一髪の間に在った。倉之助は突嗟に意を決して、兵を出して甲鉄艦に乗り込ましめ、神奈川奉行の指令ある迄之れを品川に回航する事を禁じた。

倉之助、馳せて品川の本営に赴き此事を告げた。品川の本営は、更に東海道先鋒に報じ、其指揮を仰ぐと、江戸城及び軍器軍艦は日ならずして没収するから、只今は寛大の処置を取りて放還《ほうかん》すべしと命令して来た。

倉之助、此命令の結果を危ぶみつつ、横浜に還ると、甲鉄艦艦上に翻るものは、前の日章旗にあらずして、星条の米国々旗である。就いて之れを糺すと、米国領事は事の紛糾を聞いて、代金未済なる故に米国に所有権があるとし、日章旗を撤して星条旗を掲げたのである。之れがため、此新偉力の幕府軍艦に加えられずにあった事は、倉之助の聊《いささ》か安んずる処でもあった。

幕府軍艦の甲鉄艦を羨望するや、為に品川解纜《かいらん》［出航］を延期した程である。明治二年の宮古戦も亦此甲鉄艦を奪わんがための戦闘で、甲鉄艦は遂に官軍の為に海上の浮城となって、函館湾の偉勲は史上に輝くものがあった。

明治元年四月、官軍江戸城を収む、幕府軍艦八隻、品川沖を脱して館山に逃げる。倉之助は横浜に在りて之れを知るや、孟春の外に二隻を従えて追撃を図った。総督府にては幕艦脱走については田安慶頼《よしより》、勝安芳に問詰するべきものとして、倉之助の追撃を止め、田安邸に使いせしめて、脱走の罪を問わしめた。倉之助は命によりて田安邸に往き、大いに詰る処があった。勝為に自ら館山に赴き、榎本等を説いて、復《また》全艦隊を品川に還らしめた。

幕艦八隻の内、四隻を徳川氏に賜《たま》い、四隻を朝廷に収めた、其中の翔鶴《しょうかく》丸は倉之助の支配に属す。翔鶴丸を受け取りて之れの試運転を行いし際、榎本釜次郎艦上に在りて、倉之助を顧みて、流石は佐賀藩である、よく運転を試みられたと賞した。榎本と倉之助とは、長崎伝習所時代の学友で、共に海軍の先覚者であった。

孟春丸艦長として、倉之助は朝廷の軍隊を仙台方面へ輸送した。又浦賀に於て仙台藩の飛龍丸其他を諭して官軍に帰順せしめた。

六月、命を奉じて東北に廻航し、南部の鮫浦附近で、暴風雨に会し、砂浜に擱座した。倉之助等止むを得ず艦を下り、身を八戸藩に投じ、総督府に急報する。総督府其罪を問わず、却って秋田藩の軍艦に搭乗せよとの命を下された。

秋田の艦船来る事遅れて、倉之助は兵を率い、陸路北して野辺地から船で函館に着き。此地に於て秋田の陽春丸を受け取り、其艦長となって、野辺地を砲撃した。

明治二年、函館の戦闘には、倉之助、朝陽の艦長として参加した。朝陽は幕府の依托によって和蘭に於て建造し、安政五年長崎に廻航し来り、爾来練習艦となり、また戦役にも従うた事もあるが、明治となってから朝廷の有に帰し、民部省の管轄に入った。一度廃船となっていたのが、今度の函館擾乱の為に、再び戦地に赴く事となったのである。

倉之助、乃ち新たに砲を居《す》え、戦備をととのえたけれど、固より廃艦となった程であるから、大村益次郎は倉之助に向かって、朝陽はよく戦闘に耐え得るや否やを試問した。倉之助対《こた》えて戦うに足ると告げた。併し事実は武装に不完全なるものがあったのであるけれど、倉之助の戦闘参加の志望は燃えるが如きものあり、其為に戦うに足る旨を答えたのであった。

明治二年三月の宮古海戦は明治初期の海戦としては最も著名の激戦であった。倉之助戦報を聴いて躍然北征を急ぎ、四月官軍の艦隊に加わった。朝陽固より廃艦の修理せられたものであるけれども、艦長倉之助の技倆について多大の希望を懸けられていた。果然、松前城の攻撃に当たって、最も陸地に接近して猛烈な砲撃を加えたものは此朝陽であった。

其後朝陽は数次敵を攻撃して其勇敢を以て称せられた。五月十一日、朝陽は丁卯《ていぼう》と共に、深く函館港内に入り、海岸の敵兵及び敵塁《てきるい》を砲撃し、其援護の下に吾陸兵は進んで敵の砲台を奪った。朝陽尚進んで敵に肉薄する。弁天崎、亀田、一本木等の諸台場からは、朝陽を目がけて乱射する。擱座した敵艦回天は、浮台場として放射する。敵艦蟠龍は港内より進み来って、朝陽に戦いを挑む、四面砲火に包まれ、朝陽の応戦は実に壮烈を極めた。

蟠龍の砲弾、我れに命中するもの数発、吾砲弾亦蟠龍をうつ、蟠龍耐え得ずして退却した。之れを逐《お》うて朝陽が尾撃《びげき》する時、蟠龍の発した一弾、吾右舷を貫き、火薬庫に炸裂した。爆発猛焔、朝陽は為に沈没し終わった。

朝陽の撃沈は、倉之助の死を予想し得らる、官軍の将士は好箇の海軍軍人を失うた事を痛惜した。然れども倉之助は僥倖にも生命を失うに至らなかった。

朝陽撃沈の刹那、倉之助は強き衝動のために艦橋からはね飛ばされて、甲板上に墜落した。艦体は忽ち舳部より沈み始め、甲板上は瀑布の如き海水が奔逸する。倉之助は火薬の爆裂のために面部を焼かれ、失明を感じたが、尚艫部《ともぶ》［舟の後方部分］に向かって泳ぎ、檣《しょう》［マスト］身に縋り、漸くに息をついた。

時に一水夫、波間に浮沈しつつ、倉之助を見て、船将今敵が近づき来らば如何にしてよろしきやと問う。倉之助叱して曰く、銃を放てと。銃既に無しという。然らば敵の咽喉に食いつきて死ねと。此挿話は永く話柄《わへい》になった。斯くて倉之助は観戦する英艦の端艇《たんてい》に救われた。

此危急の刹那、火薬爆発のために、倉之助の顔面は其皮膚を焼かれて、其後倉之助の面色は蒼《そう》黯《あん》［暗い青色］の異様なるものとなり、人称して煙硝長官といった。蓋《けだ》し煙硝のために顔を焼かれたを指して云うたのである。

倉之助、海軍の先輩として明治政府に仕えて、後進誘掖《ゆうえき》につとめた。明治四年、倉之助、海軍中佐、兵学権頭《ごんのかみ》となり、同年累進して、海軍少将兼兵学頭となった。

建設当時の兵学寮は元気横溢の生徒ばかりで、中にも曾て実戦に参加した輩は、戦場に臨んだ事のない教官等を軽視して、往々教官と生徒との間に問題が起こり、延《ひ》いては格闘に及んだ事もある。茲に於て倉之助を推して其兵学頭にならしめたので、其閲歴［経歴］といい、殊に函館海戦に於て受けた火傷の痕の歴々たる双頬を見ては、流石気傲《おご》れる生徒等も信服する処があった。

校内の秩序を、厳粛ならしむる為に、倉之助は、血誓と寮内生活の厳格とを励行した。血誓は、明治初年に至る迄習慣として行われた誓約で、学頭室の卓に針と線とを備え、生徒は学頭の面前に於て誓約して署名血判を行うのである。倉之助の此二条を励行するや、生徒の反抗は生じた。個人の自由を無視するものとして、結束して其改変を迫ったけれど、倉之助、峻拒《しゅんきょ》して応ぜず。却って命に服せぬもの八十三名を一挙に退学せしめて、其胆を奪った。

明治十七年、特旨を以て華族に列せられ、子爵を授けられた。新たに授爵された華族に対して宮内省から、其家令家扶の姓名を届け出よとて屢《しばしば》督促があった。倉之助の勤倹質素なる、家令も家扶も備えていないから、其届出をなさぬと、当路よりは頻りに催促があった。遂に倉之助が其筋から差し遣わされた用紙に認めて差し出したのを見ると、主人中牟田倉之助、家令中牟田倉之助、家扶中牟田倉之助。

明治十九年、或る人、英国海将ネルソン伝を訳して世に行わしめんとして、岡鹿門《おかろくもん》に托して其文を草せしめた。稿成って刊行の費がない。乃ち海軍兵学校に赴き、校長につきて其援助を求めたが、学校の教科書にあらぬとて拒絶された。偶倉之助来り会して、此事を聞き、国家の為にも、海軍の為にも、好翻訳書であるとて、即座に百五十円を贈って其刊行に資せしめた。

書成りて之れを江湖《こうこ》に配布すると、恰《あたか》も百五十金を収得したから、刊行者は携えて倉之助を訪い、曩《さき》の厚誼を謝して返金をした。倉之助固く斥けて受けぬ。其収入支出を明らかに告げて、已に倉之助の恩金を要せぬ旨を具《つぶさ》に語って、強いて返済を納められん事を請うたら、倉之助漸くにして首肯《しゅこう》した。

西郷従道

西郷従道《つぐみち》、号を南浦という、天保十四年五月四日、鹿児島加治屋町に生まる。西郷隆盛の弟である。幼名龍助。十三歳にして島津家の茶坊主となり、龍庵と号す。十七歳還俗して慎吾と改む。十九歳、島津久光に際《まじ》わって京都に上り、文久二年、伏見寺田屋の変の一人であった。故を以って鹿児島に還され、一年間謹慎した。英国艦隊の薩摩を冒すや、従道選ばれて、英艦襲撃隊に加わる。中小姓となって再び久光に随《したが》い上京し、元治、禁門の変に闘う。鳥羽伏見の役の後、東征して、東台［上野］、越後、函館に善戦して功あり後、海外に遊び、帰朝後、兵部大丞から累進して、明治六年陸軍大輔に陞《のぼ》る。明治七年、台湾征討の役起こるや、従道、陸軍中将にして其都督《ととく》となる。征台の功輝き、蕃民永く従道の威徳を称した。明治十年の西南の役には、大義を守って官軍の軍務に従い。明治十一年参議文部卿たり。爾来幾度となく、陸軍に、農商務に、海軍に、内務に大臣となり。明治二十七年海軍大将、翌年、征清の勲により侯爵を授けらる。三十一年元帥の称号を賜《たま》い、三十五年大勲位に叙せられ、従一位に陞《のぼ》さる。明治三十五年七月十六日、六十歳にして逝く。

従道、少時、論語の句読を伊地知正治に就いて学んだ。正治、授読《じゆどく》頗る親切であったけれど、従道の記憶力鈍くして、なかなかに覚えこまぬ。正治之れを叱責すること日に日に厳となる。ある日、従道躍りあがって正治に組みつき、襟髪にかじりついて摶《はく》す［叩く］。正治笑って、此児読書はだめだが、後来《こうらい》必ず名を成す者になるだろうと。

西郷家は鹿児島の小臣で、家計は殊に窮迫して住宅も甚だ狭隘である。其処《そこ》へ友人が大勢遊びに来るから、いやが上に手狭を感じたが、長兄隆盛は膝も崩さぬ厳格の人であるから、従道等は寝転んで雑談する事もならず、大いに困却していた。偶々隆盛の上京した留守中に、質素な離れ家をこしらえて之れを住居としたら、隆盛帰郷して、家なんか雨さえ漏らねばよい、贅沢な奴じゃ、と叱り付けた。

従道、隆盛と貧居する時、一日、隆盛多少の銭を得たから、従道に命じ、豚肉を買いにやった。従道、久し振りに美肉を食う事を喜んで、走って之れを購い帰った。隆盛また少しの砂糖を買いにやらさした。従道再び購《もと》めて帰ると、三たび葱を買いにやらさした。従道三たび其使に走って帰ると、其間に隆盛は悠々肉をはさんで食い尽くして、従道の葱を携えて帰るを待たぬ。従道、鍋の蓋を取って見れば最早一臠《れん》の肉もない。隆盛、従道の顔を見て、笑い乍ら、ワイは葱だけで沢山だと。人あり、此挿話につき、大西郷の弟を思うの情、這底の消息を否認すべきであると。されど磊落な両雄兄弟には、却って此稚状あって、其風采の躍動するを感ぜしむ。

幕末尚結髪の風ある時、従道は常に自ら髪を結んだが、其結ぶに当たって、髪結い道具を座中一面に散乱さす癖があった。其故に郷党中、席上を乱雑ならしめると、慎吾ドンの髪結いゴトあると評した程である。

慎吾の昔、従道、江戸に来て浜町に仮住居していた。一日、隆盛来訪した時、偶従道出でて銭湯に浴していたから、隆盛は下婢に飯を命じた。下婢急遽の豆腐汁を作って饗をなしたが、喫飯の終わる頃に従道は帰り来り、其残りの汁を啜って見ると、塩気がない。従道怒って其粗忽を詰ると、隆盛側よりなだめて曰く、汁が甘くても鹹《から》くても、飯さえ食えたら差し支えがないと。従道深く長兄の大度《たいど》［大きな度量］に感じて、爾来自ら戒しむる処があった。

従道の夫人清子は得能氏《とくのううじ》の女で、才色に秀で、鹿児島藩青年武士の皆望む処であった。従道清子を迎えたいと思ったが、従道の家の貧しきと、家格の低きと、従道自身の粗放なるがため、媒介に立つものがない。従道乃ち自ら破れ袴に朱鞘の大小を佩《お》びて、得能家に赴き、清子の父に向かい、率直に其婚意を述べた。得能氏亦赳々たる薩摩武人である。一諾愛女を送る事を約した。之れが為に従道の艶福《えんぷく》頓に青年武士間に喧伝せられる。

明治戊辰、伏見鳥羽の戦闘に於て、従道斥候として桐野利秋等と共に従軍した。城南の壟畝《ろうほ》［うねとあぜ。田畑］の間に、幕軍の斥候と衝突し、銃火を交えた。敵弾のために、従道は右耳下に貫通創をうけ、京都に後送されて療養した。傷重くして危険であったが、幸いに治癒し得た。しかし之れよりして耳甚だ聴感を欠くに至った。

隆盛と従道との骨肉の愛の親密なる実に美しきものがあった。従道事ある毎に隆盛を敬慕し、兄ならば斯くはなさん、兄ならば彼様《あよう》になさん、されど我は遠く及ばぬと告げていた。隆盛亦従道の材を認めて、慎吾は将来あるべしといい。ある時、陸軍少将の欠員を生じて、廟堂其選に苦しんだ際、隆盛公然告げて曰く、已むなくんば慎吾をとるべし、彼れも少将位は務まる者、それ以上はむつかしかろうと。之れによりて従道は少将に陞《のぼ》った。

征韓論容れられず、隆盛快々《おうおう》として楽しまぬ。従道之を憂いて、兄の西帰の念を絶たしめんとて、勝地を選び、別墅《べっしょ》［別荘］を造って其情を慰めんと志し、日に日に近郊に出でて其地を索《もと》めていた。遂に郊外目黒に一勝地を捜り得た。広袤《こうぼう》［面積］数十町、山あり、林あり、平原開けて富士を望む、従道此地を可なりとして、地主の老農について其譲渡を求めた。

従道、綿服を着け風貌粗野であるから、老農は笑って信ぜぬ。従道懇《ねんご》ろに請うと、然らば千金を携え来れという。従道諾して、吾家を告げ、老農を招いて其価を与えた。

即ち此処に長兄を安《やす》んぜんとしたのであるが、隆盛留まる事を肯わず、去って薩摩に帰って了うた。従直後に嘆じて曰く、長兄をして此処に留まらしめたならば、彼の十年の戦役はなかったであろう、実に遺憾であったと。後年また政党を組織した時、負債のために麹町の邸を売って目黒の地に移り住んだ。地価騰貴して数十万金となった。従道哄笑して、計らざりき我をして巨万の富を遺《のこ》さしめたは、畢竟《ひっきょう》長兄の賜《たまもの》であったと。

隆盛が鹿児島に帰耕した後、従道事を以て帰省して訪問した。時に隆盛、跣足《せんそく》半裸、庭上に薪を割っていた。従道の姿を見て、面色甚だ快からず、面会を謝絶する。従道意外の感に打たれて驚き且つ恐れ、人をして其所以を問わしめると。兄弟の誼《よし》みで来るものが、何が故に厳然たる軍服を着して来たかという。従道大いに省みて、俄に粗服を纏《まと》い、再び訪れると。隆盛欣然迎えて、共に手を執って骨肉の親しみを見せた。併し征韓論については一語もいわず、又一句をも吐かしめなかった。

明治維新の後、兄吉之助は隆盛と改め、慎吾亦従道と改めた。戸籍吏の問いに答えて、自らリュウドウといったのを、吏はジュウドウと聞き誤り、戸籍に従道と認めて了った。後に至り其誤りを発見したけれど、名は何れにてもよろしいとて、従道の文字を用い、ツグミチと唱えた。

明治四年、琉球の民、台湾に漂着して蕃民の為に殺さる者五十四名に及ぶ。之れを清国政府に詰ると、清国政府は蕃地を以て化外《けがい》［統治の及ばない地］の民として取り合わぬ。之れに依りて吾政府に生蕃討伐の議が起こったのである。併し其間に、樺太問題、朝鮮問題が急に生じたため、征台論は一時頓挫したが、明治七年四月、廟議決して、台湾征討の令を発し、従道、陸軍中将を以て、其都督となり、陸軍少将谷干城《たにたてき》、海軍少将赤松則良《のりよし》等之れに従う事となった。

従道兵を率いて、長崎を出発せんとするや、英国公使パークス、米国公使デロング、其本国政府の命令と称して、局外中立を宣言し、同時に米船借入の契約を解かしめた。この英米の態度は、当時の吾国政府に取って大打撃となり、廟議変じて、俄に従道の渡台を止めしめんとて、権少内史金井之恭を長崎へ急派し、大隈重信に廟議を伝えて、重信をして従道に出兵中止すべき事を告げしめた。

従道平常の円転滑脱《えんてんかつだつ》なるに反し、此時は、毅然として之れを拒絶した。事既に茲に至る、今にして出兵中止などとは、余の承服し能《あた》わざる処である。一たび、勅命を奉じて外征の途に上るもの、たとえ三条太政大臣来って諫止《かんし》するとて止むべきものでない。英米の公使にして異議あるがために中止というならば、別に一策がある。余が乗れる船を以て海賊船と見做されよ。然らば公法上、吾政府は英米公使に対して弁明する処があるであろう。余は賊となるとも必ず征台を決行して見せると断言した。

更に重信は、従道の使用せんとする運送船が老朽船であるから、航海に耐えぬ事を諭したが、従道肯わぬ。台湾迄の海上は僅かに六百海里である、水垢を汲み出しつつ進んで行くとて、其決意牢乎として動かし難きものがあった。遂に大久保利通を遣って之れを諭さしめんとの報が達したから、利通が来崎せば事面倒だと許《ばか》り、従道は俄に船を発して海波を蹶《け》って台湾に向け航し去った。

明治七年五月二十二日、従道、台湾の極南、琅璚〔現在の恒春〕に着き、本営を山麓に布き、兵を進めて蕃族を征討した。同地方は、上蕃社十八、下蕃社十八、総て三十六社、就中《なかんずく》牡丹社を以て最も凶勇とする。従道、之れを征討する事数日ならぬ内に、石門の険を破って全社を降伏せしめて了うた。之れによりて従道都督の威名は、全蕃社に響き渡り、蕃人等は慴畏震悚《しょういしんしょう》［震え上がって恐れ］、惴々《ずいずい》として悉く戦慄した。

然るに、親しく都督に接して見ると、聞くと見るとは大いに相違して、温乎として春風に浴するの親しみがあったから、諸蕃皆風靡《ふうび》して帰服した。牡丹蕃社の民、人につげて曰く、西郷都督は神様である。石門の戦いに山越しに天から大砲玉の雨を降らしたと、斯くて従道の威徳永く蕃民に伝わりて崇敬の的となった。

蕃民既に降服して、従道、陣中の徒然《つれづれ》に苦しむようになった。天真爛漫たる従道は、壮丁《そうてい》を相手に角力を取って娯《たの》しんでいると、偶々天津より神奈川丸入港して、弁理大臣大久保利通来ると報ず。従道焦《あせ》って、大久保が来ると面倒だ。大久保の来る迄に今一丁やろうと、壮丁を促して更に角力を取った。

始め、従道の琅璠に着く前に、支那の大官某、兵を率い、軍艦揚武に搭乗して台湾に着いていた。従道の営を布くや、来って従道に告げていう。日本の台湾に出兵して征討するは、清国の遺憾とする処である。台湾は清国の領地であるから、若し台湾に非があるならば清国が之れを膺《よう》懲《ちょう》する［こらしめる］、願わくば速やかに撤兵を了せられたいと。従道之れに対して、我れは、天皇陛下の勅命を奉じて征台に来ったのである、吾進退は詔勅の外に動く事はならぬ。台湾島が清国に属するか否かは、従道の知る処でない。そんな事は北京に在る吾公使と相談しなさいと。辞《じ》色《しょく》［言葉つきと顔色］凛然《りんぜん》［りりしく勇ましい］として犯すべからざるものがあって、清国大官は手を空しうして退くのみであった。

征台の軍、功を奏して、更に清国に折衝するべく、太久保利通を全権弁理大臣として清国に派遣した。従道副使となって、倶《とも》に赴いた。正使利通の清国代表と談判する間は、従道沈黙して隻《せき》語《ご》も吐かぬ。其後李鴻章《りこうしょう》が其正副両使を招いて盛宴を張った時には、従道破顔一笑、鴻章の前に進み出で、手を握りて、一大白をうかべて、清国皇帝の万歳と李鴻章万歳とを大唱した。李鴻章後に従道を評して、彼れは神様が人間に化けたような人物であると。

従道の台湾を去るに臨み、蕃民惜別の情ふかく、就中、猪猟《テラ》束《ソ》社の頭目潘文杰《はんぶんき》は、銀製の腕環を従道に贈った。従道之れを喜び、刀一口、旋条銃十幾挺を与えた。従道常に蕃民の至情を愛し、其贈る処の腕環は永く左の手首に嵌めて寸時も離さなかった。後に肥満したため、環は腕に固有して容易に脱し難きものとなった。従道死に臨んで肉衰え、始めて漸く環を脱し得たが、其《いん》縁《えん》［ゆかり。関係］を考えて、懇ろに従道の棺裡に収めて埋めたという。

蕃民文杰の従道を崇敬するの篤き、非常なものであった。彼れは後に日清戦役の際、吾軍のために尽瘁《じんすい》して、朝廷から勲六等に叙せられた。文杰に十二児があり、末子ロテヤは胆勇にして才があり。乃木希典、台湾総督となって各地を巡視して、ロテヤを視て大いに愛し、文木に諭して、ロテヤを希典に托せん事を命じた。文杰断じて応ぜぬ。諸官交々《こもごも》に諭したけれど尚頑なに聞き入れぬ。希典曰く、如何なる人にならロテヤを托するか。声に応じて曰く、西郷さんなら喜んで差し出します。

従道、台湾より凱旋の後、鹿児島に至り、城西武村の隆盛の寓に投じた。滞在三日にして去ったが、之れぞ兄弟終天の袂別《べいべつ》であった。明治十年の役、官軍に敵対する者は、骨肉にあらずば、莫逆《ばくげき》の親友であった。此際に於ける従道の苦衷《くちゅう》は察するに余りある。大義滅親《めっしん》、遂に毅然として動かず、大節《たいせつ》［大義］を完うし得た。

従道、曾て欧羅巴［ヨーロッパ］に遊んで、独逸の老雄ビスマークを訪う。時にビスマーク、庭園に於て園丁を指揮していたが、従道を見て曰く、木石草花の如く人間も自由自在に吾意の如くなし得られたらよからんが、活きた人間はなかなかそう自由にならぬので困ると。暗に従道の答弁を視て其価値を試みんと思った様子であったが。従道、茫漠として、ハア左様ですかと答うるのみで摑み所がない。又、一日、従道、ビスマークに、独逸の物産は何を主とするやと問うと、其答えに地理書を見なさい。

明治十七年、朝鮮に甲申《こうしん》の変乱あり、開国と保守党と相争い、我公使館は焼かれ、邦人に死傷者があった。茲に於て外務卿井上馨を朝鮮に派し、朝鮮と折衝して、漢城条約を締結し、進んで、十八年、宮内大臣伊藤博文を特派全権大使となし、農商務大臣西郷従道を副使に任じ、清国に赴かしめ、交渉の末、天津条約を結んだ。時に輿論開戦論を主張して騒然たるものがあった。博文固より非戦論者である。従道は薩派を代表して開戦論であったが、一時の激昂に、国家百年の大計を誤らしむるは禍《わざわい》であるとなし、博文を推して大使たらしめ、従道は自ら副使となって倶《とも》に渡清したのである。乃ち曰く、国際上の事は少しもわからぬから、清国との談判は大使勝手にやるがよい。併し其結果の責任は充分に分担すると。博文大いに之れを徳とし、開戦論者亦従道の雅量に服して、敢えて不平をいう者がなかった。

西郷、木戸、大久保の維新三傑逝きてより、黒田清隆は豪勁自ら高く持して、伊藤井上に対しても時に小厠［小便の意か］扱いをする。殊に酔余の傍若無人ぶりは之れをまともに相手し得る者がない。唯、従道は、其腕力を以て、清隆を圧する事ができた。されば清隆の乱酔淋漓たる折には、必ず従道を煩《わずら》わす事にしていた。

始め、酒後、清隆に角力を挑まれて、従道よく勝を得たから、清隆は心平《たい》らかならず、酔えば必ず従道に角力を持ち込むが、毎時とても従道のために勝たれて了う。清隆弥々《いよいよ》不満で、ある時一口の名刀を得たから、之れを披露せんとて、従道及び二三の僚友を招宴した。宴酣《たけなわ》にして、侍婢の給仕ぶりに悪い所があるとて、例の酒癖を起こし、杯盤狼藉の間に躍り狂うた。従道之れを慰撫せんとすると、清隆益狂暴となり、名刀を抜き放って、慎吾の首を取るとて、白刃を振りあげた。従道、従容《しょうよう》として刀下に頸を延べる。為に一座色を失うた。怒憤の清隆も従道の自若たる態度に動かされ、刀を畳に突き立て、流石吉之助の弟だと、長嘆して其狂暴も稍《やや》鎮まった。翌くる日、酔いのさめた清隆は従道の邸を訪うて、深く昨日の無礼を謝した事がある。

憲政党内閣の時、海軍大臣西郷従道の人と成りについて、総理大臣大隈重信に聴いたものがある。重信曰く、貧乏徳利の如き人物である、大名高家にも入用なら、裏店にも無くてはかなわぬ人物であるのであると。

曾て、大隈井上の参議、相謀って議案を廟堂に提出した。井上参議、提出理由を縷々《るる》説明する。従道曰く、不同意で御座アスと。大隈参議起って更に長広舌を振るって懇ろに説明する。従道曰く、不同意で御座アス。之れを見かねて他の参議が傍から、何れの点が不同意であるかと聴くと。従道相変わらず、不同意で御座アスという。之れがため議案遂に廃棄されて了った。

川上操六、桂太郎、之れ陸軍の双璧であり、薩長の麒麟児であった。両人時を同じうして、陸軍中将に陞《のぼ》り、其披露の宴があった。来賓交々《こもごも》起って、両中将のために賛辞を呈した。終わりに従道起ちて、桂は山県さんをだまし、川上は此わたいをだまして、到頭中将になりましたと一座笑い倒れた。

従道、農商務大臣たりし時、露国公使館の夜会に臨んだ。内外の紳士婦人、綺羅を競うて集まる。音楽あり、舞踏あり、美酒あり、佳肴《かこう》あり、歓楽の興趣大いに揚がる。従道酔うて、燕尾服の上に緋縮緬の襷を十文字に結び、曲に合わして越後獅子を踊った。其状態宛《あたか》も熊の角力甚句を踊るに似て、満場の喝采雷の如く、之れより西郷農相の名は、外国人の間に喧伝せらるるに至った。

明治天皇、松方正義の子福者《こぶくしゃ》なるを知ろしめし給い、其子女幾人ありやと問わせ給うた。従道指折り数えて見たが、遂に数えきれずなったから、恭《うやうや》しく奏するには。算盤を拝借するにあらずば、到底数え切れませぬと。天皇、聞こし召して龍顔《りゅうがん》を笑ませ給うた。

曾て川村純義《すみよし》邸に臨幸遊ばされた事があった。従道も陪していたが、席上隣に後藤象二郎が座していて、象二郎雄弁滔々《とうとう》、気焔万丈、遂に座を起って演説をし出した。其演説する隙に従道密かに其椅子を他に移したのを知らずして、象二郎は演説を終えて座を復すると、椅子がないから、あわや尻餅をつこうとした事がある。又ある閣議の日、閑談盛んなる時、従道は象二郎の手を把って、総理大臣の椅子に就かしめ、おのれは少し退いて之れを打ち眺めて、総理大臣にはちと貫目が足りませんナー。従道の悪戯は天衣無縫で怒るに怒られぬものであった。

明治二十四年、品川弥二郎と共に国民協会を組織し、江東某楼に党員の宴を張った。一壮士突如として従道の前に進み、大言壮語したる後、従道と献酬せん事を強いる。従道始めより知らぬ顔していたが、微笑して、もっと近寄るがよいといいつつ、両腕にて壮士の右腕をつかんで、我膝下《しっか》に引きよせ。更に壮士が左眼の睫毛を撚って刮目せしめ、大きい眼玉じゃ、之れでこそ真の大豪傑じゃといいつつ、愈々睫毛を摘んだら、壮士痛みに耐えずして、深く無礼を謝して逃げ失せた。

陸奥宗光《むつむねみつ》が大臣候補者に擬せられた時に、陸奥は器量があるけれど、維新に功労もなければ閲歴に於ても大臣となるの資格なし、と唱える閣員があった。従道曰く、器量のある者なら何の遅疑するに及ばぬ、速やかに大臣になすがよい。資格云々に至っては我れが保証する、試みに数日間、二頭立の馬車で市中を駆け廻らさして見給え、必ず立派に大臣の貫目はつくものであると。陸奥の大臣となったは、斯言《このげん》の効用可なり強く応えたのであった。

従道、海軍大臣にして、第一期海軍拡張案を議会に提出した。議員尾崎行雄、質問の矢を鋭く放って、拡張案や可、ただ移動防禦か攻撃防禦か、其何れが大方針であるかを聞きたいと詰る。従道曰く、遠く参りますには速力の早い巡洋艦があります、近くへ来た時には水雷艇があります、と。行雄其答弁の趣旨を解するに苦しみ、再び問うて、我国の国防方針は、進んで彼れに当たるにあるか、守って禦《ふせ》ぎ戦うにあるかと。従道悠然として、戦をするには、海に戦闘艦あり、陸に砲台があります。又大砲をうつには砲艦があります、また敵艦を打ち砕く水雷艇もありますと説き、まだ御質問があるなら御遠慮なく願います、腹蔵なく御答えしますからという。之れを聞いて、質問者呆然としていうべき言葉を知らぬ。而も海軍拡張案は事なく議会を通過したのであった。

茫漠として捉え難き者は従道であった。大臣の任に就きても、常に其次官の手腕に信頼して深く容喙《ようかい》する事なく、唯、時に、オイは斯くして盲判を捺して置くがイイカへ、と注意する事がある。かかる時は提出者をして反省せしむる者があって、或いは其撤回を要求する者さえあった。

太田黒伴雄

太田黒伴雄《おおたぐろともお》、名は安国、鉄兵衛と称す、天保六年、熊本に生まる。熊本藩士飯田熊次の次子、初め大野氏に養われ、後に、太田黒伊勢の養嗣となる、文久年間尊攘論を唱えて幽囚せられた。林桜園《はやしおうえん》に就きて国書を授かり、敬神の念熾烈であった。明治六年、新開太神宮の祠官に任ぜられたが、政府、断髪禁刀の令を下し、洋風を尊重して、猥《みだ》りに国風を更改するの弊あるを憤り。明治九年十月二十四日、加屋霽堅《かやはるかた》、上野堅五等の敬神党と兵を挙げ、熊本鎮台及び県庁官吏を鏖殺《おうさつ》せんとして、自ら中軍《ちゅうぐん》［中央に位置する軍隊。多くは大将の率いる本隊］を率いて砲兵営を陥れ、更に歩兵営を攻撃する時、飛弾のために胸をうたれて倒れ、自刃した。年齢四十二。

伴雄、幼少の頃頑童《がんどう》を以て目せられ、悪戯は近隣の憚るものであった。然るに十四五歳の頃より一変して、温順の性質となり、殆《ほと》ど別人の観をなした。されど身体虚弱にして、薬餌《やくじ》に親しみ易く［病弱であり］、医より書見を禁ぜられた程であったが、伴雄、深く読書を好み、病褥中猶書巻を釈《す》てぬという風であった。後に林桜園の門に入り、国学を尋ね、敬神の念を篤うしてより、体躯頓に壮健となり、一百日間火食を断つも尚平然たるものがあった。蓋《けだ》し精神の修養成りて身体の健康を増進したのであろう。

弱冠、出でて大野氏に養われ、大野鉄兵衛の名を以て知られた。夙《つと》に尊王攘夷の志を持し、同志と相往来して、大いに国事に為す所あらん事を期した。之れがため累を養家に及ぼす虞《おそ》れがあるから、廃嫡の身とならん事を企てていた。偶々大野家に一子昇雄が生まれ、其父母の鍾愛《しょうあい》篤きを見て、家を昇雄に譲らんとて、藩主に従いて帰国する途次、故《ことさ》らに陪従《べいじゅう》［貴人に付き従って行くこと］の期を後らして、此罪によりて身を退き、一室に屏居《へいきょ》して専ら神事を修むるを念とした。これによりて昇雄、大野の家を嗣《つ》いだ。

伴雄、之れより新開村の伊勢太神宮に日参し、絶食、辟穀《へきこく》、果食等の修斎をなし、百日の断火、心身毫《ごう》を衰えを感ぜぬ。新開の祠官太田黒伊勢吾家に継嗣のないのを憂いて、神に祈って之れを請うていたが、一夜良き嗣子を賜《たま》うの霊夢を見て、物色して伴雄を見出し、嗣とならん事を懇請した。伴雄、固辞してうけぬ。林桜園及び伴雄の知友等、仲に介して話を進め、遂に太田黒氏を冒す事となった。

伴雄の師林桜園は、通称藤次、国学の大家で、博覧強記の聞こえがあり、和漢古今の典籍を読破している。国学も考証研究を旨とする者でなく、国典を究めて古道を行わんとする者であった。

又兵書に通じ、泰西《たいせい》の兵学をも究めた事もある。桜園の精髄をつぐ者は、実に太田黒伴雄、加屋霽堅等の一派であった。

伴雄を以て啻《ただ》に頑迷偏狭の徒とするのは当たらぬ。党中の青年、松山某、清島某の東都遊学の志を起こすや、党中の先輩等は其遊学を非として斥けたが、伴雄に至っては言下に東遊に同意し、却って其志を激励したほどである。之れが為に、始め伴雄が反対すれば、斯々《かくかく》論じて伴雄の説を説破せんと胸算《きょうさん》して来た二青年は、意外の感に打たれて、愈伴雄の器宇《きう》［気がまえ。気宇］の凡ならざるを悟り得た。

伴雄、曾て山田十郎（信道）の事に座して、入牢八箇月の冤禍《えんか》を負うた事がある。伴雄、山田と固より相親しみ、共に勤王の志篤かった。時に山田から帰国の報知があったから、国境南の関に赴いて之れを待っていたが、終《つい》に山田は来なかった。伴雄は何か齟齬する事情が生じたのであろうと思い、手を空しうして還らんとする途中で、藩の巡役五六人に出会った。予てより面識ある間柄の者がいたから、巡役の一人が、声をかけて何所へ赴いたかと問うと、伴雄は何心なく、山田を出迎えに行った旨を答えた。巡役等は密かに伴雄の背姿を指して笑う様であったが、伴雄は意に止めずして帰宅した。

山田はこの時既に官の嫌疑を受けて、小倉附近に於て縛に就いていたので、彼等巡役等は、又、山田拘引のために、南の関に出張し来った者であった。

其後山田は熊本に護送されて来たから、伴雄は累の其身に及ばん事を予期していた。果して数名の捕吏が来って、官令を伝える。爾時《にじ》、伴雄、新開太神宮に参籠《さんろう》して［こもって祈願して］、宝祚無窮《ほうそむきゅう》、国運興隆の祈禱を捧げて、七十日間の久しきに亘っていた折柄であったが。伴雄は従容《しょうよう》として捕吏に向かい、官令謹みてうけん、しかしまだ神前の例拝を終わらぬから、参拝の猶予を与え給えと告げ、神前に額いて祈願をすまし、入獄の用意にとて、俄に飯を焚き、食事を終えて、悠々として捕吏に伴われて行った。

入獄後、絶食して十一日目に初めて差し入れ物を喫した。この幽囚八箇月に及ぶ。この時に和歌あり。

浮雲のよしかゝる身となりぬとも　たまちはふ神のしろしめしてん

明治四年、断髪の令出で、九年、廃刀の令が下った。是等は伴雄等の最も慷慨《こうがい》する処である。洋風日に興りて国粋は日に衰う、是れ彼等の党の最も悲憤する処である。伴雄等の一党は、日本は皇国固有の大道を以て、国事人事を経為すべしで、猥《みだ》りに欧米の思想を入れ、異国の事物をのみ倣うて、二千年来の国風を更《あらた》むるが如きは、国を誤る所以であると思惟していた。

時勢に孤立して、旧習を遵守する彼等に取っては、明治初期の政府施政は、事として憤慨の材料とならぬものはない。或る者は西洋風の紙幣を汚らわしいとして、箸に挿《はさ》みて受け取った。或る者は西洋流の銃器を担いだからとて、川に入りて其羽織を洗い清めた。或る者は電信線は西洋の物であるからとて、故《ことさ》らに迂回して避け、若し其下を潜《くぐ》る時には扇子を拡げて頭上を掩うて去った。其旧習を固守する念の強き実に斯くの如きものがあった。

されば伴雄の同志者にして、髪を断った者は一人もなかった。帯刀を棄つるは武士の精神を失うものであるとして、袋刀《たいとう》にして常に其身辺を離さなかった。

彼等は時事の日に日に非なるを見て、最早私《ひそ》かに論議している時でない、非常手段に出づべき時機であると考え、二箇の方針をたてて邁進しようとした。一は当路に建白して匪政を改めしむる事、一は刺客となって当路の奸臣《かんしん》を殪さん事。彼等は惣《すべ》て神慮によって事をなすものであるから、此二条の方針について神慮に問うと、神は允《ゆる》し給わぬ。

神慮此の如くんば、止むを得ず、其策を断念したが、次には神明の加護を待って時弊《じへい》［その時代の悪習や弊害］を匡正《きょうせい》せんと志し、之れよりは辟穀、断火、各自神社に参籠して、至誠を以て御の加護を乞うた。時に熊本付近の神社に於て、彼等一味の祈願参籠の姿を見ぬ者はなかったと迄いわれる程であった。

彼等の大事を決するは悉く神慮に之れを聴いた。若し神慮可なりとあらば、乃ち水火も辞する処でない。熱烈火を吐くが如きものあるは、畢竟之れに依るのであった。

明治六七年頃、熊本県庁に於て神職の試験をした。伴雄の党は、敬神の念厚く、神職に在る者も多いから、此時受験したが、其答案が牒し合わした如く、弘安元寇の例を引いて、神風一嘘して、胡軍十万海底に没する事をいわぬはなかった。之れを以て、試験官は彼等を目して神風連と私称した。此事世に伝わって、此派の人物を神風連とか、敬神党とかいい習う様になったのである。

政府の政策に対して不平を抱く者は、独り伴雄の党のみでなかった。鹿児島に西郷桐野あり、長州萩に前原一誠《まえばらいっせい》あり、秋月に宮崎党あり、其他、小倉、柳川、久留米等にも、時事を憤る輩が多くあった。伴雄の党は、此等の各方面の不平党と気脈を相通じ、相提携し、機を見て事を挙げんと志したのである。

伴雄及び其徒党は漸く兵を挙ぐる事を決意した。然るに加屋霽堅単り賛成せぬ。加屋の説は、かねて起草した奏議を携えて上京し、元老院に致して、門前に割腹するの意気を以て、死諫せんというのである。遂に神慮によりて之れが賛否を決する事となり、錦山の祠前に於て神慮を伺うと、神慮は挙兵を嘉《よみ》し給うた。茲《ここ》に於て断然挙兵の議が定まる。

伴雄、姉瀧子と最も親愛である。瀧子、橋田家に再嫁する時、弟伴雄の来る折に、飯の一杯も快く食わしむる処ならば、何処如何なる家にても嫁すべしといった。其姉弟の情愛の濃《こま》やかなる之れを以て察するに余りある。

瀧子、後にさだ子を産む。長兄勝次、吾児和平の為にさだ子を得んという。瀧子、肯んぜずして、伴雄の児にならん与えるが、長兄の家へは嫁せしめぬと拒んだ。伴雄は之れがために同胞の不和とならん事を憂いて、和平を吾家に養い、さだ子を其妻にせんというたが、長兄は喜ばぬ伴雄は乃ち和平を膝下《しっか》に鞠育《きくいく》した。神風連の騒擾《そうじょう》に際し、倶《とも》に闘うて戦死した飯田和平とはこの和平の事であった。

明治九年十月十七日、伴雄、富岡守国を伴うて、姉瀧子の家に至り、一泊して深更《しんこう》迄密談した。之れが最後の参謀会議であった。其折、伴雄は姉に向かいて、二十四日には友人八九名と共に来るから酒肴《しゅこう》の準備を乞うと頼んで置いた。瀧子後に同志工藤某から、窃《ひそ》かに挙兵の事を聴き知り、又、伴雄の平常に徴《ちょう》して「照らし合わせて」、其事のあるべきを慮《おもんぱか》って、歓待の準備をととのえていた。

二十二日の夜、伴雄、新開の養家を出づるに臨み、先ず養父伊勢に永訣《えいべい》の意を表し、次に養母の室《へや》に入りて、熊本に出でんとするとて、暗に別離を告げたが、愛惜の情に堪えず、座を起たんとして起つ能《あた》わざるの様子があった。妻は臙脂《えんじ》皿を出し、熊本に於て臙脂を購い来らん事を請う。伴雄之れを諾したが、妻と対座して之れを正視する事ができなかったという。

二十四日の薄暮れ、約の如く瀧子の家に同志数名が会合した。やや遅れて伴雄も斎藤求三郎と共に来た。瀧子が来客の数はこれだけかと問うと、伴雄笑うて、師走にも近いから他の人々は定め忙しいのであろうと戯《たわむ》れた。

伴雄、座に就きて携え来りし鰹節、蜜柑等を袖中より取り出し、夫《そ》れより白木綿を請うて、之れを裂き、半ばを腹にまき、半ばを斎藤求三郎に与え。袴の上に羽織を被り、一刀を腰に佩《は》き、一刀を袋に入れて手に提げ、軍神を背に担うて、出陣の準備全く成った。

瀧子乃ち酒肴を出して、出陣の祝宴を催さしめた。伴雄等静かに盃を揚げ、酒を酌み交わし、時の移るを待っていたが。瀧子は、後累を養家に及ばす事なきやを問うと。答えて曰う、今日の法律にては、罪は犯罪者の一身に止まって、累を家族に及ばさぬから、御安心あれと。姉更にいう、然らば安堵しました、どうぞ天晴れの働きをなし給えと。大いに激励する処があった。

伴雄、懐中より財布を出し、姉に托して。妻を迎えて以来、未だ曾て母にも妻にも何一つ買い与えた事がない、乞う、此金で何なりとも身につく物を購い与えられたい。又吾亡き後には、勝手ながら、新開に在る養父母の事につき万事よろしくお頼みする、さらば御機嫌よろしくと。まさに出発せんとしたから、姉瀧子は袖を止めて、金若干を餞別せんとした。伴雄頻《しき》りに謝したけれど、姉の強いるに従い、漸く押し戴《お いただ》きて懐中に納め、部下と共に当夜の本営なる愛敬正元《あいきょうまさもと》の邸に赴いた。

愛敬邸に於て軍議をなし。統率者がなければ便宜でないという事になり、衆は伴雄を推して総帥たらしめんとした。併し伴雄、謙退して、徳望ある者が自ら指令すべきのみで、故《ことさ》らに総帥を置くに及ぶまいと云うた。併し事実は平生の徳望によりて、伴雄、総師の位地を占め、加屋、副帥の責に任じ、共に一軍の指揮を司った。

愛敬の邸は藤崎台の北に在り、邸内広く、鎮台に近く襲撃に甚だ便であった。日没より集まる者総て百七十余名、何れも刀剣を以て武士の精魂と信じいる輩であるから、一人として銃を持つ者はない。刀槍薙刀、其服装も之れに伴うて、中には烏帽子直垂《ひたたれ》という姿の者もあった。

是れよりさき、新開太神宮に於て軍神を勧請して、数旒《りゅう》の旌旗《せいき》を製したが、軍神は伴雄親しく之れを負い、清正大神と書した流旗は加屋霽堅之れを持し、御神勅と題せるは木庭保久之れを奉じ、其他旌旗を翻して軍容を振るわしめ。夜中の混戦を慮って、白布を裁ちて勝の文字を書したるを肩印となし、白木綿の鉢巻をしめ、合い言葉は天と呼べば地と応える約をなし。藤崎祠前に羅拝して、螺を取って一嘘［一吹き］すると、精気勃々。十月二十四日（陰暦九月八日）の弦月の影を踏んで、百七十の壮士死地に臨んで前進した。

総隊を七つに別ち、第一隊は陸軍少将種田政明邸に向かい、第二隊は陸軍中佐与倉知実《ともざね》邸に、第三隊は陸軍中佐高島茂徳邸に、第五隊は熊本権県令安岡良亮《りょうすけ》邸に、第五隊は太田黒惟信《これのぶ》邸に向かった。第六隊は大砲営を攻撃するもので、隊中の最も有力者を集め、伴雄も亦此隊に加わった。而して第七隊は歩兵営に向かう。

百七十の死士《しし》の進発したは午後十一時頃で、天地漸く闃《げき》として［静まりかえり］、万籟《ばんらい》［吹く風が立てる種々の物音］収まり、風景自ら凄愴《せいそう》の気があった。

神風連の騒擾は詳しくいわぬ。熊本鎮台司令長官種田少将及び参謀長高島中佐は殪され、熊本権県令安岡良亮、同参事小関敬道等負傷して後に死し、其他鎮台の将卒県庁の官吏等の死傷する者頻出して、死屍狼藉、兵営は燃え、吶喊《とっかん》、剣撃の響きは銃声と相和しての凄々の惨状であった。

伴雄の一隊は、鎮台の大砲営を襲うて、火を営舎に放ち、驚き迷う鎮台の将士を縦横に撃った大砲営には銃の備えがなく、伴雄等の剣閃《けんせん》に倒されて、全くの敗走をした。時に歩兵営に当たった猛火が揚がる、之れ別隊の攻撃最中と見らるるから、伴雄等は馳せて、吾隊を援《たす》け闘うた。

此事変、初めは神風連頻りに猛威を逞しうしたけれど、歩兵営は一箇連隊の兵士がある上に、弾薬其他の補給が漸くととのうて、銃口を揃えて神風連を反撃したから、刀鎗《とうそう》の神風連は銃火の利に敵し得ず、忽《たちま》ち算を乱して斃《たお》れて了うた。伴雄、奮然衆を督して勇闘したが、飛弾の為に胸を射られて倒れ伏した。

首領伴雄の倒れたを見て、吾隊は驚き騒いだ。中にも吉岡軍四郎は、伴雄を抱き起こし、之れを背にして法華坂の一民家に退いた。伴雄は気息奄々《きそくえんえん》［息も絶え絶えの瀕死のさま］の裡に、今は唯全員営中に戦死する外はない、吾首を刎《は》ねて軍神と共に新開に送れと命じた。

伴雄又曰く。吾頭は何れに向かっているかと。吉岡、西に向かっていると答う。伴雄乃ち、頭を東方に向けさしめて、勤王の士は帝都に足を向けるものでないというた。更に、営兵来らざる間に我が首を斬れ、吾死して、鬼となって、国賊夷狄《いてき》を攘《はら》わんと語り、吉岡に命じて頸を斬らしめた。

伴雄に和歌あり。

夜は寒くなりまさるなり唐衣　うつに心のいそかるゝかな

加屋霽堅

加屋霽堅《かやはるかた》、通称栄太、初の名は楯列《たてつら》、後に楯行と改め、又、霽堅と改名した。天保七年正月十三日、肥後熊本に生まる。世々細川藩士。文久二年長岡護美《もりよし》に随い、京都に入り、尊攘党の志士と交わった。同三年、朝廷、親兵を諸藩に召すや、霽堅其選に入る。後に学習院録事たり。元治元年十月熊本に帰り、幕府の忌諱《きき》に触れ、禁錮四年。明治元年、藩命を奉じて長崎に赴いた。兵庫の開港の不可を説き、三条公世子の洋行の不可を論じて、容れられず、快々《おうおう》として楽しまぬ。明治二年、藩の軍備局に出仕し、藩の録事にもなった。明治三年河上彦斎《げんさい》の獄に累せられて、幽せられた。同七年、錦山神社の祠官となる。同九年、廃刀令に慨して建白し、其職を辞し。十月二十四日、神風連の変、太田黒伴雄と共に隊を率いて闘い死す。四十一歳。

霽堅の初名、楯列は、後に至り、神功皇后御陵と同字なるを知りて、之れを楯行と改めたのである。

霽堅、十六歳にして、父熊助自殺して家名断絶した。万延元年、再興の命あって小臣の席に列する事を得た。霽堅一妹一弟がある、甚だ貧窶《ひんる》の生活をしていた。しかし、文武の道にはげんで、和歌を詠じ、詩を賦《ふ》し、文を属《ぞく》し、四天流の剣法に達した。後に林桜園《はやしおうえん》につきて、国学を修め、研鑽大いにつとむ。

霽堅、容貌温和、顔大にして鼻低く、眼に炯々《けいけい》の光がある。君を思い、国を憂うるの情に篤く、談一たび皇室の事に及ぶと、悲憤して涙を垂れた。先祖が菊池家の一族で、吉野朝のために戦死した其忠臣の血統であったからでもある。

毎晨、各所の神社に参拝し、国運の振興と、外夷の掃攘《そうじょう》とを祈り、未だ曾て晴雨を論ぜぬ食物に禁忌を置いて、潔斎《けつさい》し、砂糖の如きは二十余年間も断ちて用いず。甘藷と甘酒とが、漸く其甘味であったという。

明治三年、河上彦斎等の獄に連《つら》なりて、十一月藩獄に繋がれた。家を出る時、

七重八重か丶る縄目の恥よりも　まこととならぬ世をなげくかな

の詠がある。禁錮せらるる事四箇年。

霽堅の獄に在るや、毎晨、正座して、天神地祇を拝し、国利民福を祈りて後、始めて、他囚と

語を交えた。かかる事一日と雖も廃せぬ。明治九年廃刀令下るや、慷慨やまずして、其佩刀《はいとう》を袋中に納め、出入り共に身辺を離さぬ。又之れがため錦山神社の祠官を退き、数万言に亘る奏議一篇を奏して、廃刀の神州正気を銷磨《しょうま》し［すりへらし］、国体の尊敬に戻《もと》るの所以を論じた。

時に、同志等挙兵の議を定めたが、霽堅単り肯んぜぬ。自ら奏議を携えて元老院に捧げ、若し容れられずば、元老院の門前に屠腹せんと主張した。霽堅の異議は、神風連挙兵の碍《さまた》げとなり、太田黒伴雄の慫慂《しょうよう》する［熱心に勧める］に及び、浦楯起をして錦山神社に祈らしめ、神慮に断行すべしとあったから、ここに始めて兵を挙ぐる事となったのである。

霽堅四十一歳、妻二十八歳、二男二女があった。次女の如きは殊に其父を恋うること、母に過ぎるものがあった。霽堅亦児女を殊《こと》愛していた。挙兵前数日、深更に褥《しとね》を出でて燭を点じて愛児の寝顔を熟視し、可憐なる哉寝顔と、しみじみ嘆息の言葉を漏らした。之れ即ち永別の名残を惜しんだのである。

十月二十四日の当日には、朝早くに家を出たが、紋服羽織に袴をつけ、閾《いき》［（門の）敷居］を越えんとして、妻の父の来るに会い、叮重《ていちょう》に挨拶し。且つ、今夜は愛敬［正元］邸に集会あれば、或いは天明迄帰宅せぬとのみ云い遺《のこ》して出た。

其夜、各方面に火災あり。銃声頻りに起こったから、家人漸くにして神風連の挙を悟り、霽堅の党するを思うて、室内を捜索すると、多くの刀剣類は已に失せて、愛蔵の腹巻きさえ見えぬから、愈霽堅の秘密裡に計画を進めていたのを悟り得た。

翌くる日、軍人警官等来って家宅捜索をした。蓋《けだ》し霽堅の所在不明のためである。後四日を経て、其屍体は営内の新坂に於て発見せられた。身には羽織を脱して、神前に供えた白旗をとりて、襷に綾どり、身体に数ケ所の傷があった。

霽堅は、太田黒等と共に砲兵営を襲撃したのである。砲兵営陥ちて、更に歩兵営に突進した。銃弾乱れ落ち、神風連は大いに悩んだ。霽堅、両刀を提げて奮闘、目を驚かしむ。飛弾腹を洞《とう》し、霽堅、弓矢八幡と高声に叫びながら、刀を執ったままに斃れた。

上野堅五

上野堅五《けんご》、始は大神、名は在方、文化七年、肥後熊本に生まる。世々細川侯に仕う。堅五、博学多能、殊に騎射を善くした。藩の扈従《こしょう》長であったが、家を兄の子に譲って隠居した。明治維新の初め、朝官に列し、諸陵大允《しょりょうたいじょう》となった。時事を慨して国に帰り。明治九年十月二十四日、神風連の変に砲兵営を襲い、尋《つい》で歩兵営に赴きて、戦闘中、弾丸に中《あた》り、岩間小十郎の家に退き自尽した。六十七歳。

堅五は神風連同志中の元老で、斎藤求三郎と共に、年歯と学徳とを以て崇敬されていた。曾て人に語って曰く。印度は古昔より文物開け、仏教の国といわれたけれど、上其本《かみそのほん》を忘れ、民下に怠りて遂に滅亡して了うた。吾皇国も神皇の国として万邦に比類なきものであるけれど、其務《そのつとめ》を怠り、其本《そのほん》を忘るる事今日の如くならば、或いは印度の轍《てつ》を踏むやも測られぬ。今や、世界の列強は爪牙《そうが》を磨いて、其隙を窺うている。吾人大いに覚悟を要するものがあると。堅五、常に太田黒伴雄に傾倒する処あり。太田黒亦堅五を重んじていた。堅五また加藤清正の威徳を敬いて、其肖像の世に伝わるものなきを嘆き、同志と謀って、大津手島家に伝わるものを印刻して、自ら其次第を叙して、刊行せしめた。神風連挙兵の計画に際し、堅五単り銃器の利を説き、其刀槍に勝るものあるを告げたが、已に短兵を以て切り込むことに決していたから、遂に用いられなかった。

十月二十四日の挙には、堅五、砲兵営を襲うの隊にあった。第一段の勝利を得、尋《つい》で歩兵営に向かったが、歩兵の抵抗漸く堅くして、我隊士相ついで斃れ、堅五も亦飛弾に中《あた》りて重傷を負うた。慷慨して曰く、曩《さき》に銃器の利を用いんと発議したが顧みられずして、今ここに到る、之れ何の状であるか。

堅五、負傷して吾隊士に運ばれて、法華坂の一民家に送られた。同志、電信局の処置を尋ぬ。堅五、之れを破毀すべしと命じた。同志数名馳せて電信局に闖入し、鋏を以て電線を切断し、器械を破壊した。乍らくにして太田黒伴雄亦傷つきて吉岡軍四郎に負われて、法華坂の民家に来り、堅五と会した。太田黒は自ら起つ能《あた》わざるを悟り、部下をして堅五を介抱せしめた。

堅五の民家に負傷しいるを聞きて、富永守国は大いに驚き、先輩を敵中に委棄してはならぬと、同志数名と共に法華坂に来り、堅五を戸板に載せて愛敬邸に退かんとした。途中営兵の乱射に遭い、又傷つく者がある。辛うじて愛敬邸に着くは着いたが、其処には負傷者が、屋の内外に満ちて、何れも困臥《こんが》して、呻吟の声が聞こえ、併も営兵の進撃し来ると告げるものがあったから、則ち堅五を移して、付近にある岩間小十郎の家に移した。堅五は已に助からぬ事を覚り、自ら咽喉を刺して斃れた。

前原一誠

前原一誠《まえばらいっせい》、天保五年三月二十日、長門萩土原村に生まる、萩藩士佐世《させ》彦七の第一子、字は子明、通称彦太郎、後に八十郎《やそろう》と称す、黙宇、梅窓、太虚洞等の号がある。安政四年、歳二十四にして吉田松陰に就き、松下塾に学び、遂に其高足《こうそく》［高弟］となった。又、長崎に赴きて英学を修む。文久二年、長藩の練兵学校の舎長となり、元治元年、政務座となり、蔵元役を兼ね下関に出役した。慶応二年、幕府の征長軍を迎撃するに及び、一誠、小倉攻撃の参謀となり、小倉城を陥《おと》す。同三年、小姓筆頭、海軍頭取。明治元年、三田尻海軍局に移り、干城《かんじょう》隊の副総督に任ず。戊辰の役には、参謀として奥羽に転戦した。明治二年、越後府判事に補し、尋《つい》で参議に任じ、其冬、兵部大輔に累進した。同参年、長州奇兵隊の変あり。翌四年井上聞多《ぶんた》［馨］、山口より帰国して、藩侯、西国の多事に憂慮せらる。貴下帰国して藩政改革の任に当たり給えという。一誠即ち職を辞して萩に帰った。明治七年、佐賀の変には、山口県令の嘱により、県下の士族の動揺を防いだ。時に一誠の名声高くして、薩の西郷と並び称せられた。明治八年、勅旨一誠を徴す。病を以て之れを辞し、同九年、又徴せられて東上し、母の疾を以て、命を拝せずして帰国した。十月、君側の奸《かん》を掃《はら》わんとして兵を挙げ、敗れて縛に就き、十二月三日、斬に処せらる。四十二歳。一誠、本姓佐世氏、祖先は近江米原より出で、米原姓を称う。慶応年間、佐世を米原に復《もど》したが、前を以て米に代え、前原と称したのである。

一誠の師松陰、曾て一誠を評して次の如くいうた。八十郎《やそろう》（一誠）勇あり、智あり、誠実人に過ぐ、所謂布帛粟米《ふはくぞくべい》［織物と穀物。ありふれているが欠かせないもの］、適《ゆ》くとして用いざるなきもの。其才や実甫《じつぽ》（久坂玄瑞）に及ばず、其識や暢夫《ちようふ》（高杉晋作）に及ばざるも、而も其人物の完全なること、二子［玄瑞と晋作］亦八十《やそ》に及ばざるや遠し矣。吾友肥後の宮部鼎蔵、資性八十と相近し、八十父母に事へて至孝、余未だ責むるに国事を以てすべからざる也と。松陰門下等の批評にも、久坂玄瑞は防長第一流の俊才にして、高杉晋作は胆略絶世の士である、而して佐世八十郎に至っては隠然両郎の一敵国であると。

一誠、明治二年、兵部大輔に任ぜられた。当時の兵部大輔は後の陸軍大臣に相当する重要な職であった。前に大村益次郎の英才を以て之れに任ぜられたが、明治二年九月、刺客に襲われ傷ついて死した。其後任については、陸軍の権威者西郷隆盛は、薩摩の大山綱良《つなよし》を以て之れに擬していたけれど、時の工部大輔吉井友実が、一誠の人物を推賞して薦めた。西郷之れに賛成して、遂に一誠は兵部大輔の重職につく事になったのである。

長州の奇兵隊は、慶応年間、長州藩が幕軍を反撃するために、高杉晋作等が編成した民衆軍隊であったが、明治三年、解隊と云う事になったから、隊長大楽《だいらく》源太郎以下の隊兵が暴動を企てた。一誠は奇兵隊に説諭を加えて之れを爆発せしめぬ手段を考えたにも拘わらず、木戸孝允の一派は、一誠の西下するを抑制して、却って藩兵を以て強圧を加えて奇兵隊の暴動を鎮撫した。此処分問題について木戸と一誠との間に大きな溝渠《こうきょ》が穿たれ、それが次第に進展して、遂に明治九年の萩の変となったのである。

明治七年、佐賀の変は遠近を騒然たらしめた。わけて長州には不平勃々の旧藩士が多くいたから、動揺の気勢が頗る濃厚であった。時の山口県令中野梧一は、一誠に、長州の不平士族の鎮撫方を懇請した。一誠は快諾して、遽《にわか》に檄文を草して、県下の士族に諭したら、遂に何等動揺もなくて終わった。此檄文の事が世上に伝わるや、一誠の名声は頓に喧《かまびす》しくして、長州の前原の名は、薩摩の西郷と並び称せらるるに至った。

一誠、辞職して帰郷している時。ある日、邸後の松本川の辺りを散策していると、堤下で鰻の穴釣りをしている老人を見た。之れを熟視すると、旧藩時代の上士であったが、維新後士族の商売を始めて失敗したから、漸く川漁をして細い生計をしているのであった。一誠は老人を犒《ねぎら》うて我家へ連れ帰り、酒餐を饗して、救恤《きょうじゅつ》の金を贈り、爾後《じご》は常に其老人の漁獲物を常価に倍して購い求めていた。

明治八年、一誠は勅旨を以て徴せられたから東上し来り、木挽町佐倉屋に宿泊した。此時、会津の永岡久茂《ひさしげ》、越後の大橋一蔵等と政見を闘わして、東西呼応するの契約をした。更に筑前秋月の宮崎党の同志と提携する処あり、熊本の敬神党、福岡の志士等とも相諒解するものがあった。明治九年、楫《ママ》宿辰次、石塚清武、渋谷正雄等が一誠を訪うて、西郷隆盛の密使と称して、隆盛の国事を憤慨した書翰を示した。一誠深く之れを信じて、銃三千挺を隆盛に乞うの書面を認めて、彼等に手交したが、後に一誠は股肱《ここう》の士［腹心］を薩摩へ遣わして、隆盛に此事を糺すと、隆盛の全然関知せぬ処であって、或いは某氏の苦肉策であるかも測られぬとの事であった。

一誠の萩に変乱を起こしたのは、西郷の去就が未定であるとしても、関東及び東北には同志がある。九州にも秋月及び熊本、福岡の加担者がある。中国には鳥取に呼応する党もあるから、吾もし起たば、天下は響きに応ずるであろうと解していたからである。然るに明治九年十月、熊本の敬神党先ず蹶起し、秋月の宮崎党も踵《つ》いで政府に反抗の旗をあげたから、一誠は之れに応じて起ったのであるが、忽ちにして敬神党は破れ、秋月の党は振るわず、会津一派の計画も亦躓いた為に、一誠は全く孤立無援の窮地に陥り、脆くも敗衄《はいざん》の憂き目を見るに至ったのである。

明治九年十月二十四日、一誠は萩の明倫館に、奥平謙輔《おくだいらけんすけ》、横山俊彦、玉木正誼《まさよし》、其他の頭目を集めて、殉国軍と大書した門標を掲げて、不平士族等を会集せしめた。乃ち諸方に檄文を発し同志百余人を率いて、一旦須佐に赴き、萩の状勢を窺うて、県令関口隆吉の兵を率い来るを見るや、直に萩に還って官兵と兵火を交えた。されど衆寡《しゅうか》敵せざる上に、早くも弾薬兵器の欠乏を告げて、一誠の軍は次第に蹙《しじま》り、遂に遁《のが》れて山陰道に奔《はし》るに至った。

一誠、吾軍の敗衂《はいじく》を見るや、一民家に入りて自刃せんとした。奥平横山等交々《こもごも》諌止して、新潟に脱して再挙を計らん事を奨めた。一誠曰く、同盟者の敗れて已に死したる者もあるから、我れ何の面目を以て其妻子父母に見えん。併も此地を遁れば、天下吾怯懦《きょうだ》を指弾するであろうと。奥平等亦強く執って自死を止めたから、然《しか》らば山陰道を奔《はし》って東上し、闕下《けっか》に伏して微衷《びちゅう》を陳べたる上、其罪を謝そうとて、便船を傭うて海上に脱した。

一誠、脱出の途次、吾家に帰り、戒衣をぬぎて紋服と着更え、父の胴着を肌に纏うた。一誠の弟一清、其所以を詰ると、最期に際して父上に奉侍《ほうじ》する微意であると語った。

一誠の漁船は出雲宇龍港に入り、飲料水を得るために、一船夫に命じて上陸して之れを索《もと》めしめた。船夫出でて其帰る事の余りに遅いから、横山俊彦は僕を携えて捜し求めたが、一群の警官に囲まれて捕らわれて了った。茲に於て一誠の一党悉く免《まぬ》がる能わぬようになった。

其時、冷泉増太郎は、一誠に請うて、今囚虜となって空しく死なんよりは、此処を脱して身を薩摩に投じ、西郷隆盛に依りて後図《こうと》を為さんと思うが如何という。一誠之れを善しとし、自ら西郷に贈るの書を冷泉に与えて、独り此地を遁《のが》れしめた。冷泉は西南戦役の際に、前原一格と称してよく闘うて戦死を遂げた人である。

一誠及び其党与の輩は、轎《きょう》〔かご〕に載せられて、松江に送られた。沿道十里、観る者林立し、中には拍手して拝する者さえあった。時に、念仏を唱えて泣く者もあった。一誠、輿中より之れを見て和歌を賦した。

秋ふかくをちこち山も紅葉して　あかき心の色をそへけり

一誠等、松江監獄に幽せらるる事約二旬、十一月、汽船太平丸にて萩へ護送せられ、准円寺の仮檻に囚せられた。

或る夜、巡査某檻外を巡邏する時、一誠、吾家に贈るの書を托した。一誠の処刑せられた後、巡査は関口県令に此事を告げて、如何にせんかと判断を乞うた。関口曰く、既に辞せざりし上は托せられし儘《まま》、其家に渡せ。然らずば始めから諾せぬ方がよかったのだと。巡査大いに恥づ色があった。関口又曰く、併し気にせずともよい、能《よ》く職務をつくしたものと認めると、巡査を慰めてやった。翌日、一誠の親戚を召して、各其書を読ましめ、其後自ら火中に投じて悉く焚き棄てて了った。

一誠、刑死に就く前日、県令関口隆吉来って共に藁席に座し、鶏卵を把って下物《かぶつ》となし、巨盃をすすめて訣別の飲を試みた。一誠笑って、此酌は柳橋金春の名妓の酌よりも格別の美味である、地下永く其優待を喜ぶという。関口愁然として、積年の相識《そうしき》、一朝にして永《とこし》へに別るるは誠に感慨無量である。一誠戯《たわむ》れて、それ程別れが惜しくば、一緒に死ねば如何。関口大いに笑って、一緒に死ぬ事だけは御免であると、両者相顧みて哄笑一番した。

伝えていう、一誠事破れて、山陰道に走るや、人車を傭《やと》い、五円紙幣を与えて、剰銭を収めなかった。此事知れて、官の怪しむ処となり、其足跡を追縦せられたのであったと。

奥平謙輔

奥平謙輔《おくだいらけんすけ》、字は居正、号は弘毅斎、天保十一年、長門萩に生まる、世々毛利藩士である。藩《はん》黌《こう》明倫館に学び、夙《つと》に穎才《えいさい》の誉があった。明治戊辰の役には、萩藩干城隊に属し、東北征討に従うた。明治二年、越後府権判事に任ぜられ、佐渡の民治に効績をあげた。同八月罷《や》めて国に帰り、時世に不満を抱き、其党与と置酒高談《ちしゅこうだん》、遂に前原一誠の事を挙ぐるに会して之れを輔《たす》け、明治九年十月、萩に擾乱を起こし、事破れて縛に就き。十二月三日斬罪に処せられた。三十七歳。

謙輔の佐渡を治むるや、此土地、絶海の孤島なる上に、昔から無頼の徒の多く集まる処とて、新政府の威を侮るものもあって、甚だ難治の土地であった。謙輔、断乎として不良の首魁十数人を極刑に附して、秋霜《しゅうそう》の厳なるを示し、其亜流をして、戦慄せしめた。茲に於て、佐渡全島悉く謙輔の治政に靡《なび》き、良民其堵《と》に安んずる事を得て、島民永く謙輔の徳を称した。

順徳天皇の真野《まの》御陵は、久しく荒廃に帰し、草木徒らに繁茂して、野獣の跳梁にまかすというまことに畏れ多い状態であった。謙輔深くこれを慨き《うれた》［嘆き］、修築の誠を致して、陵囲を繞《めぐ》らすに木柵を以てし、土民をして帝陵の尊貴を仰がしめた。

謙輔、佐渡に居る時、好んで河豚《ふぐ》を食う。一日、微行《びこう》して海浜の茶店に憩い、戯れに、側の老媼に聴いた。此島に奥平とかいう判事がいるそうであるが、老媼は知っているか。老媼答えていう、其人を知らぬけれど、評判の良き官吏である。唯河豚が大好物であるそうだが、偖《さて》も命知らずの人であると。謙輔斯言《このげん》を聴いて恥じ、之れより河豚を食う事を止めた。

謙輔、後進を戒めて曰く、博学は徒らに迂儒《うじゅ》［世事にうとい学者］の誇りとなるのみ、真の国士とならんと欲すれば、毎朝一回前後出師表《すいしのひょう》を読めば足りると。

謙輔、少時明倫館に学ぶや、十四五歳の頃迄は、野史小説本の類を読み、好んで漢楚三国の事を談じて、六経とか正史とかを顧みぬ。之れがために教師の怒りに触るるとも毫《ごう》も意に介せぬ風であった。其内に自ら感悟する処あって、三四年間読書に励み、学芸大いに進み、三蘇の文章を読んで、深く玩味し、文章作るべしとて、試みに筆を把ると、数千言立ちどころに成り、霊篇盛藻人を驚かすものがあった。

謙輔、又書道に達していた。前原一誠と事を挙ぐるに当たり、明倫館の門に、殉国軍の標を掲げたが、其文字は謙輔の揮毫《きごう》になる。しかも筆の代わりに棕櫚箒《しゅろぼうき》を以て奔放縦横に書いたものである。一誠等退去の後、関口県令、門標を観て、佇立《ちょりつ》之れを久しうして、県下に書を能《よ》くするもの、長及び高島の二氏あるを知るが、此文字は抑《そも》誰の筆か、実にみごとなものであると感心した。其謙輔の筆になると聴きて、謙輔は書も亦斯くの如く美なる乎、噫《ああ》、惜しむべき人物であると深く嘆息した。

謙輔の一誠と相識るは、北越以来の事であった。一誠の官を辞して帰るや、意気愈投合し、遂に倶《とも》に事を挙げて敗れたのである。

謙輔、獄に下るや、内務大書記官品川弥二郎訪い来って、其欲する処を尋ねた。答えて曰く、此期に臨んで何をか乞わん、恐らく不日《ふじつ》［近いうちに］地下に於て、松陰先生と面会するであろうが、其折、先生若し弥二の事を問われたら、何と答えたらよろしいかと。品川沈思ややあって曰く、現状のままを答えてくれ給え。

県令関口隆吉は、旧幕臣であるがなかなか英毅の人物であった。一誠等に同情して、私《ひそか》に酒樽を携えて獄中を訪うた。一誠、唯好意を謝するも、謙輔は之れと談論して、最も税制について痛論をした。謙輔時に煙草を請う。関口手づから煙草に火を点じて格中に納《い》れ、東京の遊廓に於て吸付煙草の事がある、格中の妓、煙管を捧げて格子の外の客に贈る、今我れ外より吸付煙草を君に捧ぐ、甚だ例を異にするものである。之れを以て見るも、天下の事は一律に論ずるわけにいかぬものであると説いた。謙輔掌を拍って、成程世の中は貴説の如く、理屈通りにはいかぬものだ、我れ誤てりと叫んだ。

獄中の謙輔、大酔して同囚と喧嘩したから、その後は関口復《また》獄を訪う事をやめ、酒も餽《おく》らぬ。謙輔、一日、判事岩村通俊の訊問する折、今後は喧嘩をせぬから、県令からもとの通りに酒を賜《たま》う様に話して貰いたいという と。判事は強く叱して、県令は囚人に酒を贈るものではないとたしなめた。

尋《つい》で、判事は之れを県令に告げ、其情に憐れむべきものがあるから、前の如く酒を与えられよと話した。関口は其夜、又、謙輔を獄に訪うた。謙輔は、関口に問うて、貴下の酒を賜る事を、判事は知らぬのかと聞く。関口答えて、固より私情の餽物《おくりもの》をば判事が知る筈はないでないか。謙輔曰く、岩村は実にたしかな人物である、今の政府に彼れの如きは極めて稀であろうと。関口笑って曰う、岩村の如きは多過ぎて困る、まだまだあれよりも賢良の官吏が沢山いる。謙輔乃ち曰く、我れ政府に人なきを憂いて、今度の事を挙げたのであるが、今その言を聴いて、我れは国家に益なき事をしたと思う。隆吉其声に応じて、単り益なきのみでない、反《かえ》って国家に害を与えたものだと戒しめた。謙輔、為に憮然として黙し終わった。

謙輔、刑死に就くの日、関口、獄中に来って謙輔に快別の意を告ぐ。既にして、謙輔、酒を呼び、紙を伸べて絶命詩数首を大書して悠々として迫らぬ。剣手、側より促すと、謙輔、徐《おもむ》ろに、後刑者を顧みて、御先に御免と微笑を含みつつ一揖《いちゆう》［一礼］した。

横山俊彦

横山俊彦、幼名新之允、嘉永三年、長門萩に生まる、世々毛利氏に仕う。明倫館に学び、又松下村塾に入り吉田松陰の教えをうけた。明治九年、萩の大区長となり、同年十月、前原一誠の挙に与して縛に就き、十二月三日斬に処せられた。二十七歳。

俊彦、状貌魁偉《じょうぼうかいい》、威容堂々として、而も狷介不羈《けんかいふき》［強情で人に束縛されないこと］。明治九年、井上馨、山口に来り、富豪阿部某に宿した。偶、俊彦等十数人来り会し、県令関口隆吉等亦席に列していた。井上曰く、諸子各自望みを言え、出来得るだけの事は尽力すると、関口、側から、諸君、若し仕官を欲するなら、この好機会を失わるるなと助言を加えた。

会衆誰も答える者がない。強いていわしむると、或る者は仕官をいい、或る者は修学の希望をいう、俊彦独り黙して語らぬ。井上、特に俊彦に問うと、我れに望みなしと答えた。井上更に開拓使庁に好箇の椅子がある事を諷《ふう》したが［遠回しに言ったが］、俊彦は頑として応ぜぬ。井上怒って、汝は是れ座食して無為を貪るの痴漢かと。俊彦沈着に応えて曰く、座食するどころか邸後の畑に蒜韮《にんにく》を作るに忙しくて困っている。

明治九年、俊彦、同志と共に東京に来り、木挽町佐倉屋に、会津の永岡久茂等と会して談を進めていた。ある日、井上馨の邸に行くと、井上は棋を挑み、嬴《か》てば唯汝の命に従わんという。俊彦諾して局に勝ち、賞として山口県令の椅子を望んだ。井上否んで、関口隆吉の治績は見るべきがあるから、あれはどうにもならん。然らば萩の大区長を請うと、之れを諾した。茲に於て俊彦は其職に就いたが、之れぞ予め事を挙げるための素地を作るものであった。

俊彦、前原一誠の命を含んで、薩摩に西郷隆盛を訪い、要領を得ずして帰った。九年七月、竹村俊秀が永岡久茂の旨を承けて萩に来たから、俊彦、佐世一清と共に、一誠に代わって東西呼応するの策を議した。ニシキノミセビラキの暗号は此時にできたものである。

西郷隆盛

西郷隆盛、通称吉之助、諱は、初め隆永、後に隆盛と改む。南洲を号とす。幼名小吉、又吉兵衛と改めた。変名は三助、菊池源吾、大島三右衛門等であった。文政十年十二月七日、鹿児島下加治屋町に生まる。父は吉兵衛隆盛、鹿児島藩士であった。家庭豊かならず、十七八歳の頃より郡方書役となる。安政元年、中小姓の班に列して、藩主斉彬に随《したが》って江戸に来る。藩主、隆盛の非凡なるを認めて、擢《ぬき》んでて庭方役となし、直接に密事を命ず。隆盛、諸藩の名士と交わり、殊に水戸の藤田東湖《とうこ》を敬視した。将軍継嗣《けいし》問題起こるや、隆盛藩主の命を奉じて奔走し、越前の橋本左内と始めて知り、其交わりを篤くした。既にして井伊直弼大老となり、斉彬の逝くや、隆盛為に驥足《きそく》をのぶる［すぐれた人がその才能を十分に振るう］に由なく、安政大獄起こりて、其身辺又危うきを増した。偶近衛忠凞《ただひろ》より、僧月照《げつしょう》を托され、倶《とも》に難を避けて薩摩に還った。藩庁には幕府党蔓《はびこ》って、月照を潜ますに難く、遂に安政五年十一月十五日の夜半、龍《りゅう》ケ水《みず》の沖に於て相抱いて投水した。船中に救拯《きゅうじょう》せられ、隆盛蘇生したが、月照は逝った。藩庁、幕府の嫌疑を慮《おもんぱか》って、隆盛を大島［奄美大島］に潜居せしめた。隆盛、菊池源吾と変名して、孤島に在る事三歳余、文久二年正月赦されて鹿児島に帰り、大島三右衛門と変名した。月余にして、復々《またまた》島津久光の咎責《きゆうせき》を蒙り、徳之島に謫《たく》せられ、沖之永良部島に移さる。二年余を島に幽居し、元治元年、再び赦されて帰り、京都に上って、薩藩軍賦役の職についた。之れより藩邸の総指揮の任務にあたって大いに周旋《しゆうせん》した。禁闕《きんけつ》の変には、藩兵を率いて御所を護る。時に勝安芳神戸に在り、九月始めて隆盛と会し、双方肝胆を照らして談じ合った。十月進んで御側役となり、西郷姓に復した。爾後《じご》、君国のために尽瘁《じんすい》する処多大にして、西郷吉之助の名は天下に聴こえた。坂本龍馬、中岡慎太郎等の斡旋によって、長州の桂小五郎と提携し、薩長連盟成って、ここに明治維新の基礎は置かれた。時運急転して大政奉還王政復古となり、慶応三年、隆盛推薦せられて参与に任ぜらる、時に四十一歳。ここに一藩士を以て、朝廷の重職に任じ、国家の大政に参与したる始めであった。明治維新に際して隆盛の効績の偉大なる事は世の夙知《しゆくち》せる処。戊辰の戦乱を征定し、勝と協《はか》って江戸城の収授を行い、朝廷は、維新第一の元勲として特に賞典禄に二千石を賜《たも》うた。実に藩出身者としては第一等の褒賞であった。爾後参議に任じ、陸軍元帥、陸軍大将、近衛都督の要職に就き、政府の重鎮、天下の柱石と仰がれたが、征韓論の議合わずして野に下り、故郷に還りて悠々自適し、又学校を建てて育英の事に従うていた。薩州の健児憤起して、隆盛を擁し、遂に西南戦争を起こしたが、戦敗れて、明治十年九月二十四日、鹿児島城山に於て、飛弾に傷つき、別府晋助をして首を斬らしむ。五十一歳。

隆盛の生地は、鹿児島下加治屋町郷中である。地は甲突《こうつき》川の河畔、今其生誕記念の碑が建つ此郷中は、当時僅かに七十余戸の武人の家のみであったが、此処より近世の傑物《けつぶつ》が輩出した。曰く隆盛、曰く大久保利通、曰く大山巌、曰く西郷従道、曰く村田新八、曰く東郷平八郎、曰く黒木為楨《ためもと》と。

隆盛九歳の時、友人と争闘し、敵手の刀鞘裂けて、隆盛の右臂［右腕］負傷した。傷は癒えたが臂の屈伸回転意の如くならぬ。之れによりて武に代えて文を励み、読書を勉《つと》め、筆道を磨き、精神を練り、其刻苦精励時人を驚かしめた。

十七八歳にして郡方書役となる。郡奉行迫田太次右衛門は為人《ひととなり》不《ふ》羈《き》磊落《らいらく》、しかも民を憐れんで令名があった。隆盛、奉行に愛せられ、又郡治に誠実なるため、郡民にも敬慕せられた。

隆盛、一日、郡奉行に従って地方を巡視した。奉行偶問うて曰く、平生何の書を読む乎と。答えて曰く、四書五経を読むと。奉行曰く、四書五経固より可なれど、国家経綸の志あるものは史書を読めとて、史記を与えた。隆盛時に史記を読むの学力がないから、奉行は懇《ねんご》ろに之れを教え、草茅《そうぼう》危言《きげん》［江戸後期の儒学者中井竹山が松平定信に提出した文書。「草茅危言」は「在野人の直言」の意。庶民の生活について詳説］を与えた。この郡奉行は大野五郎右衛門という。これがため、隆盛後に参議陸軍大将になった以後も、我れをして今日あらしめたは大野先生の賜物であるとて、毎歳元旦、夙《つと》に其邸を訪うて参賀の礼を述べた。

近世の薩摩に二変事があった。一を文化五年の近思録《きんしろく》崩れという、一を嘉永二年の高崎崩れ（或いは近藤崩れ）という。前者は隆盛の出生前に係り、後者は隆盛の見聞せし事実で、藩主の継嗣問題に関する変事であった。世嗣《せいし》［跡継ぎ］斉彬を樹てんとする党と、藩主斎興《なりおき》の側室お由良の方の子久光（斉彬の弟）をして封を襲《つ》がしめんとする党との軋轢対抗であった。

世嗣斉彬徳望ありて、之れを推す党は島津一岐を始め高崎、赤山等皆薩藩の俊英といわるる輩であった。然るに此党破れて領袖十余人は自刃を命ぜられた。隆盛亦此党に心を寄する者であったけれど、弱年にして事に与っていなかった。然れども慷慨悲憤の情禁ずる能《あた》わず、赤山靫負《ゆきえ》の自刃するや、父に伴われて其邸に往き、赤山の最後に着した流血浸染の襯衣《しんい》を携え帰って、泣いて、此忠死に列し得ざりしを恨んだ。爾来《じらい》大久保市蔵（利通）、長沼嘉兵衛等と結托して、精忠の意を致さん事を誓うた。

高崎崩れの為に失敗したけれど、忠誠の士の死は徒爾に終わらずして、嘉永四年、斉彬は封を襲《つ》いで、薩摩の藩主となった。之れ隆盛の世に出づる縁由であった。

時に、鹿児島に蘆谷無参《むさん》なる禅僧があった。吉井友実《ともざね》の叔父で、初め興正寺から福昌寺に転じ、遂に誓光寺を創建した。福昌寺は藩主の菩提所である。

無参の興正寺に雛僧《すうそう》［幼い僧］たる頃、一話柄《わへい》がある。興正寺の庭に柿の木があって、毎秋赤果累々として実る。興正寺の雛僧等、和尚を憚って、食う事をようせぬが、無参、衆にすすめて共に之れを食うた。忽ち和尚に発見せられて叱責を蒙った。無参曰く、柿の実を食いしものは我れ一人である。但し此処に奇縁があるのである。それは昨夜の夢に少年現われて、我れは庭前の柿の精であるが、風に苦しみ、雨に苦しみ、鴉に覗《うかが》われて、常に恐怖に堪えぬ。願わくば成仏の縁を与え給えと告げたから、之れによって我れ今日之れに引導を与えて後、成仏さしてやりましたと。和尚苦笑して無参の才を悟った。

隆盛の青年時代、無参に参禅した。始め刺《し》を通じて［名刺を出して］無参に謁を求むと、無参一室に隆盛を待たさしめて容易に面会せぬ。隆盛稍《やや》憤る気を生じて、案内を待たずに和尚の室《へや》に闖入した。香煙縷々《るる》として立ち、和尚寂然と座して動かぬ。隆盛恭《うやうや》しく礼をなして、禅師の示導を乞うた。無参和尚黙然不動、宛《あたか》も化石の如く端座した儘である。隆盛遂に激怒し、拳を固めて和尚の頭を打たんとする刹那。

喝一声、雷霆《らいてい》の如く響いた。隆盛愕然として膝を折りて跪く。和尚莞爾《かんじ》として、今、拳を振り下さんとした其一刹那こそ、即ち是れ禅であると語り。また黙々として泰山の如く座す。隆盛これによって和尚に心酔し、究参をつとめて漸く禅道を得た。

嘉永五年、祖父龍右衛門逝き、父吉兵衛逝き、母復《また》逝く、隆盛時に二十六歳。家に在る諸弟妹は皆幼少であった。即ち家居を下加治屋町より移して、上之園町に住んだ。家道窮乏に陥り甚だ困苦を極めた。隆盛の次弟吉次郎［吉二郎］能《よ》く家計を修めて、阿兄《あけい》［兄］の国事奔走の留守に在りても、諸弟を養育して内顧の憂いなからしめた。吉次郎の労以て多とすべきには、次の如き話柄がある。

吉井友実の弟某病んで臥床した時。諸友交々《こもごも》夜を徹して看護をした。隆盛国に在らずして、吉次郎代わって家を修めていたが、勿論此病友の看護にも赴いた。ある時吉次郎の来る事頗る遅かったから、諸友之れを詰ると。終日農を営み、馬を畜《か》い、幼弟を養うものは、諸君の如く昼寝して夜ここに看護するのとは大いに異るものがあると告げた。

隆盛、常に吉次郎を徳として、曰く、世上兄は先出にして世事に通じ、後生の弟に勝るが故に尊敬せらるるというが、吾家の吉次郎は之れと反対である。諸事我れに勝る事が多々あると。

又、吉次郎の明治戊辰、越後に戦死するや、隆盛其報を得て悶々の情に堪えず、酒を禁じ、魚を食べず。某に贈った書札にも、拙者第一に戦死可致処、小弟を先立たせ、涕泣《ていきゅう》いたすのみに御座候、御悲察可給候云々。其弟を想うの心緒を露《あら》わしていた。

嘉永七年正月、藩主斉彬の参観の為に出府せんとするや、隆盛、中小姓の列に入りてこれに随うた、時に二十八歳であった。

斉彬、鹿児島を発して水神坂の茶店に憩う時、左右を顧みて、西郷吉兵衛は孰《いず》れなる乎と問う。

随従の士、隆盛を指して之れに対《こた》えた。之れが斉彬の隆盛を視た最初であった。

江戸に着きて後、隆盛をして斉彬に面謁《めんえつ》せしめるの道を得せしめたは福崎七之丞であった。斉彬、隆盛の用ゆべきを看破し、庭方役に命じた。此役は藩主直接の内命をうけて密事を談ずる、頗る機密な任務者である。隆盛即ち国事奔走の端緒をここに得たのである。

斉彬と隆盛との主従関係は、文字通りの水魚の親しみがあった。斉彬、曾て越前春嶽に語って曰く、吾藩臣下多くあれど、大いに用ゆべきものは稀である、唯西郷一人のみは貴重な宝物である。但し彼を用ゆるものは我れならでは為し能うまいと。

当時斉彬の側に仕うる者の談に、君侯の隆盛を召して内話の折には、殊更煙管を以って唾壺《だこ》を敲《たた》かるる音、常とは異りて高く聞こえたと。隆盛も亦曰く、君侯の前に出でて語る折、談進むと、我れを忘れて情熱し、覚えず時を進めて、膝を突き合わせ、主従を忘るるが如き事多かったと。其親しみの深き事察するに足る。

斉彬、隆盛を愛して、屢《しばしば》其衣を脱して隆盛に賜った。隆盛身材肥大にして異常であるから、賜《たま》う処の衣は、僅かに其臂を没するに過ぎぬ、併し乍ら隆盛は君寵を尊びて、毫も改修せずに、其短いままのを着用していた。

隆盛の鹿児島に在る時、藩主の命を奉じて筑前に使した。長途の徒歩旅行に隆盛大いに疲労していた。帰って水上坂に至るや斉彬は特に侍臣を派して隆盛を迎えしめ、又自ら門外に出でて、隆盛の手を握り、汝を労せしめたは畢竟国家の為であると慰めた。隆盛、感激措《お》く能わずして、長途の労は一時に熄《き》えたという。

斉彬の訃を聞く時、隆盛慟哭して、殉死せんと志した。僧月照之れを知りて、隆盛を諫め、君侯の大業を遂ぐる事は、殉死よりも重い忠義である、此処に死を断念して、生きて君侯の志を継ぐのが臣子たる者の最大の道であると諭した。隆盛大いに悟り、月照との交わりも之れ為に愈深くなった。

嘉永七年の隆盛最初の出府に臨み、一談柄の伝うべきものがある。隆盛の家に世々仕うる僕に永田権兵衛たる者があり、性忠実にして能《よ》く主家に尽くした。隆盛の出発に当たり、偶僕権兵衛は疾みて臥床していた。隆盛其病床に至って出発の前夜と雖も付き添うて看護するに惜しまなかったと。

隆盛の江戸に来た時は、黒船渡来の為に天下騒然たる際であった。隆盛は盛んに諸藩の士と交わったが、就中、隆盛の最も心服したのは水戸の藤田東湖であった。

東湖は当時の尊王攘夷の士が等しく敬慕する大先輩であった。隆盛は樺山三円等と小石川水戸邸に至り、初めて東湖と面接した。隆盛素《もと》より寡言沈黙の人物である、此時も僅かに初対面の儀礼をしたのみで、東湖の樺山等と語るのを傍から聴くのみであった。東湖黧面《りめん》［どす黒い顔］にして骨格雄偉《ゆうい》、眼光炯々《けいけい》として射るが如きものがある。隆盛、東湖の門を辞するに及び、樺山に私語して曰く、先生は山賊の親分のようであると。然れども深く東湖に敬服して、爾来屢《しばしば》東湖を訪問して其説を聴き、意気相投合するものがあった。東湖対隆盛について一挿話が世に伝えらる。ある日、東湖、隆盛を歓待して、一大白を属して酒を侑《すす》めた。隆盛余り酒を嗜む方でなかったけれど、大先輩のすすめによりて、強いて飲んだからすぐに酩酊して了い、果ては嘔吐して席を汚《けが》した。東湖其素朴毫も飾る処なきを見て、其人物なるを知り、他日吾志を継ぐ者は此青年であると賞賛した。

又、ある時、東湖、座右の一刀を示して、之れを鑑定せしめた。隆盛、其刀を執って庭に出で、縦横に揮う事数回。席に復して後に其批評を試みた。東湖、愈隆盛を見る事の厚きものがある。隆盛、東湖を評して、天下真に畏るべきは東湖先生あるのみと。又曰く、我れ先輩に於ては藤田東湖を推し、同輩に於ては橋本左内を推すと。

橋本左内と隆盛との初対面も、江湖《こうこ》伝えて著名なるものがある。左内は越前侯春嶽の懐刀を以て目せられた英傑である。徳川将軍の継嗣問題について、一橋慶喜を推して奔走尽力していたが、其頃隆盛も亦藩主斉彬の意をうけて同じく周旋していた。此縁によりて左内と隆盛との会見が生じた。

左内時に二十二歳、白面にして外貌婦人の如きものがある。初め水戸藩士原田某の曹舎に於て面接し、後、日ならずして三田の薩摩邸に隆盛を訪うた。隆盛時に藩士等と庭上に相撲《あいう》っていたが、婦人の如き声で面接を請う者がある。隆盛逢うて見ると、羸弱《るいじゃく》の質、頭は惣髪《そうはつ》で医者の風である。左内、隆盛に曰く、国事尽瘁《じんすい》の事敬服に堪えぬ、請う高教を賜れと。隆盛、左内の外貌を見て、侮心を生じていたから、いと素気なく、夫れは誤解である、我れは国家に尽力をするの大志を有せぬ、啻壮丁《ただそうてい》を集めて角力とる位が本領であると、甚だ冷淡に答えた。

左内更に屈せずして、其言は謙遜の辞に止まる、貴下の国事に対する精神は我れ悉知《しっち》しているとて、滔々《とうとう》天下の大勢を説き、幕府の実情を語り、之れについての所見を披歴した。議論明晰にして剴切《がいせつ》なる、大いに傾聴すべきものであった上に、世上の消息に通じている深さは到底隆盛の及ぶ所でない。之れによりて、隆盛の心中大いに忸怩たるものがあったが、左内亦調子の合わざるものある事を察して、其日はそのまま辞し去った。

左内の帰った後に、隆盛嘆息を久しうして曰く。確かに我れは負かされた。年歯彼れが如くして彼の明徹の議論を吐く者は、実に我れに過ぎた識見家である。其年歯と其外貌とをのみを見て、之れを品謄し去って、頗る軽遇したのは、吾過失実に大なるものがあった。速やかに其罪を詫びずばかなわぬとて。其翌日、隆盛は越前藩邸に赴いて、左内に面会し、昨日の無礼を謝して、大いに胸懐を披いて談論し、将来提携して国事に尽くさん事を約した。

十三代将軍家定病弱であるが為に、其継嗣を定める事が当時の重大問題であった。水戸の斉昭《なりあき》の子一橋慶喜の賢明なるを以て、之れを樹てんとする一派と、紀伊徳川慶福《よしとみ》［家茂《いえもち》］を樹てんとする一派との対抗が生じていた。加之《しかのみならず》、安政の米国条約に勅許を仰がんとする問題が加わって、天下の耳目は一時に聳動《しょうどう》された［恐れ動揺した］。隆盛斉彬の命によりて此問題につき、江戸に、京都に、周旋奔走して忙しかった。京都に於ては、其運動の為に便宜を計ってくれた者は、清水寺の僧月照と、近衛家の老女村岡とであった。左内も亦、越前藩主春嶽の内命をうけて、京都に来って活躍していた。

爾時《にじ》、京都は勤王攘夷の気勢が甚だ高く、民間に於ては、梁川星巌《やながわせいげん》、梅田源次郎、頼三樹三郎《らいみきさぶろう》等が勤王運動の領袖であった。隆盛亦此輩と交際して、気脈を通じつつあった。ある時、梅田雲浜《うんぴん》（源次郎）隆盛に問うて曰う。君、大いに為さんとする処あるかと。隆盛曰く、然り。雲浜乃ち曰く、然らば正成の心を以て将門の事を行えと。隆盛、其意味を解するに苦しんだ。後に至って、隆盛の兵を挙げる時には及んで、漸く雲浜の言の意味する処を悟り得た。

隆盛、或る時、雲浜の観音堂の寓居を訪うた事があった。雲浜の赤貧なる客に饗するに料《りょう》がない。雲浜の妻は其銀釵《ぎんさい》［銀製のかんざし］を典して［質に入れて］若干の金を得て、隆盛に饗した。隆盛之れを察して真に断腸の思いがあったが、其志を酌《く》んで快く談じ、夜を徹して語った。隆盛の雲浜評に曰く、雲浜は譬うれば刀剣武州吉武の如し、其形朴であるけれど、切味は天下無敵であると。

隆盛、一日、頼三樹三郎を訪う。三樹元来酒豪である。盃をあげて痛飲し、隆盛に対して其志を問うた。隆盛、我れ万兵の将となるべき志ありと告ぐ。三樹、好漢乞う自愛せよと、其意気の盛んなるを賞した。

将軍継嗣問題は、井伊直弼の大老となると共に、局面俄に転回して、慶喜党は一挙にして覆《くつがえ》され、所謂安政大疑獄を生じた。ここに於て、勤王志士は続々逮捕され、諸藩主は致仕《ちし》退隠《たいいん》、雲上公卿は落飾《らくしょく》退隠、［久迩宮《くにのみや》］朝彦《あさひこ》親王も亦幽閉せられ給うた。隆盛の身辺大いに危うくなり、且つ僧月照の難を避けしめんがために、近衛忠凞《ただひろ》より月照を托されて、隆盛は之れを護って京都を出た。

隆盛、月照を近衛家より托された時、伊地知龍右衛門（正治）を伴わんとしたが、彼れは胆略があるけれど、足が跛で健歩する事ができないから、有村俊斎（海江田信義）と月照の僕重助とを伴うて行く事にした。乃ち月照を轎《きょう》に載せて京都を出発する。然るに京都の轎夫は慣弊《かんへい》として歩行が甚だ遅い。同行の者は焦《あせ》り立って其急行すべき事を促したが、隆盛戒めて曰く、猥《みだ》りに疾行すると、却って人に恠《あや》しまれるから、寧ろなるだけ緩歩する方がよいと命じ。途に屢《しばしば》捕卒《ほそつ》に遭うたが、一行の歩調が、極めて尋常の風であるから、何の疑いを招く事もなく進む事を得た。

路を竹田街道に取り、往く事一里半ばかり、駅舎に幕府の捕卒風の輩三十人許り集まっているを見た。隆盛、故《ことさ》らに月照の轎を捕卒の群に入れて、俊斎を顧みて、前夜の鹹《から》味のため甚だ渇を覚ゆるから、ここで茶を飲まんという。俊斎亦茶を呼んで之れも飲み、喋々《ちょうちょう》雑話を交えて、平然として時を費し、再び悠々として前途に向かった。捕卒之れがため、遂に注視を怠って、誰何《すいか》する事すらしなかった。

此行、初め奈良に行く筈であった所が、奈良も危険であるらしいから、寧ろ薩摩に月照を連れ行かんと考えを改めた。其処《そこ》で、隆盛は、俊斎に命じて、一先ず月照を大阪に潜ましめる事にし。おのれは京都の状況が憂いられるからとて、再び京都へ引き返した。

俊斎、月照を大阪へ送り、吉井友実と謀って、大目橋の幸助の家に潜匿《せんとく》せしめ、己は京都に還って、旅舎鍵直に至ると。隆盛は齁々《くく》として〔熟睡して〕楼上に午睡していた。俊斎の跫声に目を覚まして、俊斎の入京の意外なるを訝《いぶか》しみ。其巨眼を瞬《みひら》いて、和尚は如何したか、和尚は如何したかと聴く。俊斎、大阪に在る事告げたら、漸くに安堵した。

隆盛、京都に留まって画策する処があった。幕吏の捜索甚だ厳しくして、屢《しばしば》危機切迫するものがある為に、有村、伊地知等を具《ぐ》して京を発して大阪に赴き、月照を伴うて断然帰国する事にした。小倉船を傭って安治《あじ》川を下る時、捕吏、河岸に徘徊して覗う者があったけれど、幸いに虎口を脱して、大阪港を出帆するを得た。

月照をこのまま薩摩に同行せんには、予め藩庁の了解を必要とする故、隆盛は先に鹿児島へ帰って、月照入薩に関する万端の交渉に奔走した。然るに藩庁は、斉彬亡き後の形勢急転して、佐幕派の気勢再び揚がり、隆盛の奔走もなかなか功果《こうか》をあげ得なかった。

一方、月照は已に筑前に入り、平野国臣《くにおみ》に護られて薩摩阿久根《あくね》に上陸し、鹿児島に入りて、旧知日高存龍院に身を寄せた。存龍院は後患あらん事を恐れて、藩庁へ訴え出でたから、藩庁は命じて即時月照をして旅舎俵屋へ移らしめた。

更に藩の重臣は諮って、月照をして日向の法華嶽寺《ほけだけじ》に潜匿せしむべき事を、隆盛に伝達した。薩摩の風習として、西方の関門から国外に送り出されるべき旅客は無事に国を去らしめるが、東方の関門からするものは、長送りと称して、領境に於て殺害するのが例であった。月照の送らるべきは正しく東方からである。隆盛、之れを以て所詮救うべからざるを悟り、長嘆之れを久しうして、遂に最後の決心をなした。

則ち、月照を誘うて船に上がり、鹿児島を出帆した。船、磯の海上に到った時、始めて隆盛は月照に事情をつげて、其決心を促した。船進んで、龍ケ水沖に到らんとする時、月照和歌を懐紙に認めて、隆盛に之れを示す。隆盛懐中に深く納め、互いに相抱いて海に投じた。実に安政五年十一月十六日の早暁であった。

同乗の平野国臣は命じて船を止め、海上を捜索して、漸く両人を船中に救拯《きゆうじよう》した。幸いに隆盛を蘇生せしめ得たけれど、月照は遂に入寂して、魂魄《こんぱく》を還す由もなかった。

隆盛扶《たす》けられて家に帰り、多量の潮水を吐き下し、無意識に月照の名を呼びつづけていた。漸くにして意識恢復して、月照の死せる事を知って、速やかに自決せんとしたが、大久保市蔵等に諫められて、一度投身したものの、尚天寿あるのは之れ天が大任を果たさしめんとする意があるからであろう、茲に甘んじて天命に従い、国家の為に尽力するのが人の道であろうと説かれ。隆盛も悟る処があって、自決を断念し、病床に静養したが、全快する迄には三十余日を費した。

藩庁にては、隆盛も月照と同じく溺死したものとして幕府に報告したから、隆盛を大島［奄美大島］に潜居せしむる事となり、同五年十二月三十日、鹿児島を発して、薩の南洋大島の地に渡航せしめた。

大島は鹿児島を距《へだ》たる百八十余里、群島の中央に位している島である。隆盛の大島の龍郷に着したは、安政六年正月十二日であった。

島民は初め隆盛の巨眼にして体軀肥大なるを見て、大悪事を為した人物と見做し、甚だ薄遇をしたから、流石の隆盛も困っていた。しかし事情が悉知《しっち》せらるると、漸く、隆盛の為人《ひととなり》を敬慕するようになり。隆盛亦、児童を集めて読書習字を教えたから、隆盛の幽居は宛然《えんぜん》［まるで］寺小屋の如き観をなして、村内の老若は其徳を欣慕するに至った。

隆盛の島内生活は、藩庁から七人扶持を給与されていたので、普通の流刑者の不自由さはなかった。隆盛、常に窮民の救済に意を用い、孤独廃疾の者に恵みをかけていたから、藩の給与では時に不足を生じ、別に郷里から二石の送与をなさしめた。此事藩に聴こえて、更に隆盛の扶持米を増加してくれた。

隆盛は村民の児童を教育する傍、自ら読書修養につとめていたが、閑あれば銃猟を携えて山野を跋渉し、時には漁網を引提げて水に漁獲を試みていた。斯くて三年余に亘る孤島生活は、隆盛をして大島をば第二の故郷と思わしむるものがあった。

又、島民の勧めに従うて、［龍家の］佐栄志の女愛子［愛加那《あいがな》］を納《い》れて、一男一女を挙げた。男は菊次郎、女は大山誠之介（巌の実弟）の妻となった菊子である。

一日、土地の猟夫を携えて猪狩りに赴いた。猟夫は隆盛をして猪を射るに最も好位置につかしめた。隆盛銃を携えて猪を待つと、猛猪突進し来って其前を過ぎたけれど、隆盛空しく逸して了うた。猟夫怒って之れを詰ると、隆盛はおのが無能を謝した。

翌日又猟して、又逸した。猟夫益怒って、最早猪を射るに好位置を与えぬという。数日して又猟する時、隆盛は猟夫に嘆願して、今度こそは誓って射るからとて、強いて好位置を要求し、漸くにして許さるるや、隆盛勇躍して銃を擬して待っていた。果たして猪があらわれたから、銃を発したが中《あた》らぬ。猟夫激怒して、大いに隆盛を罵ったら、隆盛低頭して、三回の失敗、実に面目のない事である、其償いに豚を屠って饗しようとて、豚を買って猟夫と共に会食した事がある。

井伊大老が桜田に斃《たお》されたとの報が来た。隆盛大いに喜び、刀を抜いて庭に出で、大声を発して松を斫《き》る事あまたたび。欣然室《へや》に入りて、酒を命じ、島民を招いて祝杯をあげ、談笑数刻に及んだ。

井伊直弼の倒れたのは時勢に大きな変化を齎《もたら》すものであった。薩摩の島津久光は国事奔走に乗り出し、薩藩の情勢にも転換する処があった。此機会に乗じて、大久保市蔵等の嘆願したのが功を奏して、隆盛召還の命が発せられた。

隆盛が三ケ年の星霜を過ごした大島をば出発したのは、文久元年十二月であった。風波のために船を引き返し、更に二年正月十九日、大島を出帆して、二月十一日、薩摩枕崎に着き、翌日鹿児島に帰った。其帰るに臨み、吏員某、其迎使となって大島に来り。船中に於て、恭《うやうや》しく西郷に告げて、貴下の誠忠は藩中知らぬ者がない、今にして赦さるる如きは実に晩《おそ》きに過ぎるものであると述べた。西郷叱して曰く、阿諛《あゆ》汝が如きものの猶在るは、薩藩の振るわざる所以である、今後よく言行を戒めよと、告げて、其諂《へつら》いを退けた。

隆盛、幽居中の疲れを養わんとて、指宿温泉に浴した。大久保は其奮起を促し、また久光に対しては隆盛の為に懇請する処があった。久光、其請いを允《ゆる》して、隆盛をして九州各地の情勢を探らしめ、馬関に於て、久光の来着を待って、其一行に加わらしむる事になった。之れによって隆盛は村田新八等を従えて鹿児島を出で、九州各藩を視察したる後に、馬関に来ったが、恰《あたか》も京摂の間に事情切迫したものがあったから、久光の馬関に着くを待たずして、京都に上って了うた。

久光は此事を聞いて大いに怒り。且つ其従士の中に隆盛と異見を抱く者があって、隆盛の為に不利益なる上申をした。曰く、彼れは諸藩浮浪の士と結托して策を立てている。曰く、彼れは年少の士を煽動している。曰く、久光の滞京を計画している。等々。久光之れを聞いて、益激怒し、隆盛と森山棠園《とうえん》［新蔵］、村田新八とに帰国を命じた。

隆盛、此事を知らずして、久光を迎うるために兵庫に赴き、大久保に遭って、始めて久光の激怒を聞いた。大久保は隆盛の親友であり、且つ今度の召還起用についての斡旋者であるだけに、重い責任を感じていた。隆盛を携えて、海浜の人なき場所に至り。告げて曰く、事既に終わるものがある、宜しく生きんよりは寧ろ君と耦刺《ぐうし》して［差し違えて］死なんと、其決死の事情を語った。隆盛、大久保の衷心と地位とを察知して、君が死んで了えば誰が勤王の大志を貫き得るか、大事貫徹のために、君は止まって後事《こうじ》に就け、我れは命を奉じて薩摩に帰り、罪に服するが今日の場合最も適切の方法であると語り。共に海路大阪に赴き、上陸したる後尚種々《しゆじゆ》語り合うて、隆盛は四月十一日、薩船天神丸に乗って帰国する事になった。

赦免後僅かに月余にして再び此咎責《きゆうせき》をうけたので、其運命の数奇なる実に測り知り難きものあるを感じた。隆盛の生涯は固より変化に富むものであるが、此前後に於ける急変化は、生涯中にも最も著しいものであろう。船、薩摩の山川港に入りて碇泊数十日間、親戚故友の鹿児島から来って面会を乞うものあるけれど、警吏の守衛厳にして之れを容《ゆる》さぬ。僅かに隆盛が港内に舟を浮かべ、釣りを垂れるのを遥かに見て、互いに目視を交わすのみで、全く面晤《めんご》［面会］する事はゆるされなかった。

隆盛は徳之島へ、村田新八は喜界ケ島へ流竄《りゆうざん》される事に決した。啻《ただ》、森山には何等の命も下らなかったから、俄に自刃した。六月、漸く山川を出帆して徳之島に着いた。時に隆盛は三十六歳。今度は前の大島潜居の折とは異って、藩庁からの扶助がない。隆盛は久光の怒りに触れて流《る》謫《たく》の身となったのであるから、何れ長日月を此島に生活せねばなるまいと覚悟して、家屋を求め、農具を用意し、自ら耕耘して生活するの準備を着々していた。其間に、島の代官中原万次郎が、特に隆盛を敬愛して親切に待遇してくれたのが、せめてもの心を慰めるものであった。かかる折、隆盛に詠があった。

うき事の稀にしあれは苦しきを　常と心へば楽しかりけり

隆盛の徳之島に着くや、外来人を珍しがる島民共は相伝えて、巨漢来る、巨漢来る、とひしめいた。一島民が其何の為に来たかを尋ねると、隆盛は流謫の者であると答えた。然らば其流謫の理由はと聞くと、悪事をしたからだと返答した。

隆盛の角力を好む事に就いては、既に説がある。徳之島に於ても亦、島民を集めて相撲《あいう》ちはじめ、勝った者には島民の喜ぶ索麵《そうめん》を与え、終わりには自ら土俵に立ちて戦いを挑んだ。島の最強の者が之れに応じて力を角《かく》する［競う］と、隆盛は巨巌の聳えるが如く立って動かぬ。果ては自ら態《わざ》と土俵に転がって見せて、笑いながら負けたと称して、相手に索麪をくれた。

徳之島は稲の実る事の早い土地である。隆盛の島にいる間に其収獲期が来た。農夫共は皆農業に忙しそうにしているから、隆盛も一緒に俵括りの助力をした。隆盛は力余りあるけれども、かかる技術には慣れないから、農民の五六俵を括り終える間に、僅か一俵をこしらえ得るのみで、併も其括りが甚だゆるいものであったから、農民のために笑い話となり。西郷さんの俵括り、という語は、永く締まりのない事の名称と迄なって伝わり残った。

然るにこの徳之島は彼れの永住の地ではなかった。次に、藩命を以て遥か洋上なる沖之永良部島に牢居を命ぜられ、且つ護送も船牢を以てすとの宣告が下った。文久二年八月二十六日の事である。隆盛は大島から来た其児女と共に団欒して、和気に浸っている時であったが、代官中原は藩命を伝えんとして入り来った。併し此家庭的平和の情景を見ては、足も逡巡して進まず、事が憚られ、思わず涙が潸々《さんさん》として下って、あまたび踵《きびす》を回して去ろうとした。遂に意を決して、庭外から隆盛を呼び、故《ことさ》らに声を荒らげて、沖之永良部島に謫《たく》せらるるの旨を告げた。隆盛答えて曰く、切腹の覚悟であったが、生命のみは取り止めましたかと。従容《しょうよう》として其命令書を受け取った。之れを見て中原は愈隆盛の人物である事を感嘆した。

藩命既に船牢にて護送すべしとあるから、隆盛自ら一箇の流罪人として、舟牢に入りて謹慎した。護送の吏員は、航海中は牢外に出で、着島前に入牢せられよと勧めたが、隆盛拒んで、君命を背いてはよろしくないと、舟牢に端座して謹厳の態度を続けていた。

船中に鹿児島から乗り組んで来た警吏があった。船中に端座して眼を瞬《みは》って隆盛をのみ看視していた。或いは船中に於て隆盛を殺さんとするものでないかと疑うていたが、後に至って其吏は桂久武《ひさたけ》が特に隆盛を護る為に派遣した者である事がわかった。

船の沖之永良部島に着せし時、島吏が乗馬を牽《ひ》いて隆盛を伊延《いのべ》港に迎えに来た。隆盛、船牢に在って態度極めて慇懃にして、今後の眷顧《けんこ》を乞うと告げた。吏皆其礼の厚きに感じ、隆盛を船牢より出して、乗馬を勧めた。隆盛否んで徒歩を望む。吏其理由を問うと。之れからは幽囚の境遇に置かれるから、再び土を踏む時があるまいと思う。今ここに最後の土を踏ましめられよ、と告げて、粛然として往く。

爾来、獄中に静座して、自ら飲水を乞わず、湯を乞わず、喫煙を禁じ、三度の粗食の外には決して間食する事なく、甚だ其身の行動を慎しんでいた。吏、拍子木を与えて、用あらば之れを拍てといったが、終《つい》に一度も拍子木を用いなかった。

獄舎は狭隘で、しかも臭穢《しゅうわい》を極めていた。隆盛ここに端座していたのであるから、肌は汚れ、髯《ひげ》は生い、衣服亦穢れ、栄養良からずして、形容は枯槁《ここう》した［やせおとろえた］。けれども厳冬盛夏の期と雖も、牢居して少しも動かぬ。島吏某は之れを見かねて、其身体を害せん事を恐れ、時に出牢して身神を安めよと諭したが、隆盛は、君命を違背し難しとて、始終牢居して謹厳を継続していた。

唯読書と精神の修養とは忘れなかった。嘗て詩がある。

朝蒙二恩遇一夕焚坑、　人生浮沈似二晦明一、　縦無レ回レ光葵向レ日、　若不レ開レ運意推レ誠、
洛陽知己皆為レ鬼、　南嶼俘囚独竊レ生　生死何疑二天附与一、　願留二魂魄一護二皇城一、

島吏土持政照《つちもちまさてる》は、特に隆盛の不遇を悲しみ、其待遇について常に心を砕いていた。或いは滋味を贈り、或いは浴を勧め、或いは又獄舎の改修を計った。之れが為に曰く、隆盛の幽せる処は座牢にあらず、獄舎である。請う我れ私費を抛《なげう》ちて其改修を試み、座牢として隆盛を保護したいと此議容れられて、隆盛は為に新築の座牢に移るを得た。居を移してより其健康は頓《とみ》に恢復して、外貌もややととのうて来た。政照更に入浴の度数を増さしめて、隆盛をして浴後、角力を試みるの余裕を作る事に成功した。

生麦の変より、延《ひ》いて英艦の鹿児島を砲撃した事が島内に伝わり聞こえた。隆盛之れを知って大いに嗟嘆《さたん》してやまず。船を調えて鹿児島に帰り、国難に殉ぜんとする意が動いた。政照亦感奮して、僕を鬻《ひさ》いで船を造るの資を求めんとした。其母之れを知って、蓄財を投じて船を造らしめ、政照の随行するを諾した。適《たま》ま英艦撃退されたとの報が至り、此挙はそのまま中止となったが、

隆盛は重ね重ねの政照の厚意を深く謝し、進んで兄弟の盟を結び、永く其徳を忘れなかった。後に、隆盛栄職に在った時、政照に語って曰く、君無かりせば、我れは彼の時已に島中の鬼となって了うたであろう。我れの今日あるは一に君の賜物である、生涯忘るべからざる恩であると。隆盛の沖之永良部島に来る前から、種子島の人、川口雪蓬《せつぽう》なる人物がやはり此島に謫《たく》され、隆盛の謫居から里許距《へだ》たった土地に在りて、児童の教育を営みつつあった。

政照の仲介によって、隆盛と会し、双方意気相合うて、頻繁に往来をなした。雪蓬亦一種の畸人である。隆盛を訪うて其牢外に横臥したまま帰る事を忘れたり、帰る路を迷うて終日徘徊したりする事などが屢《しばしば》あった。隆盛戯《たわむ》れに、迂闊先生、睡眠先生の号を彼れに与えた。

隆盛召還の後も雪蓬は懇交を絶やさず。十年の役には、隆盛の家族を保護して、其難を避けしめ。其後に至っても同邸に留まって育英にいそしんでいた。但し時事を談ずる人があれば、凡て黙して答えなかったという。今鹿児島浄光明寺に在る隆盛の碑面は、実にこの雪蓬の筆になる文字である。

之れも沖之永良部島の謫所に在る頃の挿話である。隆盛の閑のすさびに、大島にいた頃に愛用した釣り具の手入れをしていた。政照は見馴れぬ漁具は何の用をなすものかと聞くと、座敷にいながら烏賊《イカ》の釣れる不思議なる具であるという。政照例の隆盛の戯れと思うて聞き流すを、隆盛はいいと真摯に座敷で烏賊の釣れる事を主張した。

翌日、政照の再び訪うた時、隆盛は昨日の約束の烏賊が釣れたというて、大烏賊二匹を示した。如何に隆盛が英雄なればとて、神わざでない以上、座敷にいて魚介の獲れる筈がないから、政照大いに訝《いぶか》しみて、其所以を尋ぬると、隆盛例の如くとぼけてばかりいて、実を吐かぬ。強いて糺すと。曾て徳之島で知り合いになった漁夫がここへ来たから、さきに示した漁具の内二箇を与えて、其方法を教えた。其後へ政照が来た故に、戯れに座敷で烏賊が釣れるといったのである。然るに前の漁夫が釣り来って、ここに置いていったのが即ち此烏賊であると告げて、隆盛は肩を揺すって快《こころよ》げに笑った。

孤島に閑日月を送る隆盛の身に、又もや春が回《めぐ》って来た。即ち時運の進展は遂に隆盛の召還を必要ならしめたのである。幕府の勢威は次第に傾き行き、勤王の論は澎湃《ほうはい》［広く、盛んに起こる様子］として天下に蔓《はびこ》り、今や隆盛を要するものは、単り薩摩有志家のみでなく、諸藩勤王の士も亦熱心に隆盛の必要なる事を主張し出した。茲に於て、吉井友実命を銜《くく》んで［命令を受けて］、藩の汽船胡蝶丸に駕して、大阪より鹿児島を経て、元治元年二月二十四日、沖之永良部島に到着した。島に上がりて、隆盛に召還の命を伝えると。隆盛甚だ恐縮して、今に至っても猶我れの用ゆべき所があるかと言った。政照等は、隆盛の為に送別の宴を張り、使者の一行をも招いて其行を盛んならしめた。隆盛亦大いに気をよくして談笑頗る佳境に入るものがあった。

隆盛の島に在る時、政照に告げて、飢饉の際に処するための社倉《しやそう》［飢饉に備えて設ける穀物倉庫］

社倉を起こし、爾後窮乏《じご》を恤《めぐ》む事の法を教えて、其方法を授けた。政照、之れを里老と謀って、社倉を起こし、爾後窮乏を恤む事数回に及び、尚巨多の貯財をも残し得た。

隆盛、幽囚に二年余の歳月を過ごして来たから、歩行の自由を欠き、加うるに生来の肥大で、其行動に苦しむ所が多かった。島より帰る時も、漸く吉井等の扶助によりて乗船し得た程であった。しかし鹿児島に着くや否や、歩行困難をも顧みず、先ず第一に旧主斉彬の墳墓を詣で、拝した。

元治元年三月三日、藩命によりて京都に上り、薩藩軍賦役の職についた。此職は藩邸に於ける指揮の任を執る可なり重要なものであった。隆盛は、当時の時勢に対しては、幕府をして朝命を奉ぜしめ、諸藩合同の力を以て対外の策をなすべしというのが其主張であったが、此議は幕府の容るる所とならず、幕府は唯自家の勢力の挽回のみを計っていた。隆盛茲に於て、先ず内は藩内を統一し、外は朝廷の命を奉じて、其進退をなさん事を決意した。

此歳、長藩兵、嵯峨、山崎、伏見の三方から禁闕に向かって進み、大いに兵威を示した。隆盛之れを見て、勢いを以て朝廷を威嚇せんとする者の嘆願を許すならば、之れ朝廷をして長藩に屈せしむると同様の事になると痛論した。朝議遂に長藩追討の命を下されて、ここに甲子《かっし》の兵燹《へいせん》［禁門の変］が生じたのである。

此戦に於て、隆盛は足部に微傷を蒙った。当時の模様を沖之永良部島の政照に報じた書信によ

ると、

京都に於て大合戦有之、足に少々銃砲瘡を蒙り候得共、浅手にて何も子細無之、大幸之事に御座候、御存之通、軍好の事に御座候共、現事に望み候ては、二度は望度無御座候、実に難儀のものに御座候、御笑察可給候、其節の功に、御刀並に御陣羽織迄拝領被仰付、冥加《みようが》至極末代迄も面目を施し候。云々。

禁門の変に長藩敗れて退いた。幕府此機に乗じて、尾張［徳川］慶勝《よしかつ》を総督として征長の軍を発した。時に隆盛は久光の御側役に昇進していたが、藩を代表して大阪の征長軍議に列《つら》なり、其意見を陳べた。総督は隆盛の意見を用いて、対長州の交渉談判を隆盛に委任した。隆盛ここに於て、薩摩の一重臣にして而も天下の大事を担当する事となったのである。

隆盛単身長防に入るを、総督危ぶみて、護衛の兵を具すべき事を注意したが。隆盛は、若し我れを殺さば、其罪を論じて正々堂々の軍を発せられよとて。若干の士を率いたのみで、大阪を出でて広島に赴き、更に岩国に到りて、吉川監物《きつかわけんもつ》［経幹《つねまさ》］と面接し、恭順と藩内の改革とを説いて、其使命を果たした。

隆盛は、長藩が三家老の首級《しゆきゆう》を実検に供え、恭順の意を表わしたから、此上は平和に局を結ぶべきを主唱した。之れに対して幕吏及び諸藩の間には、其処置を寛大に失するとして議論が紛出〔噴出の意か〕したが、総督は隆盛の説を容れた。之れによりて、時人、総督の英気至って薄く、芋に酔うて泥の如しとの評を為すものもあった。芋とは即ち薩摩芋を意味し、隆盛を指したのである。偶以て隆盛の信任の如何に厚かりしやを証明する言でもある。

土佐の坂本龍馬、中岡慎太郎等、薩長の融和を以て、国家大業を成就せしむるの第一歩と思惟し、両者の間に立ちて頗る周旋《しゅうせん》に力《つと》めた。中にも中岡は此為に屢《しばしば》隆盛と会見して、其人物の偉なるに敬服していた。中岡の同志に与えた書中に、

西郷吉之助、為人《ひととなり》、肥大にして後免〔現在の高知県南国市〕の要石（力士）にも不劣、古の安《あ》部貞任《べのさだとう》などは、如此者かとも思やられ候、此人学識あり、胆略あり、常に寡言にして、最も思慮雄断に長じ、適《たま》ま一言を出せば、確然人胆を貫く、且つ徳高くして人を服し、屢《しばしば》艱難を経て、頗る事に老練す。其誠実、武市に似て、学職有之者、実に知行合一の人物なり。

坂本龍馬亦曾て勝安芳の紹介によりて、隆盛と初めて逢うた。後に語って曰く、西郷は洪鐘《こうしょう》に似たり、大きく叩けば大きく響き、小さく叩けば小さく鳴る。其度量殆ど測り知るべからずと。斯くの如き坂本と中岡とは、隆盛をして長州の傑物《けつぶつ》桂小五郎と提携せしむべく尽瘁《じんすい》した。其効

果あって、慶応二年遂に薩長連盟の事が成就した。

薩長連盟成立以後は、天下の大勢は急速に開展して、大政奉還、王政復古の一路へと進んだ。其間、或いは幕府長州再征の失敗、或いは坂本中岡の刺客に斃る等の事項があったが、是等は皆明治維新の成る序曲の一齣であって、隆盛松菊［「松菊」は木戸の号］の握手が確実になった事は、如何にしても維新の原動力の要件たるを否む事はできぬ。之れに伴うて、三条実美等の帰京、岩倉具視の出廬《しゆつろ》等も、亦維新大業を成らしむるの因由であった。

慶応三年十二月の小御所会議が、政治上の大分水嶺でありし如く、明治元年正月の伏見鳥羽の一戦は、事実上の大分水嶺であった。

明治聖代の第一頁はここから開かれたのである。

会桑両藩を主力とした幕軍は、伏見、淀、橋本等の要地に屯集して京都を窺うていた。朝廷は薩長土芸［「芸」は芸州藩（広島藩）］に命じて、伏見鳥羽の間を警衛せしめたが、土芸の両藩は辞して其出兵をはかばかしくしなかった。之れによりて隆盛は長州の山田顕義《あきよし》等と謀り、薩長両藩の兵を主力として敢然幕軍と対立せしめた。

正月三日、砲声はまず鳥羽の関門から轟いた。続いて伏見方面からも響いて、城南の野は硝煙に包まれ、銃砲の音は間断なく聞こえる。隆盛、参内して禁闕に赴くと、満廷の公卿、参内の諸侯、多くは色を失うて狼狽懼怕《くは》、平素は高論放言の人達も、其戦況の如何を危ぶんで戦慄しているのもある。隆盛窃《ひそ》かに思えらく、長袖者流《ちょうしゅうしゃりゅう》［公家や僧侶］は一旦難に就けば、殆ど為す処を知らぬものであると。

中には隆盛等の無謀がかかる事に及んだのだと、私語して非難する者さえあった。然るに戦運開けて、吾軍捷《か》てりの報が達するや、俄に隆盛等に接近し来って、続々面晤《めんご》を乞う者があり、前の嫌忌は忽ちに歓待と急変して了うた。戦い終わりて隆盛の曰く、鳥羽の一発の砲声は、実に百万の味方を得た感じがしたと。

鳥羽伏見の戦につき、隆盛、後に語って曰く、幕軍の弱脆は長州再征に徴《ちょう》して［照らし合わせて］十分瞭《あきら》かである。我れに恐るる処は毫《ごう》もない。殊に大軍を一道に聚《あつ》めて進むが如きは、前軍破れて後軍必ず潰えるを免れざるの愚策で、たとえ敵幾万の大兵を率い来るとて意に介すべきものはなかった。しかし敵が諸道に兵を分けて進撃し来ったならば、当時の吾軍の寡勢は到底之れを禦《ふせ》ぐに苦しんだのである。偶以て幕軍に良将がなかったと見えて、此策に出でなかったのが、吾軍の捷《しょう》を得た所以であると。

伏見鳥羽の一戦は天下の大勢を決して了うた。朝廷、討幕の軍を発して、二月、東海、東山、北陸、奥羽、各方面の先鋒総督兼鎮撫使を設け、薩長以下二十余藩の兵をして之れに属せしめた。而して征討大総督有栖川熾仁《たるひと》親王に、綿旗節刀《きんきせっとう》を賜《たも》うた。この時、隆盛は大総督府の参謀に任ぜられ、又東海道の薩兵の指揮をも司った。

之れよりさき、板垣退助の江戸に在る折、浪士中村勇吉、相良総蔵等数名を潜匿《せんとく》せしめて庇護していたが、板垣帰国の砌《みぎり》、之れを隆盛に托した。隆盛は此浪士等を薩邸に匿して置くと、かかる脱藩過激の徒が自然に数百名も集まって来た。是等は若し京都に於て事変の発生する時に臨み、江戸に立って呼応する予定であった。

彼等の中には無頼の輩も交っていたから、動《やや》もすると市中に暴行を働いた。之れがため幕府の憎む処となり、遂に慶応三年十二月、庄内以下数藩の薩邸焼き打ちとなり。浪士の一部は品川に奔《はし》り、薩艦に投じ、幕府軍艦の砲撃をうけつつ品川湾を脱して兵庫に着いた。之れが即ち薩摩と幕府との敵対行為の表現となって、併せて伏見鳥羽の戦役の前触れともなったものである。

之れによりて隆盛、後に板垣に向かって、実に板垣さんは畏るべき人である、浪士を薩邸に舁《かつ》ぎ込んで戦を始めさしたと揶揄した。板垣之れに応じて曰く、是は迷惑千万な言葉である、浪士を取り締まっていた人が抑《そも》過激な人であったからだ、併しよき幕開きであったではないかと。隆盛此言を聴いて、巨口を開き、頭を抱えて哄笑した。隆盛の頭を抱いて哄笑するのは、何かの時に必ず現わる其常癖であった。

東征の官軍は、東海道を進むものと、東山道を進むものとあった。東山道方面は之れを二に分かち、一は板垣退助参謀となって、信濃より甲斐に入り、幕兵を追撃して新宿に着いた。一は伊地知正治参謀となり、上野より武蔵に入り、幕兵と戦い、進んで板橋に陣した。此折、東海道の先鋒は、池上本門寺に着し。三道の官軍江戸城を臨んだ。而して江戸城攻撃には、伊地知の作戦によって、三道一斉に進撃し、火を放って吾軍の帰路を焼き、死中活を求むるの必死の手段によって、一挙に攻略せんとする案であった。

時に隆盛は、大総督府と共に駿府に在った。幕臣山岡鉄太郎、勝安芳と謀って、駿府に来り、隆盛に面して、慶喜恭順の意を貫徹せんとした。隆盛、山岡の苦衷《くちゆう》を憐れみ、且つ平和裡に事を進むるの議を納《い》れて、自ら徳川氏を保証せん事を誓った。之れによりて勝安芳との会見が続いて生じたのである。

官軍の江戸城攻撃は三月十五日を期していた。其前々日、即ち三月十三日、勝は書を贈って隆盛との会見を求め、即日高輪に於て面談し、翌十四日、又も三田に於て会見した。此会見の結果によって、江戸百万の生霊の安危と、徳川氏の存亡と、天下治乱の機とが、平穏裡に解決し得たのであった。

会見当日の模様を、勝が後日、人に語った談話の中に次の如きものがある。

当日、余は羽織袴の軽装にて、馬上只一人の口取《くちとり》を従え、薩摩屋敷に出かけた。一間に案内され、暫時《ざんじ》待つと、西郷は庭の方より古き洋服に、薩摩風のひき切り下駄を穿ち、例の忠僕熊吉一人を伴い、如何にも平気な顔色にて出で来り。是れは実に遅刻致しまして失礼と、挨拶しつつ座敷に通った。其動静、一大事を前に控えたるものとは見えなかったよ。談判は只一言で決した。オレの言う所一々信用してくれ、其間一点の疑念も挟まなかった。色々むずかしき議論もありますが、私が一身にかけて御引き受けします。此一言で、江戸百万の生霊も、其生命財産を保全し、徳川氏も滅亡を免れた云々。

此折会見の席より遥かに望めると、品海から徳川の脱兵らしき者五十人許りが、七八艘の小舟に乗って、薩邸を指して漕ぎ寄せて来る。薩邸の兵は之れを見て、或いは襲撃するものと解して、之れに応ずるの準備をして、頗る騒然たる者があった。勝等は大いに愁いて、今日吾人等が心胆を砕いて誠忠を致すの際に方《あた》り、何者の悪魔の指揮によるか。無謀も甚だしき徒輩であると苦嘆した。隆盛微笑しつつ、騒がるる事はない。我れ殺さるれば必ず兵隊が振起《しんき》しますと告げて、却って勝等を慰めた。勝等益隆盛の度量の偉なるを感じた。

明治元年四月十一日、江戸城授受の日である。始めの約束には、此時、官兵を城地に入れず、上官数人で上納の式を終える予定であった。然るに、当日には、隆盛は自ら一小隊を率いて卒伍に加わり、正使橋本実梁《さねやな》、副使柳原前光《さきみつ》を警衛して、城に入った。此事を知りて、幕士其違約を憤って激発せんとする気勢となり、勝も其鎮定に苦しんだ。

益満休之助《ますみつきゅうのすけ》来って、勝に会し、違約の理由を説いた。それは西郷の命を受けて、益満は頻《しき》りに勝を索《もと》めていたが、勝は大切な日であるから、幕士の暴発を憂いて、其前日から諸処方々を巡視して其行衛が定まらぬ。益満其跡を追うて空しく時を遅らしていたのであった。漸くにして勝の居所を探知し、隆盛の旨を伝えたのである。

隆盛の意は、近日城中の人心頗る激昂している。若し勅使江戸城に臨む時、不測の変を生ずる事があったなら、従米の苦心も悉く水泡となり、万事皆之れがために破れて了う。之れ故に隆盛は自ら少数の警衛兵を率いて、勅使の護衛に当たる事にした。曩日《のうじつ》の約を違えた為に異変が発したなら、それは隆盛一身を以て責に任じ、決して累を徳川氏に及ぼさぬというのであった。此言を聴いて勝は諾し、激昂せる幕士等も、隆盛の誠意を了解して、始めて鎮静に帰する事を得た。

勅使橋本実梁、柳原前光、西之丸に於て、田安慶頼《よしより》に旨を伝えて、直に城を退いた。隆盛も共に其席にあったが、勅使一行中には、万一の変を慮《おもんぱか》って慄々怖れを抱く状の者がないでもなかった。隆盛独り温然として迫らず。勅使が去っても、一向に立ち去ろうとせぬ。大久保一翁は怪しんで隆盛を視ると、気持ちよく熟睡している。一翁驚いて呼び起こし、已に勅使の退城したと告ぐると。隆盛は、始め城中の宏壮に驚き、偶釘隠しの数を算《かぞ》えてある間に、恍惚として睡りに陥って了うた。それがため我れ遂に遅れたと、匆々《そうそう》退下した。

慶喜恭順謹慎し、江戸城亦収授せられたが、幕府党の激徒尚関東に在り、殊に上野に在る彰義隊は勢《いきおい》猖獗である、ここに於て、之れを掃蕩すべく、五月十五日の戦闘が開始せられた。隆盛薩軍を督して、敵の主力の抗する黒門口を攻め、猛襲して之れを破った。

爾時《にじ》、部将篠原国幹《くにもと》勇を奮《ふる》って猪突した。隆盛其危険を冒すのを見て憂い、攻撃の針路を転ずべき事を諭した。篠原忿《いか》って、既に戦いに臨んだ上は、たとえ最難苦戦の地であるとて、他に之れを譲るわけにはいかぬと云う。隆盛之れを聞いて、愈死地に陥るを恐れ、弟慎吾（従道）をして復《また》いわしめて、他に其方面よりも更に難攻の地があって苦しんでいる、君之れに当たる意がないかと唆《そそのか》すと。篠原大いに奮い立ち、更に難攻の地があるならば、我喜んで其処に赴くと云う。隆盛之れによって漸く篠原を救い得た事を喜んだ。

江戸附近平定して、越後長岡、会津若松、出羽庄内等を征討せんとした。中にも長岡は一時官軍の敗報が聞こえたから、隆盛、軍艦春日に搭乗して新潟に赴いた。然るに長岡既に鎮定した故、隆盛は会津を攻めるよりも、庄内を降伏せしめんと計った。庄内は兵強くして、出でて秋田を攻めていた。幾ばくもなくして庄内亦降《くだ》り、隆盛は、村田新八を従えて米沢口から庄内に来た。

隆盛、吾軍に命じて速やかに庄内領から退去せしめた。曰く、庄内は降った、此処に多くの兵を止めて庄内の米を喰い潰すは気の毒であると。然れども庄内の降伏は、藩命によって止むなく降ったものであるから、藩兵の中には不平の者があって、憤慨の情が歴々と見える。官軍の隊将は其悉く鎮静を見たる上に、凱旋せん事を請う者があった。隆盛之れを諭して、武士が兜を脱ぎて降参した以上は、其跡を見るべきものでない。再び乱るる事があるならば、再び之れを征するばかりであると。衆に命じて悉く撤兵せしめた。之れによりて庄内の人心皆隆盛の徳を敬慕した。斯事《この》は独り、東北地方の人に感化を及ぼしたのみでなく、官軍の諸将も亦其襟度《きんど》に敬服した前原一誠の如きは同じく庄内の陣営に在ったが、隆盛の胸中清朗なるを賞嘆して、我れ前から隆盛の為人《ひととなり》に服していたが、今度の一挙に至っては其偉なる度量と信義とに驚くのみであると語って、一層敬慕の念を加えた。

会津、庄内共に降伏して奥羽の地は全く鎮まり、官軍凱旋した。此時に当たって、輿望《よぼう》［世間の人々から寄せられる信頼・期待］は隆盛の上に集まり、薩摩の英俊等隆盛を見る事師父の如きものがあった。されど隆盛は諸種の事情よりして、故山に還って閑地に潜み、精神を養わんと欲して、高踏勇退、飄然《ひょうぜん》として鹿児島に帰った。其高潔の行動を見て衆望《しゅうぼう》更に聚《あつ》まった。居を城西、武山の麓に卜《ぼく》し［選び定め］、常に僕を従え、猟犬を曳き、日当山《ひなたやま》の温泉に赴いて、山野を跋渉して静かに狩猟を事としていた。後年、参議の職を捨て、閑居した時も、此土地に来たので、日当山附近には多くの逸話を残している。

其頃、隆盛は頭髪を剃り落として名を梅一と称した。梅一の名は、其十歳許り以前に、隆盛に愛せられていた同名の盲目按摩の畸人が在った。其按摩の名を冒して、自ら梅一と称したのである。巨軀の大坊主、其風貌甚だ奇異なる者であった。

当時、寺院廃せられて、坊主がなくなったのに、此大坊主の出現は、村民等には殊に奇怪視せられた。隆盛は平然として、日当山温泉に浸り、頭を洗いながら、村爺村媼を捉えて、坊主になって若く見えるであろうと戯れると、邪気なき村民等は、先生の御寺がまだ廃せられませぬかという。それは当時流行の寺院廃止に洩れた事を諷したのである。隆盛巨額を撫でて、余り頭が巨《おお》きいから、お上の情けでまだ廃せられぬと笑った。

其頃、伊地知正治から、大久保利通に贈った書中にも、

西郷入道先生も、既に四五十日、日当山湯治、犬四五匹、壮士三四人、同道之由云々、

とあるは、這間《しやかん》［この間］の消息を通ずるものである。

隆盛は、戦後の東北地方を巡視すべき用務が生じた。則ち坊主頭の儘《まま》、高島鞆之助《とものすけ》等を従えて往った。頓《やが》て山形へ赴くと、藩主は帰順の意を表するために隆盛に会見を乞う。隆盛諾して其処に会し。初対面の挨拶すまして、私は薩藩の西郷一梅であると名乗った。其態度の奇なる、側にいる薩藩士等は辛うじて失笑を抑え得た程であった。按摩梅一の事は既に彼等は承知している。苟《いやしく》も官軍の首将であった隆盛であるから、一藩主との会見にはまさか梅一の戯名《ぎめい》も唱えられぬ。それがため突嗟に転倒して一梅と号したのであるが、其態度の真摯謹厳なる丈けに、事情に通ずる者には、其対照の奇妙なるに耐えられなかったのである。

藩主は其辞礼甚だ慇懃を極め、隆盛亦謙譲の態度を以て之れに応じていた。其様子たる、何れが帰順者であるかを弁別し難い叮嚀さであった。会見終わった後に、側の者が、隆盛に対して礼に過ぎはせぬかと問うと。否、彼れは降伏者である、官軍を恐れている者である。我れ若し語を励ましたならば、必ず畏縮して却って意中を吐き尽くし得ぬであろうから、故《ことさ》らに懇切に応対したのである。畢竟其心中を言うだけ言わしめる為に外ならぬと、語った。

隆盛徒らに閑居して生を安んずるものでない。高島鞆之助が其閑居に訪問すると、戦争がすんだ後に徒らに東京に滞留しているは愚だ、汝もよく帰って来たという。高島乃ち討幕の戦争は終わったが、京都辺りでは先生の帰郷を非難している者がある、速やかに上京ありては如何というと、隆盛巨眼を瞬《みは》って、汝、討幕の事業が全く終わったと思うか、王政復古の大業は愈是れから始まるのだ、莫伽者と叱咤した。高島赧然《たんぜん》恥じて退いた。

明治二年、朝廷復古の功臣を賞し、八月武人の行賞があった。隆盛は維新第一の元勲であるから、特に賞典禄二千石を下賜された。蓋《けだ》し第一位の行賞であった。然るに隆盛は之れを固辞した。其意とする処は、維新回天の偉業は、一人の能《よ》くするものでない、従って其賞の如きも一人の私有すべきでない。加うるに今や維新創業の秋で、政府の経費は必ず多額を要するものがある、宜しく奉還して其万分の一を補うというのであった。朝廷之れを聴《ゆる》さず、再三懇願するに及んで、漸く其幾分を容れられた。後に鹿児島に私学校を設けるや、隆盛は賞典禄を挙げて其経費にあてた。

朝廷薩藩主の勲功を賞して、久光を従二位、忠義を従三位に叙任した。明治三年、隆盛亦正三位に叙せられた。位階は朝廷の大器、朝臣に賜《たま》うべきも、無官の士に賜うは最も慎重を要する。然るに君侯従三位で、藩士たる我れが正三位に叙せらるるが如きは、人情忍ぶ能《あた》わざるものであるとて、堅く執って辞退したが、之れも聴《き》かれなかった。

隆盛、体軀肥満して腹が殊に大いため、始めて束帯して朝に上らんとする時。宮中より廻付《かいふ》された装束は、身幅が狭くして、腹を掩う事ができぬ。隆盛、手拭いを以て腹部を掩うて、漸く装束の狭きを補うた。

鹿児島藩の参事を命ぜられた時、上下《かみしも》を着けて宮内省へ出頭した。其時に板垣退助も同じ服装で出頭した。大木喬任《たかとう》之れを見て、宮中の礼装は冠直衣《かんむりのうし》であるから、藩の服制の上下では、宮中の辞令を受ける事ができぬ、早速宮中の礼装と改めて出頭せられよという。隆盛、退助と共に困った。退助のいうには、大木は宮中の官吏であるから、其礼装が当然であるけれど、我等は藩臣として出頭したのであるから、藩の服装でよいでないかと告ぐ。

大木は此議を同僚に計って見ようと出て行ったが。あとで隆盛は、そんなものを着なければ御役がつとまらぬのなら、早速辞職しようではないかと、頭を抱えて笑った。大木再び来って、上下の儘でよろしき旨を告げて、漸く其辞令を受ける事になった。

隆盛、談一たび、皇室の事に及ぶと、必ず襟を正して儼然と座を直した。曾て、皇上から拝賜した御真影を吾家の氏神に祠り、毎日、朝夕必ず礼拝をしていた。

或る時、太政官に於て、明治天皇の玉体の御健康のために、牛肉を供御に捧げんとの議を蘭法の侍医から御注意を申し上げた。三条実美は之れを聞いて大いに憂い、丸山作楽《さくら》に命じて、神代以来天皇の牛肉を召し上がられた御先例の有無について調査を命じた。隆盛之れを聞き、然《しか》らば神代この方、水薬を召されし天皇のおわしますかと、三条に反問注意したら、牛肉の御先例取調べは御取り止めになった。

明治の初め、天皇親《みずか》ら近衛兵を率い給うて行軍の事があった。天皇、玉鞍に跨らせ給い、御剣を玉手に把らせ給うて、御乗馬を進ませ給うた。隆盛、徒歩粛々として、御馬の後より扈従《こしよう》し奉って、肥大の巨駆を動かしながらいと敬虔に徒歩を終わり迄つづけていた。

隆盛、廃藩置県に就き、明治四年九月、暴風雨の夜、木戸孝允の邸に、大久保利通等と会合した。薩の西郷従道、大山巌、長の山県有朋、井上馨等之れに列《つら》なる。木戸と大久保とは反覆論議を凝らしていたが、隆盛黙々として傾聴するのみである。頓《やが》て二人の協議終わるや、卒然として曰く、事決せば行うは諸君の任務であるが、之れに対して不平を抱き争乱を起こすものがあるならば、隆盛其鎮定に当たろうと。これによって廃藩置県の議は確立した。

隆盛の最も心を用いたは、宮廷の宿弊を打破して、聖徳をいやが上に御発揚申す事であった。

明治四年、吉井友実を推薦して宮内大丞に任じ、宮廷郭清《かくせい》の重任《じゆうにん》に当たらしめた。吉井は、宮内大丞を以て少輔の事を行い、即ち侍従以下の諸官を設け、女官の等級を設け、大改革をなした。従来、宮廷の諸官は華奢文弱《かしやぶんじやく》の長袖者流《ちようしゆうしやりゆう》のみで、加うるに女官の権力甚だ強大で、政治上にも其織手《せんしゆ》［「女性の手」の意］を加うる状態であった。隆盛、曾て曰く、当時の聖上の御側近には、扇の骨けずりが多くて困る。是れから改革しなければ、時に聖明を掩うの不祥事が生ぜぬとも限らぬと。此改革に方《あた》って、宮内省に入りたる者は、諸藩の剛健質実の士をのみ選ばれた。高島鞆之助、米田《こめだ》虎雄、島義勇《よしたけ》等侍従に任ぜられ、村田新八、宮内大丞となり。後に山岡鉄太郎等が侍従に任ぜられた。是れより宮内省の情勢全く一変し、延《ひ》いては他の官省迄其影響を及ぼした。

隆盛復《また》兵制の革新を計り、山県有朋、西郷従道、大山巌等をして之れに当たらしめ、明治五年、海軍を兵部省より分離せしめて、別に一省を設けて、川村純義《すみよし》等を以て其衝《しよう》［大事な任務］に任ぜしめた。警察制度についても、従道の説を容れて、其創立に力を尽くし、鹿児島、山口の二県から各一千人、他の各県から一千人を徴集して、東京府内の警察に充てた。之れが警視庁の根源である。

此東京府内の警察を設ける時、鹿児島に在る樺山資紀《すけのり》に上京を促し、上京の際、柞《いす》の六尺棒千本を輸送し来れと命じた。柞木《いすのき》［材は堅くて重い］は郷里では撃剣用にする。隆盛は邏卒《らそつ》［見まわりの兵卒］に此柞木の棒を用いしめる腹案であったのである。

隆盛、陸軍大将となりて後、某に告げて曰く、吾死期が愈近づいた。則ち起って桐函に容れたる陸軍大将の制服を示した。某驚いて其所以を問うと、隆盛答えて曰う。此服を着けたる以上は、軍に臨んで自ら陣頭に立たねばならぬ、率先して闘わば死を免れぬであろう、之れ死期の近づいた所以であると。

明治の初期は、維新草創の時であったから、官紀の紊乱せる例が往々あった。山城屋和助《やましろやわすけ》の自殺事件、三谷三九郎《みたにさんくろう》の破産事件等其顕著なる例証である。斯くて文武官の腐敗の風聞は頻々として伝わった。清廉の板垣退助は之れを痛嘆して、薬研堀の隆盛邸を訪い、彼等腐敗漢に制裁を加えん事を議した。隆盛時に嗟嘆《さたん》して曰く、近時の世状を見るに、吾事毫《ごう》も行われていぬ、寧ろ北海道に赴いて、来耜を把って地を耕そうかとも思うと。板垣乃ち容《かたち》を改めて、之れには異な事を承わるものだ、今にして皇国発展の志を捨てば、前に国難に殉じて斃れた地下の諸英霊に対して恥じる処はないか。泉下《せんか》［あの世］の同志は、我等の維新回天の成業を待っている。然るに己独り世を遁《のが》れて生を全うするのは、丈夫の志でないと厳粛に語った。此語を聴くや、隆盛の面色火の如く熱し、巨軀を戦慄して、亢奮《こうふん》措《お》く能わず、そぞろ膝を叩いて、よし、板垣さんやりましょう。其真剣の態度、そぞろ人を圧するものがあった。

朝鮮屢《しばしば》吾国に対して暴状をなし、朝野の士憤って征韓論が台頭して来た。隆盛以為《おもえ》らく、曲直《きょくちょく》の理は明々白々であるから、宜しく正々堂々の態度を以て、彼れの邪曲を天下に声言して、其罪を糾問《きゆうもん》すべしであると。乃ち自ら其使節の任を帯びて、朝鮮に渡りて談判を試みんとした。されど隆盛は国家の桂石である。若し朝鮮の暗愚の民の為に殺害されんか、吾国家の損失は決して尠《すくな》くないから、隆盛の代わりに他の者を以てせんとの説も出でたが、隆盛、頑として応ぜぬ。彼れの非曲を改めさすに何の恐るる処やある。我れ其毒手に斃れば、益以て其罪を世界に声言して、公然之れを膺懲《ようちよう》すべきであると切言《せつげん》した。

太政大臣三条実美、隆盛の難を憂いて、之れを副島種臣《そえじまたねおみ》に代わらしめんとて、板垣退助に其説諭を托した。桐野利秋《きりのとしあき》、亦隆盛の身上を危ぶんで、板垣は其抑留を請うた。板垣ここに於て隆盛を訪うと、隆盛は予め其来意を察し、板垣の口を開かぬ前に。桐野はつまらぬ漢だ、吾朝鮮行を阻止せんと奔走している。近頃桐野が我れを訪うて来たから、汝の従弟別府晋介は、今度こそは死んでくれと、励ましてくれるのに、汝は却って且吾行を妨げるは、其志従弟に及ばざる事遠しというべしだと、叱責したと、物語った。板垣、隆盛の心奪うべからざるを察して、遂に何事も語らずして帰った。

廟議、隆盛の使節となりて朝鮮に赴く事に概ね定まった。啻《ただ》、岩倉具視、木戸孝允、大久保利通等が、遣外使節として西洋に歴訪して不在であるから、其帰朝を待って最後の決を執る事となった。然るに大久保先ず帰るや、内治の急を説いて、朝鮮と事を起こす事を避けるの説を持した。

しかし隆盛の勢威は時の朝野を圧しているから、一大久保の説のみでは之れに対抗し難い。頓《やが》て岩倉帰朝し、之れが又大久保に賛成したから、内治党の非征韓論は、俄然興起して、茲に征韓是非の議論が沸騰したのである。

時に太政大臣三条実美、病痾《びょうあ》に罹って、朝議に臨む事ができなくなり、岩倉が相国代理となって、征韓是非の両論を奏上して宸断《しんだん》［天子の裁断］を仰いだ。宸断岩倉説を嘉納《かのう》し給い、征韓論は終《つい》に潰え終わった。隆盛、即日辞表を捧呈《ほうてい》して野に退いた。

隆盛の辞職について板垣、副島等の征韓党の参議は皆職を辞し、桐野其他も之れに倣うた。朝野騒然、軍人の激昂、少壮の士の憤慨、人心恟々《きょうきょう》となった。之れが激発して、佐賀の乱となり、萩の変となり、西南戦争の勃発に至ったのである。

隆盛、挂冠《けいかん》［官職を辞めること］後は人に面接するを謝絶し、従者小牧某と僕熊吉とを随えて、編み笠を被むり、猟銃を携え寓居を出でて、隅田川に至り、僕に命じて帰って寓居を引き払わしめ、其居所を他人に知らしめぬようにした。隆盛は小牧のみを従えて、小舟で枕橋へ行き、此所で上陸して小梅村の越後屋（米商）の別荘に隠れ。ここに滞留三日。園地に釣りを垂れたり、詩を賦したり、毫《ふで》を揮《ふる》うたりして、悠々世外の遊びをなしていた。此間、黒田清隆の来訪があったのみであった。一旦寓居に帰り、又、品川から乗船して鹿児島に還った。

小牧某の当時を追懐したる談に、隆盛が舟に在る間は、端座して、脚を組んだ儘、沈思に耽《ふけ》っていた姿は、平生の寛弘の温容消え失せて、厳粛その物の如き威容は、側にいた自分も思わず畏縮して、一言をも発する事ができなかったと。以て如何に隆盛の苦慮したかを察知せしむるものがある。然るに小梅の別荘に入るや、既に決意した後であるから、談笑平常に異る処が少しもなかったと。

隆盛の帰途、大阪を経るや、税所篤《さいしょあつし》が其旅舎に訪れ、廟議の模様を問うた。隆盛答えて、大久保が政府に留まっているから、彼れに就て聞けというの以外は、一語も国事については洩らさなかった。

隆盛、東京を去るに臨み、一詩がある。其心情を陳べて、公評は之れを後世に求めた。

独不㆑適㆓時情㆒、豈聴㆓歓笑声㆒、雪㆑羞論㆓戦略㆒、忘㆑義唱㆓和平㆒、
秦噲多㆓遺類㆒、武公難㆓再生㆒、正邪今那定、後世必知㆑情、

墨江の舟中、既に隆盛の意は決した、其後の胸中は光風霽月《こうふうせいげつ》の如きものであった。また東京に在る折、板垣退助、副島種臣、来訪して国事を談じ。征韓の議を茲に至らしめたは岩倉右府である、彼れを芟《か》いて［「芟る」は刃物で草を刈るの意］国家の憂を滅ぜんと告げた。しかし隆盛は遁《に》げ礫《つぶて》をうつは女々しい所業であるとて、之れを宥《なだ》めた。

大久保一翁、隆盛の故山に帰らんとするを諫めて、君、帰国せば、近衛の将校亦必ず国に帰ろ

う。延《ひ》いては天下の擾乱を招くやも測り難いから、君にして邦家の為を思わば、乞う東京に留まられよ。国民の危惧の念失せ、大久保参議亦安んじて廟堂に政を執り得るであろうと語った。隆盛笑って曰く、大久保は我れの東京に在るを喜ばぬであろう、我れにも亦帰国の止むなきものがあると。

隆盛、故山に帰り、武村の旧邸に入り、静かなる生活を営んだ。明治七年、佐賀の乱の当時は薩南の鰻温泉にいた。島津久光の召により、鹿児島に帰ると、久光より、佐賀に赴いて鎮撫の効を揚げよといわれたが、隆盛答えて、既に吾陸海軍は整備している故、之れで鎮定すべきで、退居の老生のたずさわる処でないと辞し、再び鰻温泉に入浴した。

川辺郷の某地によき田畑の売り物があった。隆盛の夫人は人の勧めによって、之れを購う事を隆盛に乞うた。隆盛曰く、吾家の児、誰が最も愚であるかと問う。夫人其答辞に困ると、更にいう。孰《いず》れの児が最も魂が入らぬかと。益答うる処を知らぬ。隆盛乃ち曰く、吾家族は為す事もなく生活し居るは、之れを誰の恩と思うか、皆人民の課税から出た資のためである。之れを思えば、外出して人の面を見る毎に自分は心苦しく思っている。我れ今日に到っても絹布を身につけぬは、畢竟此心から出るのである。吾家族はよく此点を思わねばならぬと。

数日後、また夫人に向かって曰く。我れ外出するに当たって路上多くの貧人に逢うが、彼等は皆齷齪《あくせく》して政府に税金を納めている。我は却って為す事なく安泰に生活している、之れ実に痛心の至りである。彼等貧民の子弟こそ、真の国家の柱石である。我等にして美衣美食美居を望めばそれは論外の沙汰である。吾児等に若し愚鈍の者あり、魂の入らぬ者あらば、田畑を購い置くべき必要もあろうけれど、幸いにも児等は皆人並みの児であるから、成長した後、それぞれ相当に自活の道を立てて行くであろう。之れを以て彼等のために田地を買うべき理由は少しもないと。夫人此言を聞いて大いに羞じた。隆盛曾て、

幾歴㆓辛酸㆒志始堅、丈夫玉砕恥㆓甎全㆒、我家遺法人知否、不㆘為㆓児孫㆒買㆗美田㆖

の一首を書して、此言に違わば、我れは言行一致せぬものの譏《そし》りを受くるも可であると云うたが、果たして隆盛は子孫の為に美田を買わぬ人物であった。

挂冠帰国した隆盛の跡を逐《お》うて、桐野、篠原以下の近衛の軍人や、警視庁に奉職の壮丁《そうてい》等も陸続帰麑《きげい》して［鹿児島に帰って］、県下は殆《ほとん》ど是等の壮者を以て満たされるの観があった。従って人心亢奮して不測の変が惹起しそうな形勢があるから、隆盛之れを憂いて、学校を創設して壮者を教育し、人心を統一せしめんとて、城山の麓の旧厩跡に学校を起こした。又其分校を各郷に置き、連絡を取らしめた。之れ所謂私学校《しがっこう》である。

学校の本旨とする所は、隆盛の自ら手記した次の二条の要義である。

一　道同じく義協《かな》うを以て暗に聚合す、乃ち益其理を研究し、道義に於ては一身を顧みず、必ず践行《せんこう》［実行］すべし。

一　王を尊び、民を憫《あわ》れむは学問の本旨たり、乃ち此理を究め、王事民義に於ては、一意難に当たり、必ず一同の義を立つべし。

大義を教え、道を行わしむる一方には、私学校の生徒をして、吉野村の開墾に従わしめた。己自らも耕具を肩にして、共に土にまみれて耕稼《こうか》の業をなした。又西別府の別墅《べっしょ》に茶や桑をば栽培して、其状は殆ど農民同様の生活であった。之れは士族に帰農の道を示して、百年の大計を覚らしめるの一手段であった。

隆盛、自ら糞桶を馬背に載せ、笠を被り、紺の脚絆をはき、斧を腰にして、馬を曳いて開墾場に赴いた。生徒之れを見て益競うて耕作につとめた。中に其業を懈《おこた》る者があると、隆盛は開墾の監督を呼んで、人糞を厭《いや》がる顔色でもないのに、開墾を懈る如き者あらば、開墾場の松に縛りつけるぞと戒めた。

東京に於て鰻の蒲焼きを学んで、鹿児島に帰り、其業を開く者があった。江戸前の蒲焼きと呼ばれて繁昌した。ある日、隆盛犬を索いて来り、鰻を炙《あぶ》らしめて自ら食い、其残片を犬に与えた。

其価を問うと五十銭という。隆盛犬を連れて出かけた跡に、鰻屋の主人杯盤《はいばん》［杯と皿］を徹する［片付ける］も、代金が見えぬ。主人驚いて追いかけて請求すると、隆盛は杯盤の傍に置いたと答えて其儘去った。主人家に帰って百方捜索し、遂に飯櫃を倒《さかさま》にして、其底に十円紙幣の貼ってあるを発見して、再び驚いて急に追い。遂に武村の居に行きて、其疎忽《そこつ》を謝して剰余の金を返した。隆盛笑って之れを止め、私学校の生徒中には酒債を償わぬ者が多かろうから、之れを以て未済の分を補えとて強いて渡した。

加治木《かじき》の私学校退校事件の紛擾を鎮める為に赴いた隆盛は、帰路海を渡った。郷士二名同乗して往く。船上、隆盛の好教訓を聞かん事を予想して大いに喜んだが、隆盛は船上に熟睡して一語も発せぬ。船、鹿児島に近づいて、隆盛漸く目覚めたから、何か教訓になるべき高話を願いたいというと、隆盛徐《おもむ》ろに曰う。世の中に借銭ほど怖ろしいものはない。

明治六年十二月末、隆盛一僕と犬十三頭とを携えて、山川の鰻湯に来て、日々狩猟に暮らしていた。一日、江藤新平来りて、両者低声に談じ合っていたが、漸く語調高まり、遂に膝つき合わせて激論となり。最後に隆盛は、吾言う様になさらんと当てが違いますぞと、大声に忠告する処があった。之れは佐賀の乱の以前である。

明治九年十月、熊本に神風連の変ある時、隆盛、日当山温泉に在った。変を報ずる人がある。隆盛其人に告げて曰く、速やかに帰って人心を鎮めよ、吾私学校の徒をして、決して雷同付和せしむるが如き軽挙を避けよと戒めた。

同年十一月、萩に前原一誠の乱があった。隆盛復《また》前言を繰り返す。私学校の某、刀を携えて隆盛に面し、長州に変がある、此機会に乗ぜられよと勧めた。隆盛威儀を正して、長州の暴発は邦家の難事である。之れを好機会とは何の意味するのかと叱した事もある。

然りと雖も、隆盛固より当時の政府に飽き足らぬものがあった。朝改暮変の甚だしきを殊に危うきものとしていた。又、一国の実力は確乎不抜《かっこふばつ》の国民の気力にあるもので、彼の燦たる制度や複雑な法典が国の実力を示すものでない。然るに政府部内の多くは、徒らに文褥を衒《てら》い、敏慧《びんけい》を誇って、真摯誠実に国家を憂えるの徒に乏しい。之れ隆盛の最も遺憾とする処であった。

勿論、政府にても、頻りに隆盛の起用を計り、種々の手段を以て誘うた。併し隆盛は之れに応ぜぬ。縁戚大山巌をして、普仏戦争の観戦に托して、隆盛の外遊を促した事もあるが、之れも書を贈って辞した。其書中に、今はきらずの汁［おからを入れた味噌汁］に芋飯を食い馴れ候処難渋《なんじゆう》にも無之《なし》、落ち着かばどの様でも出来安き云々と記して、恬淡《てんたん》の気風を示していた。

明治十年一月末、私学校党は造船所火薬庫を破って、弾薬火器を掠奪した。二月に至り、警官中原尚雄《なおお》以下を捕縛して刺客問題を醸し、鹿児島の風雲は甚だ急迫して来た。隆盛時に大隅に遊猟していたが、弟小兵衛《こへえ》馳せ着けて、鹿児島の形勢を告げ、速やかに帰る事を促した。隆盛始めて私学校党の蹶起を聞いて、しまったと一語を発し、嗟嘆《さたん》久しうした。帰途、加治木の肥後某の宅に憩い、児童の字を習う筆を把って次の詩を賦した。

白髪衰顔非レ所レ意、壮心横レ剣愧レ無レ勲、百千窮鬼吾何畏、脱出人間虎豹群、

鹿児島に帰り、武村の邸に入ると、数名の壮士訪ねて来た。談漸く熟する頃、隆盛曰く、吾関する処にあらず、諸君の好む処をなさいと。

又曰く、万事休す。唯、吾身体を諸君に呈すべしと。

隆盛と最も近親なる大山巌後に曰く、当時の隆盛の苦慮は察するに余りある。断然自刃せんか、一身は潔しけれど、多年我れを景慕せし子弟を如何せん。隆盛は遂に子弟の為に一身を擲《なげう》ったのであると。

隆盛、愈死を決して家を出るや。家族を顧みて、我れ朝敵の位地に立った、されど汝等は不義の臣となる勿《なか》れと告げて出で。遂に城山に死する迄、一度も武村の自邸に帰らなかった。其私学校に赴くや、皆さん遅れて相済まぬというのみで、隆盛の決心は已に定まっていたのである。

隆盛、薩摩に在る日、以為らく、天下に兵と称すべきは、近衛兵あるのみ、鎮台兵の如きは庶民烏合の徒で、一発の砲声に忽ち四散するであろうと。然るに十年の役に、薩軍大挙して熊本城を包囲して攻撃したが、遂に抜く事ができなかった。隆盛之れによって、鎮台兵のまた用ゆべき

を知り、我れ過《あやま》てり、是の如くんば日本全国を挙げて兵とするも不可はない。実に喜ばしい事であると語り、おのが戦敗を忘れて、国家百年の事をのみ思い回らしていた。

隆盛の熊本に至るや、肥後の士某々等之れを訪う。隆盛手を垂れ、頭を低うして、我は西郷吉之助である。今回の事一に貴殿を煩《わずら》わすが、まことに謝するに辞がないと。其言語態度慇懃を極めて、少しの驕兵《きょうへい》の風なく、謙遜の状は却って其奥床しさを感じさするものがあった。

十月四月六日、八代《やつしろ》の戦役に、桐野利秋の隊頗る危うくなり、急使を本営に派して、援兵を請うた。隆盛は使に向かい、天下の兵を対手《たいしゅ》として闘わば、死戦《しせん》固より覚悟の上である。百騎を失うて一騎になるとも闘えと語った。桐野之れを聞いて、大いに愧《は》じ、再び奮《ふる》って猛戦を試みた。

薩軍猛襲すれど、熊本城抜く能《あた》わず。城兵と官軍との連絡は完全について、薩軍は大いに敗れ、人吉《ひとよし》地方に退いた。官軍大兵を以て諸方面から攻撃し来り、薩軍更に退いて都 城《みやこのじょう》、宮崎、延岡《のべおか》の地に走り、遂に長井村に籠居《ろうきょ》となった。

隆盛既に一身を私学校党に委《まか》せた以上は、少しも之れが指揮にあたらずして、部下の諸将の戦う儘に任せて置いたが、薩軍の次第に圧迫されて、長井村に籠居となるや。吾武運は尽きた、我れ刃に伏して将士の命を救わん、諸士も猥《みだ》りに多くの生霊を喪う勿れ。士卒の降《くだ》らんと欲する者は、憚る所なく官軍に降れ、官軍、降伏の士卒の生命を奪う者であるまいと告げた。

茲に於て、熊本、日向《ひゅうが》、其他各県の士及び負傷者は、薩軍に分かれて官軍に降り、薩軍中にも亦降伏者出でて、余す所は三百余人の決死の士のみとなった。

隆盛は、自ら携《たずさ》う所の重要書類、衣服、器械を纏めて悉く焼いて灰燼として、瓦解する前に先ず吾塵埃を掃《はら》わんと称した。

時に薩軍の執るべき方法は三つある。一は降を官軍に乞う。二は死闘して此処に斃《たお》る。三は重囲を突破して再挙を図る。遂に第三案を取りて、薩軍掉尾《ちょうび》［最後］の大活躍をなし、可愛嶽《えのだけ》の突《とつ》囲《い》の冒険が敢行されたのである。

隆盛、之れより以前には、軍の指揮をば桐野其他に任せていたが、既に薩軍の勢い蹙《しじま》り、死を決するに至って、自ら士卒と労を同じうして、此突囲にあたらんとして、僅かに三百の孤軍を提げて親しく之れを統卒し、官軍の重囲を破り、長駆無人の境を行くの勢いを以て、城山に達した。城山に達したのは九月一日であった。

官軍次第に鹿児島に集まり、城山を囲む事幾重に及び、其攻撃日に日に激しくなる。薩軍は城山私学校を根拠とし、諸方に砲塁を築いて之れを禦《ふせ》げれど、攻囲の官軍の有勢なるに反して、之れは一塁僅かに数人にて守るという寡勢であった。此時山県有朋書を贈って、隆盛に自決を勧めた。隆盛其手簡を一読して、今日に及んで今更何をかいわんとて、其手簡を焼却せしめた。

隆盛の城山に在るや、或いは土窟《どくつ》に居り、或いは米苞《こめだわら》、杉葉を以て掩うた臨時小屋に居った。洞窟の内に、籌策《ちゅうさく》未レ成穴中夢、八洲民庶泣二秋風一　の句を認めた事もある。

城山陥落の前夜、隆盛臥床を出で、僕に酒を命じた。僕既に酒の尽きたる旨を答うると、然らば水を持てと、水を大盃に盛りて鯨飲《げいいん》し。桐野、村田以下に分かって自ら酌し。大笑しつつ、桐野の肩をたたき、余り幕が短か過ぎたでないかと。

九月二十四日、払暁より、官軍四方より簇《むら》り迫る。薩兵悉く岩崎谷に聚《あつ》まりて闘うた。弾丸雨下、死傷相踵《つ》ぎ、最早禦《ふせ》ぐに道がない。遂に乱弾飛来して、隆盛の股と腹とを貫いた。傷重くして起つ事が能わぬ。隆盛乃ち襟を正し、掌を合わして、東天、天子の在《まし》ます方向を拝して後、別府晋介を呼び、もう此処でよかろうと。別府をして吾頸を刎《は》ねしめた。恰《あたか》も午前七時の頃であった。

別府は隆盛の首級を毛氈《もうせん》に包み、士族某の邸内に埋め。先生既に斃ると呼んで、吾兵に其最後の時なるを知らしめ、直前官軍に突撃して戦歿した。後に官軍の一兵士、隆盛の首を発見したから官軍の諸将集まって之れを検視したが、其変わり果てた面影に皆流涕《りゅうてい》嗚咽《おえつ》して正視する者がなかった。

隆盛の身長六尺、体格雄偉、眼は巨大で甚だ常人と異る。其軀幹の偉大さは、曾て弟従道及び大山巌が、試みに隆盛の大礼服を着て見たが、服寛濶《かんかつ》長大にして着ける事ができなかったという程であった。

維新前、隆盛は薩藩に於て、御側役から大目付に昇進の沙汰を受けた時に、隆盛は容易に此任務を受けぬ。ある人、其昇進を慶賀すると。否、好地位を与えて、却って仕事をさせぬ昇進は決して喜ぶものでないと答えた。

幕末の頃、隆盛藩命を帯びて鮫島某と上京した。鮫島には酒乱の性癖があった。若し此行に過失あらば、使命を恥かしめる［辱める］から、隆盛私《ひそか》に鮫島を制せんと考えて、一夕旅舎に投ずるや、故《ことさ》らに酒を命じて痛飲し、婢《ひ》［下女］が過《あやま》って酒を其膝にこぼすと、隆盛は激怒大呼《たいこ》して、刀を按じて［刀の柄に手をかけて］起った。鮫島之れを調停して漸く事無きを得た。翌日、鮫島は、藩に在る時は君は甚だ謹厳であるが、昨夜の軽躁は実に意外である。思うに之れ君の罪にあらずして、酒の罪であろう。我れ之れを見て省みる所がある。今よりして使命を終える迄は、断じて酒を飲まぬと、甚だ思い込んだ調子で告げた。隆盛吾策の成りし事を喜んで唯々《いい》として謝した。

維新前天下大事の砌《みぎり》、諸藩士と京都に於て時事を語った。隆盛、其巨体を持て余して、会議の席に入らずして、隣室に横臥し、其議論を聴くのみであった。しかし議論切迫の場合には、襖を開き首を伸ばして其意見を吐いていた。

隆盛、ある時、英国公使パークスに対して、卒然として曰く、英国は仏国の属国であるかとパークス色を作《な》して、英国は世界の最強国である、之れを乱余の共和国なる仏蘭西と比すべきものでないと答う。隆盛曰く、或いは然らん、されども、吾政府の国際上について議する事があると、毎時《いつ》も貴公使は必ず仏国公使と協《はか》りてから返答すべしという。又時には、仏国公使が同意せざる故に、我れもなし能わぬという。之れ一に仏国の意見に左右せらるるが如きものがあるから、偶英国は仏国の属国でないかと問うたのであると語ると。流石のパークスも之れに答える言がなかった。

高島鞆之助、隆盛に伴われて某所へ往く。途中麴町の路上に於て一老人に逢うた。隆盛之れに対して甚だ慇懃に挨拶して別れた。高島が彼老人の誰であるかと問うと、芸州藩の家老辻将曹《つじしようそう》［維学《いがく》］と答えた。高島歩みながら辻について話しつつ行くと、斯かる事を往来で話しつつ歩くは甚だ礼を失するものであると、叱りつけた。

長岡護美《もりよし》は監物《けんもつ》と称して、肥後細川侯の族である。明治初年、洋行を命ぜられた時、回礼の順次に、隆盛の居を訪い、其辞せんとするに臨み、隆盛は之れを玄関に送って出た。其日降雪霏々《ひひ》として地上にも白いものが積もっていたが、護美、一揖《いちゆう》して見ると、隆盛は地上の積雪に手をついて恭《うやうや》しく礼をしていた。其謙遜な態度に、護美も我れを忘れて、同じく雪上に手をついて礼を返した。

隆盛の陸軍大将近衛都督を拝したのは、明治六年五月であった。一身、高官に上っても、生活は極めて質素で、一ケ月の家賃は僅かに三円、生計費は十五円に過ぎぬ。薩摩飛白《さつまがすり》の裾短かなるに、白木綿の帯を結び、木履《ぼくり》、木杖を携え、宛然《えんぜん》たる老書生の風であった。

隆盛の東京にある時は、炊掃の事皆下僕の手に委ねて、家内に一婦人もない。同僚の顕官、往々蓄妾《ちくしょう》を勧める者があった。隆盛曰く、実は我れに二人の妾がある、一を於鶴《おつる》と呼び、一を於松《おまつ》というと。客信ぜず、此席に侍せしめよと乞う。隆盛乃ち僕に命じて、於鶴於松を伴い来らしめた。頓《やが》て二頭の猟犬が隆盛の座辺に来る。隆盛徐《おもむ》ろに其頭を撫《ぶ》して、之れが於鶴、あれが於松、共に吾愛妾である。両者共になかなか尤物《ゆうぶつ》［美人］であろうと、大いに誇る色があった。

皇統の門外、轡《くつわ》の紋の薄色の着物に、小倉袴、大小差して草履ばきの巨漢が、弁当箱を携えた下僕をつれて現われ、門を過ぎんとする。門衛、之れに向かって通行の門鑑を示せよというと、家に忘れたという。門鑑なき者は此所を通行する事を許さぬと拒む。巨漢非常に困却の体であったが、偶岩倉具視、馬車を駆けらして来り、其巨漢を見て隆盛である事を知り、馬車を止めて其所以を糺した。イヤ面目ないが門鑑を忘れたために困っている所という。岩倉は為に参議西郷隆盛なる事を教えて、門衛を叱した。隆盛曰く、これは門衛の罪にあらず。吾不注意の致す処である、職掌に忠なる門衛子は却って賞すべきであると告げて、岩倉を宥《なだ》めた。

隆盛曾て三千余坪の土地を購うて、家屋の建築にかかった。平素の質素に似ぬ事を訝《いぶか》しむ人々多くあった。然るに其落成したのを見ると、見すぼらしき十数軒の長屋が列をなして建っているのみである。之れは薩摩出身の後進のために無料に貸与するつもりで造ったもので、隆盛自身も其長屋の一隅を以て住居とするのであった。

隆盛、毎月受くる処の俸給に手を触れずして、老僕に命じて、翌月の費用の概算を除かしめ、其余を悉く三方に載せ、玄関に出して置き、薩の兵士書生等の来って持ち去る儘に委《まか》せた。

隆盛、二人の僕を連れて、郊外の目黒に遊んだ事がある。清水流るる辺りに出でて、水を掬飲《きくいん》する際、過って時計と財嚢《ざいのう》［財布］とを落として、覚らずして行く。従僕拾うて献ずると、我れ遺《のこ》し、汝拾う、之れ天の汝に与うるものであるとて、二人に時計と財嚢とを頒かち与えた。

大久保利通、ある日隆盛を訪う。隆盛僕に命じて焼芋を購わしめ、之れを大盤に盛りて饗し、此珍味、御互いに永く忘られぬと、おのれも把って大いに啖《く》うた。大久保止むを得ずして小片を摘んで口に入れた。

明治六年の頃、隆盛疾んで青山の従道邸に臥していた。土持政照上京して病を訪うと、畏れ多くも、聖上陛下、洋医を遣わして治療せしめ給うた。聖恩まことに洪大、隆盛感泣《かんきゅう》の外ないが、ここに一つ困った事があるという。政照其所以を聞くと、洋医は診察する前に青年よりの経歴を委細に聞き糺すが習例というが、之れが誠に困った事で、我れには曩《さき》に二回の遠島がある、此事を洋医に説明するのは、実に恥じ入る次第であると、真面目に話した。

明治天皇の御内命を以て、石黒忠悳《ただのり》、大学のドクトル、ホフマンを伴うて、隆盛を浜町の薩摩屋敷に見舞うた事がある。隆盛の肥満して苦しむをば御軫念《しんねん》［天子が心を痛め、心配すること］遊ばされたからである。隆盛時に灸をすえていた。隆盛無雑作に、吾身体は灸治を以て事足りるというと。ホフマンは端正の人である。通弁［通訳］を介して、勅命に依って来た旨を告げしめた。

隆盛恐縮して、深く無礼を謝し、其診察を乞うた。ホフマンは最も打診聴診を得意とする医であったが、後に隆盛告げて曰く、独逸の医師はヒドイ事をする、人の身体を才槌《さいづち》でゴツゴツ敲《たた》いたと。

明治九年、鹿児島県庁が地租改正に着手した時、始良《あいら》郡の一村が甚だ沸騰した。県令大山綱良《つなよし》憂いて、隆盛に之れを相談した。隆盛曰く、我れを県庁の役人としたら、必ず往きて鎮めると。即ち、隆盛を鹿児島県の雇吏とした。隆盛其官名を以て単身村に赴くと。村民之れを聞いて大いに驚き罪を謝し、隆盛は地租改正につきて一辞も費す事なくして事決した。

隆盛、禅を学ぶと共に陽明学の素養がある。従って洗心洞剳記《せんしんどうさつき》を読んで、［著者の］大塩平八郎を慕う念が厚かった。曾て京都に在る頃、某医の許《もと》に在る大塩の書を見て、垂涎之れを久しうし、頻りに其譲渡を請うたが拒まれた。後に至り、其医の息《そく》、書簡と大塩の書幅《しよふく》［書軸］とを携えて来り。父が死に臨んで、此書を認め幅と共に携えて先生に呈せよと命じて置いたから、父の遺命によって持参したと告ぐ。其書中には、此書を珍重する者、天下我れに過ぐるものなしと信じたればこそ、他に譲らなかったけれど、吾歿後は、先生こそ此書を愛する第一者と信ずるから呈するとあった。

明治七年の始め、土佐の林有造、鹿児島に来って隆盛を訪い、鹿児島に人物が多いから、之れを見分ける方法に困る、如何にして識別すべきかと尋ねた。隆盛、則ち筆を取って、芋連と書した下に、隆盛、桐野利秋、篠原国幹等七八人の名を列《つら》ね、腐芋連の下に、大久保利通、川路利良《かわじとしよし》其他数名の名を書して、呵々大笑《かかたいしょう》した。

隆盛、家に在る時、父母の命日には、必ず木綿紋付の羽織に小倉袴を着して、手づから草花を携えて展墓した。斉彬、月照の命日も未だ曾て怠った事がない。

隆盛の僕に袈裟助というのがいた。曾て米一俵を竊《ぬす》む。隆盛之れを聞いて、一俵では不足であろうと、更に四俵を加えて之れを与え。但し後来《こうらい》は再び此所業をなす勿れと戒めた。

鹿児島城外武村の居を、日当山の農民が訪うた。隆盛喜んで、後園の柿の実を採って盆に盛りて食わしめた。農民小刀を取って柿実の皮を剝ぎつつあると。隆盛他の一顆を摘んで皮のままに食い、美味い柿じゃという。農民はおのれの上品らしく柿の皮むく手を止めて、冷汗三斗を流した。

日当山温泉に在る頃、村民と漁猟に赴き、夜に入って帰り、渇を覚えたから水を命じた。村民台所に在る桶の水を汲んで捧げると、舌鼓をうって続けさまに飲んだ。翌くる朝、隆盛笑うて曰く、昨宵は馬と間違えられて、馬の水を飲まされたと。村民例の戯言と思いつつ、昨夜の桶を見て驚いた。夫れは米や大根のあらい汁を溜めたもので、之れは飼草《かいば》に交ぜて真に馬に与える水であった。村民知らずして其水を隆盛に供し、隆盛之れを知って大いに笑う。無頓着な純真さはここに輝くのである。

明治六年、官職を辞して帰去せんとする際、弟従道に告げて曰く。我れ生涯作略《さりやく》［策略］を用いなかった、之れ他人に対して誇る処である。作略は平生に用ゆべきものでない。作略によって為した事は、決して好結果を齎《もたら》すものでない。戦に臨んでは之れを用いる事あるとも、平日に用い馴れると戦に臨んで却って作略が出て来ぬ。孔明の如きも平素作略を用いなかったために、彼の驚嘆すべき奇計を戦場に於て施し得たのであると。

隆盛、曾て曰く、命もいらぬ、名もいらぬ。官位も金もいらぬ人は誠に始末に困る。しかし此始末に困る者にあらざれば、難を共にし、国家の偉業をなし得ぬ。

又曰く、人を推すには至誠を以てすべし。至誠ならずば決して人心を収攬《しゆうらん》するものでないと。

又曰く、人を相手にせず、天を相手にせよ。天を相手にして、己を尽くし、人を咎めず、吾誠の足らざる事を尋ぬべしと。

又曰く、文明とは道の普《あまね》く行わるるを言うので、官室の荘厳、衣服の美麗、外観の浮華《ふか》をいうのでない。世人の西洋を評するもの、何を文明といい、何を野蛮というか、実に了解に苦しむものがある。真の文明は、未開の国に対して慈愛を本とし、懇《ねんご》ろに開明に導くにある。然らずして残忍酷薄を事とし、己を利する事をのみ図るは畢竟野蛮であると。

又曰く、国の凌辱せらるるに当たっては、縦令《たとい》国を以て斃るるとも、正道を践《ふ》み、義を尽くすは政府の務めである。平日金穀利財の事を議するを聞けば、如何なる英雄豪傑かと見ゆる人も、一朝血の出る時に臨むと、頭を一所に集め唯目前の苟安《こうあん》［一時の安楽］を謀るのみで、戦の一字を恐れ、政府の本務を墜す如き事をすれば、商法支配所というべきもので、それは更に政府というべきものでない。

又曰く、万民の上に位する者は、己を慎み、品行を正しくし、驕奢《きょうしゃ》を戒め、節倹を行い、職務に精励して、人民の標準となり。下民をして宜しく其勤労を感謝せしむるのでなければ、政令は行われぬものである。然るに草創の始めに立って、家屋を飾り、衣服を飾り、美妾を抱え、蓄財を計らば、維新の功業如何でか為し遂げ得ん。斯くの如くんば、戊辰の義戦も、畢竟私《し》を営んだに過ぎず、天下に対し戦死者に対して実に面目ない事であると。

又曰く、広く各国の制度を採り、開明に進まんと欲するならば、先ず吾国の本体を立て、風《ふう》教《きょう》［徳によって教え導くこと］を張り、而して後徐《おもむ》ろに彼れの長所を斟酌《しんしゃく》すべきである。之れをなさずして、猥《みだ》りに彼れにのみ倣わば、国体は衰頽《すいたい》し、風教は萎靡《いび》して［衰えて］救うべからざるに至ると。

桐野利秋

桐野利秋《きりのとしあき》、天保九年十二月、薩摩吉野村に生まる、通称信作、初め中村半次郎と称す。文久二年、島津久光に随って京都に上り、尹宮《いんのみや》［朝彦親王］附の守衛となる。明治戊辰の伏見の役に、御香宮［神社］に闘う。王師《おうし》東征するや、利秋先鋒隊として東海道を進む。後に奥羽に出征して会津若松城を陥れる。屢《しばしば》戦功あるが故に軍監に陞《のぼ》る。凱旋後、功によりて賞典禄二百石を賜ぅ。明治二年、鹿児島常備隊の大隊長。同四年、朝廷、親兵隊を組織する時、一大隊を率いて東上し、陸軍少将となる。同五年、熊本鎮台司令長官、同六年、陸軍裁判所長、此歳、征韓論成らざるを以て辞職し、西郷隆盛に従って帰国し、鹿児島に私学校を設け育英の事に従う。明治十年、私学校党勃発するに臨み、四番大隊長として熊本に闘い、隆盛に代わって軍事を統督した。同年四月、熊本の囲みを解き、浜町に退く折、総指揮長の任につく。戦い利を失い、九月、鹿児島に入り、城山に拠ったが、遂に同月二十四日、岩崎谷に於て、飛弾のために陣歿した。四十歳。

利秋、天資《てんし》剽悍《ひょうかん》［すばやい上に、荒々しく強い］、甚だ武を好む。旦暮庭に出で、棍棒の長さ丈余の物を執りて、縦横上下し、腕疲れ気倦むに及んで漸く止める。郷人之を呼んで、中村流という。中村は利秋の初名である。又庭前の樹木と闘うて、技を錬ったために、家の周囲の樹木は悉く其打撃を被らぬものがなかった程である。

利秋、年少にして不撓の志深く、腰に長刀を佩《お》び、肩を怒らして闊歩し、大人をも大人とせぬ面貌であった。石見某なる者之れ亦気性の烈しい漢であったが、利秋の傲然《ごうぜん》たるを心憎く思い。或る時、人のいない処へ誘い出し、刀按じて、汝、平生傲慢なる見のがし難い、真に勇気あるものならば、我れと真剣の勝負せよと迫った。利秋平然として、聖人は四海兄弟《しかいけいてい》という、今や天下多事、此時に臨んで瑣々たる感情の為に相闘うは、男子の恥じて為さざる処であると。石見某、其言を奇とし、却って親交を結ぶ事となった。

利秋の家、極めて貧素、芋粥を常食としていた。ある日、友人二三輩来った。之れに饗した午餐は、大笊《ざる》に盛りたる薩摩芋と、野菜の味噌汁だけであった。二人、止むを得ず食い。辞して門を出るや、半次郎は毎時も唐芋ばかり食っていると呼べば、利秋、屋内から声をなして、腹さえ満てば何でもよいでないか、吾家は固より芋腹であるといい返し、昂然として粗食を恥じぬ。其生活に刻苦するの甚だしき、昼は野に耕し、夜は紙を漉きて、漸く口を糊《のり》していた。

少時、西郷隆盛に説を聴いた事がある。次に隆盛を訪う時、自作の甘藷三本を携えて土産とした。隆盛の次弟吉次郎之れを見て笑う。隆盛戒めて曰く、赤貧半次郎の贈物、我れ受けて之れに報いるに思いを苦しむものがある、然るに汝の失笑するが如きは、最も礼を失するものであると。吉次郎為に面を赧くした。

利秋、一日鋤《すき》を執って田圃を耕していた。隣人、手に刀を携えて其傍を通り過ぐ。利秋、其刀を見て如何なるものかと聞くと、隣人、之れを某に売ろうと思うという。利秋おのれに一見せしめよと請うたが、刀は名工の作で、金の切羽《せっぱ》、銀の鍔《つば》を装う佳品であるから、容易に見せてくれぬ。利秋強いて請うて之れを接手し、熟視一番していたが、俄に刀を抜いて打ち振るう事数回に及び、大いに快哉を叫んだ。何分とも泥汚れの手で握った為に、白絹の柄を穢して了った。隣人大いに忿《いか》って之れ責むると。利秋曰く、我れ未だ曾てかかる名刀を手にした事がない。既に手にしたら何となく揮いたくなった。之れを揮うて見たら、今度は此名刀を他人の手へ渡したくなくなったと云うて、終《つい》に家財を売り飛ばして、此刀を購うた。

明治戊辰の役、利秋、先鋒となりて東海道を下り、進みて小田原に陣した。時に、上野輪王寺宮、親《みずか》ら大総督府に至り、徳川氏のために恭順の意を伝えられんとした。其従僧某、黄金六十枚を包んで利秋に賂《まいな》う。利秋、怫然として、汝輩、我れの武人なる事を知らぬか。汚らわしい斯様《かよう》の物に手を触るると思うかと、座に擲《なげう》って［投げつけて］つよく拒んだ。

彰義隊戦闘の頃、利秋、神田三河町に舎営していた。河野某と共に附近の銭湯からの帰り途、三士白刃を提げて街角から不意に襲いかかる者がある。利秋咄嗟に刀を抜いて之れに応じ、其一人の石に躓くを斫《き》った。斫られながら敵手は、横に利秋の胴を薙《な》ぎんとして、利秋危うく避けたが、為に一指を失うた。河野は他の二人に向かう。二人は既に他の一人の斫られたを見て、急に遁走した。利秋の斫ったは剣技に長ずる鈴木某というもので、利秋の虚に乗じて斃さんと企てたものであった。

会津領の四境は嶮要の地である。利秋、薩兵一隊を率いて、因州兵と共に進軍し、山路狭隘の地点に近づいた。敵は巨石大木を積んで之れを守る。利秋、一気に奔過して敵を衝かんと主張する。因州の隊長、敵の巨石大木を乱下して、吾兵を粉虀《ふんせい》［こなみじんにすること］せん事を怖れて逡巡した。利秋、眉をあげて、然らば薩兵のみにて進撃せんと。即ち令を伝え、白刃を提げて隊の先頭に立ち、衆を麾《さしまね》いて［指揮して］驀直《まくじき》前進した。敵果たして木石を乱下したが、吾兵は其以前に隘路を通過し終えて敵を潰敗せしめた。敵は此要阨《あい》［「阨」は「狭く険しい」の意］に安んじて、銃を交叉したまま休憩している折、利秋の兵が急撃したから、周章之れを防いだけれど、既に其時機を逸していたのであった。

会津を攻むる時、利秋、隊を率いて敵営を衝いた。利秋の背後から銃身で右腕をうつ者がある。利秋為に刀を落とし、再び拾わんとしたが、腕が麻痺して執れぬ。即ち左手に刀を揮い、敵二三を斫り捨てて進んだ。

若松城降《くだ》りて、官軍之れを収受した。利秋、軍監の職を以て任に当たった。其動作法に合うて甚だ適切なる者がある。人、其何所で学び得たかを問うと、曾て江戸愛宕下の講釈場［「講釈」は後の講談］で聞いたと答えた。利秋又会津の降服の情を憐れみ、頗る其取り扱いについて寛大を極めたから、藩の君臣皆之れを徳とした。

維新の変乱漸く治まる頃には、薩藩は練兵の法を悉く洋式に取りて、小銃を主として操練したから、帯刀は不便であると唱えられていた。鳥取藩独り長刀を帯して操練している。利秋、龍の口の鳥取藩邸に於て、其練兵の指揮を托された事があったが、吾指揮に従う者は少時なりとも、帯刀は無用だとて、長刀を奪うて之れを試みさすと、実に進退起居の行動が便利である。此実際の経験によって、鳥取兵も皆利秋の言葉の利あるを承服したと見るや、利秋は衆の脱した刀を地に挿し、中断して悉く之れを棄てさした。其翌くる日の操練には、帯刀者と非帯刀者とがあって却って不整頓の観があった為、ここに至って全く廃刀を行わしめた。

利秋、回向院の角力を見る。傍らに容貌特異の一矮漢［小男］がいた。偶利秋の刀の辺りに戛々《かつかつ》の声がするから、利秋訝《いぶか》しんで見ると、其矮漢が煙草を喫して、吸殻をはたくために、利秋の刀の鞘で煙管をたたいている。利秋の刀は金銀の剣装燦爛《さんらん》なるものであった。利秋之れを熟視して、甚だ奇男子であると思い、決して一言の叱責も発せず、おのれも亦煙草を喫して、吸い殻を矮漢の頭上に置いた。毛髪焼けて異臭紛々として生ずるも、矮漢は知らぬ顔をしている。茲に於て利秋は始めて言葉をかけ、汝は何者か。彼れ曰く、しかいう汝は何者か。我れは薩摩の士中村半次郎。矮漢膝を敲《たた》いて、貴下の名を聞く事久しいものがある、我れは会津の小鉄であると名のった。之れより両人共に相携えて旗亭に赴き、痛飲を試みて交わりを結んだ。

利秋は之れ一武弁《ぶべん》［武官］、元来文学に疎い。曾て人と議論して曰く、キンクワンの守護は我一人にしてなさんと。聞く人、其、キンクワンの語の何を意味するかを解するに苦しんだ。漸くにして禁闕《きんけつ》を禁関《きんかん》と誤っている事が知れた。

征韓論破裂するや、利秋、大久保利通を訪い、大いに征韓の要を説き、異論を唱うる新帰朝の大臣参謀等を斬らんという。大久保曰く、異論を唱うる首魁は余である。反対派の大臣を斬らんとならば、先ず我れを斬れ。抑《そも》、君等軍人は、命を受け戦いを為さばそれでよいのである。廟議の是非を容喙《ようかい》するが如きは、軍人の本分でないという。利秋、大いに憤り、眥《まなじり》裂け、将《まさ》に刺死せんとした。吉田清成《きよなり》、間に入りて利秋を慰藉《いしや》して去らしめた。後に吉田曰く、彼の時ほど困った事はない、今にして想うてさえ、毛髪の慄然たるものがある。

征韓論破れて、利秋、東京を去るに臨み、湯島の邸宅を売らんとし、門扉に大書した。金一千円也、買わんとする者は来談せよと。

征韓論の為に、利秋、岩倉具視に謁して説く。岩倉曰く、西郷往き、足下《そつか》等之れに従って朝鮮に赴かば、誰が帝国を守るかと。利秋曰く、済々多士、憂うる処はない。岩倉更に曰く、朝鮮を征して若し露国我れに抗せば如何。利秋昂然として、露国抗せば、長駆其首都を衝くのみ、何の怖るる処かある。

利秋、鹿児島に帰って、吉田村に住し、自ら鋤を取って開墾に従い、甚だ田園生活を愛していた。又志士を以て自ら任ずる者の、志気のみありて恒産《こうさん》［一定の資産あるいは職業］無き欠点を痛感し、農業に従事して産を作り、志気を養成してこそ、真に国家の大事に応ずべき者であると語っていた。

佐賀の乱に征韓党破れ、敗残の二士鹿児島に逃れて来た。利秋、衆と謀って、穴を吉田村の山中に掘り、此処に潜ましめた。警吏之れを探索する事厳重であった。一日、利秋、其山荘に諸人を聚《あつ》めて此事につき議していると、警吏が猟夫に扮装して来た。驚いて佐賀の二士を襖の後に隠す。警吏の訊問甚だ急なるものがあって、進んで室内を捜索しようとした。利秋之れを見て、声を荒らげ、言うが如き二人は決して此処にいない事を断言する。然るに我言を疑うて尚家宅を捜索せんとするなら捜索するがよい。併しながら若し捜索する者がいなかったなら何を以て我れに謝せんとするかと、怒号しつつ煙管を取って地に投げた。警吏辟易して退去した。利秋後に曰く、我れも亦意外の警吏来には驚いたと。

私学校党の弾薬掠奪問題と刺客問題との併発した時、利秋は吉田にいた。変事を聞いて、篠原国幹《くにもと》の邸に衆を会して、善後策を議した。利秋曰く、血気の徒大事を誤る、しかし今や矢の弦を離るるの勢がある、之れは到底抑え切れぬものである、最早断の一字の外に術策がないと衆議一決、西郷隆盛を迎える事になった。

明治十年二月、兵を率いて鹿児島を発すに当たり、利秋、六尺余の青竹を携え、鎮台兵を破るは此青竹で足りる、竹の未だ折れざる間に、必ず東京に行けようと。

熊本城の囲み解けて、薩軍退却する時、官軍火を村落に放ち、砲声漸く急となった。薩軍の嚮導者《きょうどうしゃ》［整列・行進などの基準とされる者］は急に川を渡って退かん事を勧めた。利秋冷笑して動かず、窃《ひそ》かに決死の意を示した。嚮導者之れを諫めて退かしめたが、利秋弾丸飛雨の間に悠々往来して、官軍が腹背を襲うも意に介せぬ風があった。諸将交々《こもごも》諫止して、漸く本山方面に退却した。

西南の役に於て、利秋の率いる隊は、剽悍《ひょうかん》の兵が前面に儼としているに依って、官軍は遥かに之れを視て恐れを抱き、容易に攻撃し来らぬ。或いは戦わずして走る事さえもあった。然るに利秋の隊は、其後列に老幼の弱兵があるのみで、官軍これを観破《かんぱ》し得ずして、徒らに前列を視て畏怖の情を発したのであった。

官軍の富高新町に突撃した時、利秋自ら陣頭に立ち、挺進して敵を禦《ふせ》いだ。衆之れを諫めたけれど聴かぬ。吾軍敗れて斯くの如き状に至るに及んでは、死を以て防ぐのみであると。一人、馬を曳き来って、強いて利秋を馬上に乗せて去らしむるを得た。

十年八月、可愛嶽《えのだけ》の重囲を突破し、二十九日より三十日に至り横川に会戦して、大いに官軍を破った。利秋、其時に得たる捕虜三人に、衣服及び刀を与えて、一人をして吾佩刀《はいとう》を持たさしめ、一人をして鞄を、他の一人をして使丁の任につかしめて、吾家僕を役するが如く、何等の戒心する処なく、使っていた。かくて城山陥落の日まで、左右に置いてよく働かしめた。

城山当《まさ》に陥んとする際、官軍、一薩兵を捕らえ来った。陸軍少将大山巌、之れを鞫訊《きくじん》すると、利秋の命を奉じて使いに来たとて、一個の包みを呈出した。披いて見ると、金側時計と紙幣若干とある。之れは利秋が大山に贈るもので、書面には、莫逆《ばくげき》の情交忘れんとするも忘るる能《あた》わざるものがある、今死に臨んで記念として贈るとあった。大山為に涙の下るを禁ずる能わぬ。

利秋、曾て山地元治《やまじもとはる》と戦敗に際しての覚悟を語り合った。山地は、銃折れ、弾丸尽きて後斃るるのみと云う。利秋曰く、我れは銃弾がなくなればとて、刀剣を以て戦う。刀剣なくなれば、腕力で戦う。腕力もなくなれば精神と気魄とで戦うと。

明治十年九月二十四日、城山陥落の日、払暁、官軍大挙して迫る。小倉壮九郎、勢已に迫れるを見て、自ら剣に伏して死した。利秋曰く、短気な男じゃ。

利秋、岩崎谷に立って、自ら銃を手にして吾敗軍を顧みず、前面の敵を狙撃したが、一々命中した、命中せぬと、自ら批評して大いに笑い。豊後猪を射るようであると戯《たわむ》れた。村田新八、其傍にあって、風琴を把って飛弾の響きに調子を合わせて奏していた。

左側の官軍、塁上に来り、銃剣を揮って利秋を刺さんとした。利秋、刀で払いのけ、更に前面の敵を狙撃していたが、飛丸其右額に中《あた》り、顔面血を浴びた。利秋ひるまず、刀を揮って塁上の敵を突かんとして、力已に竭《つ》きて斃れた。

篠原国幹

篠原国幹《くにもと》、本姓は檜前氏、通称冬一郎。天保七年十二月五日、鹿児島に生まる。世々島津氏の臣。明治戊辰、薩藩三番小隊長として、鳥羽伏見、彰義隊、奥羽の諸役に転戦して功あり。明治四年、陸軍大佐、同五年、陸軍少将に累進。征韓論の議用いられず、鹿児島に帰り、同七年、私学校を創設し、監督となる。西南の役、薩軍一番大隊長として驍名あり。熊本城を攻撃して果たさず、高瀬に闘い、吉次越《きちじごえ》に於て官軍を破ったが、三月四日戦歿した。四十二歳。

国幹、酒を嗜まず、閑暇あれば必ず読書する。其容貌、顴骨《けんこつ》［ほおぼね］高く、眼光鋭く、挙止沈着。之れを長州の名士に比すれば、桐野利秋は高杉晋作、国幹は久坂玄瑞に擬すべきもの、共に西郷隆盛の双璧である。隆盛亦国幹の材を知りて、大事の機密を談ずるには先ず国幹に謀り、其後に至って桐野等に告ぐるが如く其信任頗る厚かった。

上野彰義隊の戦闘に、国幹、黒門口に向かった。黒門口は彰義隊の主力の戦う処で、最も猛烈な戦闘があった。国幹、兵士に先だちて突進し、屢《しばしば》死に面したから、部下の士、之れを擁して門外に引き出す事七回に及んだ。

征韓論のために、西郷隆盛退官して帰国するや、桐野利秋等相踵《つ》いで罷《や》めて去った。陸軍少将種田政明等窃《ひそ》かに曰く、篠原少将尚在れば、桐野等去るとも心配はいらぬと。談止まぬ内に国幹去るとの報が来て、種田等相顧みて惘然《ぼうぜん》とした。之れより、近衛兵の動揺亦著しいものがあった。国幹、帰国の途中、大阪に在って、某店に往きて金五円で銀張煙管を購うた。同行者戯れに其銀煙管は贋物であるという。国幹其言を信じ、直に商店へ行きて、其煙管を返した。店主は此品が貴意に背くなら、他の然るべき品を換えんという。国幹黙して唯返却を迫る。店主然らば代金を返却せんというも、国幹尚黙して答えず、煙管を返して帰った。国幹の意は代金の惜しいのでない、贋物を嫌ったのみである。

熊本の池辺吉十郎《きちじゆうろう》、鹿児島に国幹を訪うた。国幹出でて黙礼する。池辺亦黙々として一語を発せぬ。朝から正午に到り、昼餐が出たから、両人喫飯し終えたが、矢張り黙々である。其儘薄暮になったけれど尚黙々。又晩餐を共にしてまだ黙々。池辺終《つい》に黙礼して辞すると、国幹亦黙礼して送った。池辺帰って国幹の沈黙に驚いて、此事を人に告げた。

明治十年一月、中原尚雄《なおお》等の鹿児島に来たのは、西郷隆盛を暗殺する為に来たのであるとして、私学校党は皆激憤して、中原等を斬るべしと迫った。国幹之れを宥《なだ》めて、先ず之れを西郷に告げて其指揮を待てと教え、漸く衆議之れに決して、西郷小兵衛《こへえ》をして隆盛の許へ走らしめた。

薩軍、熊本に入るや、本営に於て、首将西郷以下の諸将は軍議を為した。国幹曰く、吾軍若し熊本城を攻撃して、空しく時日を費していれば、為に進取の機を失うて了うであろう。須《すべか》らく全軍力を挙げて、四面から合撃し、吾軍の一半《いっぱん》［半分］を喪うとも急に城を攻落すべしである。熊本城陥らば、天下の大勢は必ず我れに加担するに決まっていると。国幹の此強襲説は一時衆の容るる処となったが、後に復《また》翻って、熊本城を長囲して、別に九州方面に分進する方策を執る事になった。遂に連敗して鹿児島に帰るに及び、桐野利秋は曩《さき》に国幹の強襲策を執らざりし事を大いに悔いた。

池辺吉十郎、戦に臨んで、国幹の軍を指揮する様を見るに、国幹に常に兵士に先んじて、自ら銃を取って射撃するのみで、曾て一語の号令をも発せぬ。しかも兵士の行動は指揮官の意のままになって、殆どおのが掌の指を繰るが如きものがあった。池辺は国幹の隊伍を操縦する事の至妙なるに感嘆をした。

三月四日、官軍、吉次本道から攻撃し来って薩軍の堡塁を圧す。国幹、村田新八と謀り、左右の翼を張りて掩撃《えんげき》し、敵を殄滅《てんめつ》せんと、両面から迫った。国幹、外套を被り、銀装の刀を揮い、自ら陣頭に立つ。之れを見て薩軍の士気大いに揚がる。しかし国幹の身辺には弾丸雨下して其危険いうばかりでない。部下の隊長、諫めて後退を請い、我れ代わって任に当たらんという。国幹之れを斥けて、戦争に危険はつきものである、危険を避けんと思わば、君自ら避けよというて退くを肯ぜぬ。官軍の江田少佐、善く国幹の面を識っていたから、善射の者を選んで国幹を狙撃せしめた。数発にして、国幹、終《つい》に之れがために斃れた。

村田新八

村田新八《しんぱち》、天保七年十一月三日、鹿児島に生まる。父は高橋八郎、後に村田十蔵の嗣子となる。初名経麿、後に経満と改む。明治戊辰の役、薩藩二番隊の監軍として、奥羽に出征した。明治二年、薩藩常備隊の砲兵隊長、同四年、宮内大丞。同年、岩倉大使の一行に加わり欧米を巡視す。帰朝後、西郷隆盛の挂冠《けいかん》帰国を聞いて、職を辞し鹿児島に帰り、桐野利秋、篠原国幹等と私学校を創設した。西南の役には、新八、薩軍の二番大隊長として戦い敗れて城山に拠り、明治十年九月二十四日、岩崎谷に斃れた。四十二歳。

新八、身長六尺、偉容魁梧《かいご》である。西郷隆盛嘗《かつ》て曰く、新八は知仁勇具備の士であると。勝安芳又曰く、新八は大久保利通に亜《つ》ぐ大人物であると。

新八、少年時代より西郷隆盛を敬愛して、其交わり甚だ懇ろであった。併し議論合わぬと、両人格闘を始む。固より新八は西郷に及ばぬけれど、不屈の気強くして、決して譲る色がない。西郷其意気を愈愛して、交誼《こうぎ》更に親しみを増した。長ずるに及んでも、新八の西郷を崇敬する事弥々《いよいよ》厚く。曰く、今、天下の人傑西郷先生の右に出る者はない。先生は豪胆無類なるのみならず、実に深知大略の英雄であると。西郷亦新八を信任して、十年の役に於ける軍議の際、事毎に先ず新八は在らざるかと聞いた程であった。

新八、尊王の志深く、先輩として高山彦九郎を最も心酔していた。久留米の高山の墓前に高橋新八刻之と銘したる石灯台を献じたほどである。

文久二年、西郷隆盛、大島の謫居から召されて東上せんとする時、新八、年歯僅か二十七、西郷に従って赴いた。西郷の行動、島津久光の意に背いて、再び流謫《るたく》の身となり、西郷は徳之島へ、新八は鬼界島に送られ。元治元年、西郷の赦さる迄、孤島にいた。其謫居中に詩歌がある。一二にあぐれば。

昨奉二公命一出二家郷一、　今作二孤囚一謫二異方一、　平素養成忠義胆、　陰夷同体豈憂傷、

思ひきや都をさけてうる島や　沖の小島に声のまんとは

いつまてかかくて果つへき敷島の　やまとの国は事さやくなる

明治四年、全権大使岩倉具視等の一行に加わりて、新八、米国に渡った。一行の人々、俄に泰《たい》西《せい》の文物の絢爛なるに眼眩み、匆々《そうそう》洋服を作り、帽子を購い、洋杖を求めて、西洋紳士の体裁を

なさんとして汲々として力める者が多かった。其中に新八のみ、独り故国で作った古洋服を纏うて恬然としていた。人其流行に遅れる事を諫めると。新八微笑して、衣帽をのみ美々《びび》しく飾るとて、精神気魄を磨かねば、何の用いる処があるか。我れは精神を養成することこそ念頭に置くけれど、衣冠《いかん》の如き外見の末節は未だ問題としていた事はないと答えた。

西南戦役の以前、肥後人、新八を鹿児島に訪うて、今日の状勢を見るに、官と薩とは到底両立し得ないものがある。官に在る者は名器を挟んで令するから、其勢があるけれども、当局の行う外交振りを見るに、実に失政だらけである。殊に樺太交換の如きに到っては、国威を墜すものであるから、之れを堂々責め立てれば、事を起こすに名が充分に備わるわけであると説く。新八は之れに対して、外交の容易でないことは、西郷も亦よく知る。之れが故になるだけ軽挙を慎んでいるのである。責めるものは易いが、事を行う者には相当難件が伴うものだ。軽々しい振る舞いをしてはならぬと答えた。

西南の役、薩軍敗れて、田原坂《たばるざか》の堅塁も陥ち、官軍の追撃急にして、弾丸吾営中に落下して衆は色を失い、動揺する。新八、独り営中に偃臥《えんが》［腹ばい］した儘《まま》、各隊長を指揮して、其敗兵の処置をなさしめて、言語動作平常の通りに異らなかった。肥後の人、佐佐友房《さっさともふさ》之れを見て感嘆し、人意を強うし、隠然一敵国の如しとは、かかる人物を謂うのであろうと語った。

城山の戦闘には、新八、浴衣に兵児帯という姿で、腰に団扇をはさんで、吾軍の病院掛の詰所に来て。城南方面の敵塁《てきるい》はなかなか堅固にできている、他日外国兵と戦闘を交える時の為には好い演習になったと、笑いつつ語っていた。

西郷隆盛の終《つい》に殪れたと見るや、新八、噫《ああ》、天なる哉と長嘆して、涙を落とし、事既に及ぶべからざるを悟り、飛弾雨下の裡に自ら屠腹して死した。

辺見十郎太

辺見十郎太《じゅうろうた》、島津侯の世臣、嘉永二年、鹿児島に生まる。明治戊辰、奥羽に戦う。明治二年鹿児島常備隊の小隊長となり、同年近衛陸軍大尉、同六年、国に帰り、同八年、宮崎郷区長となり、私学校に入り一科の長に選ばる。明治十年、西南役の勃発するや、初め三番大隊一番小隊長として、屢《しばしば》戦功を顕《あらわ》した。薩軍死傷多くして、兵員に不足を告げたから、十郎太は、別府晋介等と共に鹿児島に帰って兵士を募るに奔走した。更に雷撃隊大隊長となりて其勇名を知られた。八月、可愛嶽の突破には、十郎太、先鋒として進んだ。遂に城山に退き、九月二十四日、岩崎谷に於て戦歿した。二十九歳。

十郎太、驍勇精悍《せいかん》にして、敵する者、其名を聞いて戦慄する。音吐《おんと》は雷霆《らいてい》の轟くが如く。陣頭に起ちて、赭顔《しやがん》、目を眸《みは》って叱咤する時には、赤髯悉く逆だちて、猛威恐るべきものがあった。近衛に大尉として勤務の折、明治六年、宮城《きゆうじよう》の火災があった。其夜、十郎太、某処に遊んで出営の期を遅れて糾問《きゆうもん》を受けた。衆曰く、軍人の恥辱である、十郎太をして屠腹して罪を謝せしめよと。西郷隆盛、年少の徒輩の免れざる罪であるから、宥《ゆる》してやれと諭すに及んで、十郎太漸く死を免れた。之れよりして、十郎太、大いに発憤し、必ず一命を国家の為に捧げんと決意し、操行大いに修まった。

明治十年、鹿児島私学校党の弾薬掠奪の報、海軍省に達するや。廟議、海軍中将川村純義に命じて、鹿児島に急行して、其情状を視察せしめた。川村、高雄《たかお》丸に搭じて鹿児島に着き、因に西郷隆盛と面談して之れを説かんと欲した。西郷請いに応じて会合に赴こうとする。桐野利秋等之れを諫止して、十郎太及び河野圭一郎を遣らんと云う。十郎太曰く、川村と会議して若し思うに任せずば、彼れと耦刺《ぐうし》して死なんと。則ち軽舸《けいか》に乗り、高雄丸に近づき、声をあげて速やかに梯子を卸せよと叫ぶ。高雄丸の船長曰く、海軍に規則あり、諸君の命に従う事ができぬと。然らば錨をおろせよ。船長更にいう、錨既におろして彼処に在ると。問答に時を移す折柄、十郎太等の過激にして事を誤らんかを恐れて、俄に召還さるるの命が来り、十郎太等は再び船を回して帰った。

之れも此時の事であった。始め、西郷の川村の招きに応じて赴かんとするや、永山弥一郎は之れに賛成していた。十郎太は最も不満である。西郷先生にして招きに応じ、軍艦に移らんか或いは誘致せらるるやも計られぬ。然《さ》ある時は、吾党に取って一大事であるとて、強く拒んだ。永山為に是非を説くも、十郎太肯んぜず、刀を按じて決闘せんとするの勢を示した。永山亦起つ。西郷の調停によって漸く事無きを得た。十郎太の精悍概ね此の如きものであった。

十年の役、十郎太、兵と共に三太郎坂を越えた。積雲溶けて路は泥濘となり、兵士行軍に苦しみて、往々顚倒《てんとう》する者さえある。十郎太、令して曰く。顚倒するものは罰として戦友の銃器を担えと。十郎太、遂に自ら躓き倒れた。乃ち兵士の銃器四五を、おのが肩に載せて進み、明らかに其範を示した。

小倉の歩兵第十四連隊、熊本城救援の為に、連隊長心得乃木希典の指揮下に出動したが、植木［現在の熊本市北区］に於て薩軍と会戦し、其連隊旗を奪われた。薩軍大いに喜び、一団の兵士に担わしめ、城の周囲を幾回ともなく歩き廻らさした。十郎太、殊に之れを竿頭に樹て、四方地の砲塁に翻して大いに示威をなした。

十郎太は軍営中に在って、毎夜十二時にならねば寝に就かぬ。十二時後と雖も、一時間毎には必ず起きて、斥候を各方面へ派し、其視察した情報を聞くを例としていた。しかし白昼と雖も睡くなる時には、何の塁でも構わずに横臥して鼾声《かんせい》高く熟睡した。

十郎太の率いる隊、前列は老幼相混じて、一見すると如何にも弱兵のみである。官軍侮って近づくと、其後列から強剛の壮兵が現われ出でて、突撃、官軍を悩ました。

玖摩《くま》［球磨］川の上流、渓間に釣り橋がある。俗に地獄の懸橋と称して、其名に恥じぬ危険の箇処であった。橋の長さ数百尺、広さ二尺、橋の下は数千丈の深い谷である。橋は藤蔓の類で纏い、それを両岸の樹の梢に搦《から》まして留めてあるのであるから、之れを渡ると橋の動揺甚だしく、歩行甚だ難儀で、剽悍《ひょうかん》な薩軍も、此橋を渡るには三人以上が同時に踏む事を禁じた程であった。然るに十郎太、吾軍の敗報に接して、路傍に繋いであった裸馬に飛び乗り、部下を指揮して、我れに踵《つ》いて来れと令し、裸馬に一鞭を加えて、地獄の懸橋を突進して、平地を走るが如く行った。見る者却って慄然として恐れた。

十郎太の雄猛絶倫なる、敵味方共に喧伝する処であった。若し陣に立って、吾兵の逃げ去らんとする者あらば、立ちどころに之れを斫った。西郷隆盛戒めて、勇はまことに可なれど、士心を失わぬようにせよ、又爾今《じこん》[以後] は之れを佩《お》びよとて、木刀を執って十郎太に与えた。然れども次の如き挿話がある。十郎太、曾て監軍加治木某が、吾軍の敗を忿《いか》りて、兵士の逃げんとする者あらば斫らんというを諫めて。逃ぐる兵士あらば、其刀と銃とを奪うて逃げさしてやれよ、逃げる如き輩は斫っても益なしと告げたとも云う。

日向大口に一株の古松がある。十年の役に、十郎太、敗れて此処を過ぎる時、田原坂に戦死せし私学校生徒が尚あるならば、今日の如き敗北を見ぬであろうに、実に遺憾千万であるとて、松樹を撫《ぶ》して、男泣きに泣いたという。里俗《りぞく》此松を辺見の涙松と称して、其名を伝える。

官軍の重囲を衝いて、可愛嶽《えのだけ》から突破した薩軍の果敢勇猛さは、西南戦史上の著名な事実であった。時に、十郎太、河野《こうの》圭一郎 [主一郎] と其前衛となり、断崖絶壁を攀《よ》じ、闇夜なるを以て、白紙を路傍の樹木に結んで、後続部隊の目標となして、漸く可愛嶽の頂上に達した。天漸く明けんとする折、十郎太は部下に令して、抜刀呼噪、驀進官軍の営に斫り込み、其潰乱に乗じて囲みを突いて脱出した。

可愛嶽突破は、明治十年八月十八日昧爽《まいそう》［明け方］の快挙であった。官軍は守備兵交替の時とて、其混乱非常であった。十郎太の絶壁を飛び下り、萱原を越えて、大喝突進した勢は実に鬼神も避くの鋭さがあった。官軍、周章狼狽して、四散五裂した。十郎太、進んで官軍の牙営に入ると、遺棄品は山積して、中に婦人の下駄と三味線とがあった。十郎太、之れを見て苦笑してやまぬ。

十郎太、戦場に臨んでは虎豹の如く獰猛であるが、其天真爛漫の情、稚児の如きものがあった。薩軍到る処に敗れて、城山に拠るや、大勢の挽回し難きものあるを悟り。河野圭一郎を招き、衆《しゅう》寡《か》懸《けん》絶《ぜつ》して、最早一死あるのみである。我等の死は厭《いと》わぬが、西郷先生を失うは、国家の為に痛惜に堪えぬ。英雄時に屈する事あるは其機を知るからである。此時に臨んで、先生の為に一策を講じようでないかと諮った。河野は官軍に降《くだ》って、西郷を救わんとするの志があったから、胸襟を開いて十郎太と相語り、遂に官軍の営に赴いて情を陳じたが、何の得る処もなかった。

十郎太、以為らく、我れ決然一隊を率いて、官軍の一角を突きて伊集院に出で、熊本に長駆せん。しかすれば官軍の囲み少し緩くなるであろうと。九月二十一日、婦人及び捕虜に命じて、脚絆を裁縫せしめた。折しも十五夜の月明で、土窟内に一団の男女が脚絆を裁縫していると、俄然土窟が崩壊して、男女六名、土中に埋められた。漸くにして救助し得たけれど、之れがために十郎太の計画は履行《りこう》する事をやめるようになった。

鹿児島に於て、私学校方面に戦う時、一弾飛来して、十郎太の額部を傷つけた。十郎太、之れを布で包み、縦横奔馳《ほんち》して、平生と異る所がなかった。岩崎谷に於て斃れた時も、其死屍は尚生けるが如き神色《しんしょく》であった。

永山弥一郎

永山弥一郎《やいちろう》、天保九年、鹿児島に生まる。名は盛弘、初め万斎と称して、島津侯の茶坊主であった。明治戊辰、奥羽に転戦して功あり。明治四年、陸軍少佐、尋《つい》で開拓使三等出仕に任ぜられ、北海道に赴き、陸軍中佐に陞《のぼ》り、屯田兵の長となる。明治八年、職を辞して鹿児島に帰り、同十年、私学校党蹶起するや、弥一郎初めは応ぜなかったが、桐野利秋の懇切に説くに及んで、死を期して其挙に左袒《さたん》［味方］し、三番大隊長となり、熊本城の攻囲に従うた。官軍の一隊八代から上陸して進むを撃って、四月十三日、御船《みふね》［現在の熊本県上益城郡御船町］に闘うて敗れ、民家に入り火を放って自刃した。四十歳。

明治十年四月、御船の戦い敗れ、弥一郎既に死を決して、其宿舎する民家の主人を呼び、此家屋を我れに売れよという。主人は買って頂くに及ばぬ、随意に御使用あれとて承知せぬを。強いて百金を与えて受け取らしめた。之れは其民家を焼いて火中に自殺するから、主人に迷惑をかけぬためである。

弥一郎自刃の後、其家の主人は、弥一郎の義に強きを敬慕して、墓を建てて懇ろに其死屍を葬った。後に弥一郎の弟、来って改葬して他に移さんという。其主人之れを拒んで、将軍は吾村民の守護神であるから、此儘此処に置いてほしいと、切《しき》りに請うて止まぬ。弥一郎の弟、其志を喜んだが、諄々《じゅんじゅん》諭して、漸く改葬する事になった。弥一郎の人に敬慕せらるる此一事を以ても能《よ》く証明し得るものである。

明治戊辰の奥羽征討に際し、弥一郎白河口に向かい、白河城を陥《おと》した。城陥ちて弥一郎等敵塁《てきるい》中を視ると、酒を満たした酒樽が遺してある。弥一郎大いに喜んで、矢庭に樽に口をつけて長飲した。時に尚戦闘やまず、砲弾の落下して爆発するものがあるが、弥一郎は容易に酒樽を離れようとせぬ。戦友を呼んで、暫《しばら》く戦をやめて酒につけ、我れ此酒樽から離れ難いものがあると。遂に酒樽を飲み干し終わった後、再び戦線に走り出でて戦った。

弥一郎、戊辰の役には、チョッキとズボンの上に和服を着けて出で、戦い酣《たけなわ》となるや、和服を脱し短刀を携えて敵に当たる。伏見の役に於て、桐野利秋、最も勇戦して、我れこそ先登《せんとう》第一に敵陣に突入した者であると思うていると、豈図《あに》らんや弥一郎は早くも敵中から、分捕《ぶんどり》した刀剣を奪うて、之れを肩にして帰り来たから、桐野は、弥一郎が如何に疾《はや》く敵陣に突進していたかを、測り知り難《か》ねて、其敏捷と其勇気とに驚嘆した。

棚倉《たなぐら》の戦に、弥一郎、左脇を射られ、其銃弾を抜くために、横浜の病院に入れられた。愈手術するに臨み、麻酔剤をかけようとすると、弥一郎堅く拒んで、座右の草花を挿みつつ、平然として手術を受けた。

又病院に在る時、薬餌《やくじ》の外の飲食を禁ぜられていたが、一日、饅頭を購うて喫している処を医師に発見せられて、大いに叱責せられた。弥一郎曰く、吾病が癒えたから、饅頭を食うのであると。医師のまだ治癒していないことを説明すると、大いに怒って、已に斯くの如く癒えていると、柱を撲《う》つこと両三回。痍《い》［傷］破れて膿血《のうけつ》が出るも、弥一郎は何処までも全癒していると主張して、遂に退院して、隊に帰り、自ら治療し終わった。

明治六年、征韓論の事を以て、西郷隆盛鹿児島に帰り、尋《つい》で桐野利秋、篠原国幹等も帰ったが、独り弥一郎は之れに同ぜぬ。明治八年に至り、政府、樺太と千島群島とを交換する条約を為すや、弥一郎、平素の持論と合わぬを慨し、ここに断乎辞職して帰った。

明治十年、私学校党の勃発の際にも、弥一郎独り衆と合わせず。西郷先生が政府の曲《きょく》を匡《ただ》さんとするならば、二三の子弟をのみ従えて東上し、飽く迄其意見を陳べらるのが適策である、と語って、私学校党の勧めに応ぜなかった。曰く、諸君は官軍を以て、無規律の幕兵と比較して、甚だ与し易いとするが、今や陸海軍は漸く完整《かんせい》［しっかり準備すること］を告げんとしている。在朝の人士も亦吾友人で、併も其智識の進歩も著しいものがある。之れを侮って、兵を挙げるはよろしくない。寧ろ他日の国難を待って其時に命を棄てて効を建つべしであると。弥一郎は以上の如き説を持して衆議を排していた。然るに桐野利秋、自ら弥一郎を訪うて、甚だ切実に説いたから、弥一郎は遂に心を翻し。我れが先に論ずる処は勝敗の数をいうのであるが、諸友が若し戦死した場合、我れ一人の生き存《なが》えているつもりは少しもないとて、甘んじて死を決して其党へと加わった。

兵を進めて熊本城を囲む時、官軍の援兵が八代に上陸したという報があったから、薩軍は攻囲軍の一部を割いて、弥一郎を将として、急に八代方面に向かわしめた。薩軍能《よ》く戦ったけれど、衆《しゅう》寡《か》固より敵せず、兵勢日に日に蹙《しじま》る。御船方面の戦闘に於て、弥一郎亦敵弾の為に負傷したけれど、尚勇を鼓して、酒樽に腰をおろし、長刀を抜いて、叱咤指揮していた。

官軍大挙して襲撃し来り、吾軍は潰乱して、弥一郎の身辺には既に隻兵の影もなくなった。弥一郎ここに於て自刃の期至れりとして、我れ此方面を担当して闘い、此大敗を取る、一死以て罪を同志に謝せんと。乃ち民家に入り、火を放って其処に自刃したのである。

別府晋介

別府晋介《べっぷしんすけ》、名は景長、弘化四年、鹿児島吉野村に生まる。島津侯の世臣別府十郎の子。明治戊辰、奥羽征討に従う。明治四年、近衛陸軍大尉となり、尋《つい》で少佐に陞《のぼ》る。五年、命により韓国に赴き、国情を視察して帰る。六年、職を辞して国に帰り、加治木外四箇郷の区長となり、兼ねて私学校のために尽力した。十年の役、連合大隊長として熊本城を囲み、四月鹿児島に帰って更に壮丁《そうてい》を募り、八代に於て官軍と闘うて負傷した。爾来《じらい》各処に転戦し、九月二十四日、城山陥る時、西郷隆盛傷ついて、其首を斬らん事を晋介に托す。晋介刀を揮って之れを斬り、自ら西郷の死を叫んで、敵弾雨下の裡に陣歿した。三十一歳。

晋介は桐野利秋と従兄弟の関係ありて、常に交情懇ろにして、親密の度は兄弟の如きものがあった。人と為り、正廉淡白、初めて尉官となった時、士官以下軍曹、曹長と共に、其受くる官俸を平均に分配して、決して私費しなかったと云う。

明治五年、命《めい》を蒙って晋介は陸軍中佐北村重頼《しげより》と共に韓国視察に赴いた。晋介、韓服を着け釜山より上陸して各地を視た。帰りて桐野利秋を訪い、韓国八道［「朝鮮全土」とほぼ同じ意］を屠るは僅かに二三箇中隊で十分であると叫び、歓極まって堪えられざるの状を示した。

晋介、鹿児島に帰って区長となった時、郷内の某、願書を出して請う所があったを、却下して了うた。後に至っておのが過失であった事を気付くと、直に提灯を照らして、深夜自ら某の家を訪い、今日の処置は我れ過《あやま》ったと、深く謝して憚る処がなかった。

十年の役、熊本城攻囲に兵を損じ、補給のため、晋介は辺見十郎太等と共に、鹿児島に帰って壮丁二千余を得て、陸軍の勢力を増した。此新鋭の兵を提げて、一挙官軍の背後を衝き、八代方面を制せんとしたが、官軍の先鋒早くも川尻を破って、城兵と連絡を通じた為に、晋介の奇襲も成功する事ができなかった。

八代の戦闘に晋介、左足に重傷を負うて人吉に退いた。西郷隆盛、慰問の使を発して、隆盛今や軍を指揮して、兵力も衰えぬ、足下心静かに療養を加えて、心を労する勿《なか》れといわしめた。晋介感激して、先生の一言は我れに千万鈞《きん》の力を加う。正に良医の治療に勝るものがあると喜び勇んだ。

晋介、眉目清秀《びもくせいしゅう》、而も意気凛然《りんぜん》［りりしく勇ましい］、秋霜《しゅうそう》の厳なるものがある。西南の役、陣中に於て、一兵士の銀の指輪をはめている者あるを見て、晋介之れを詰った。兵士赧然《たんぜん》として答える事ができぬ。傍から戯《たわむ》れて、情婦の贈る物であると謂う。晋介乃ち其兵士の指を摑んで小刀で之れを切り、叱して曰く、かかる痴態は吾軍の気勢に関すると、見る者皆振慄《しんりつ》［戦慄］した。

九月二十四日、城山既に危急に迫り、西郷隆盛重傷を負うた。乃ち晋介を顧みて、我れ此処に斃《たお》れんといい、合掌、東を拝して死を待つ。晋介、時に負傷していたから轎《きょう》に乗ってここ迄従うていたが、西郷の此状を見て、俄に轎を下り、御免あれというより早く、其首を断って、西郷の従僕に命じ、之れを竹藪中に埋めしめ。再び轎に乗りて、先生既に死す、先生と死を共にする者は、皆来って死せよと大呼《たいこ》しつつ、敵弾中に奮戦して死した。

池上四郎

池上《いけのうえ》四郎、天保十三年、鹿児島に生まる。藩医貞斎の子。明治戊辰の役に従軍した。明治四年、朝廷、四大隊を薩藩から徴する時、四郎其一隊の長となりて上京し、近衛陸軍少佐に任ぜらる。明治五年、官命を以て満洲地方を視察した。同六年、辞退して国に帰り、私学校の為に尽瘁《じんすい》す。十年の役、薩軍の五番大隊長となり、後に本営に在って、軍の枢機に参与した。九月二十四日、城山陥落して戦歿す。三十六歳。

明治三年、長州の奇兵隊、兵制の改革を懌《よろこ》ばずして、擾乱を醸し、遥かに援を薩摩の西郷隆盛に請うた。四郎曰く、名分無くして猥《みだ》りに兵を動かすべからす、長州無名の軍を援《たす》くるは断じて不可であると。これによりて援兵の議歇《や》む。

明治五年、韓国事件発生するや、西郷隆盛深く慮《おもんぱか》る処あって、副島種臣、板垣退助等と諮り、視察委員を韓国及び満洲に派遣して調査せしむる事にした。四郎其選に当たり、土佐の武市熊吉と共に、外務省出仕に任じ、満洲方面を視察に赴いた。五年八月十六日東京を発し、九月一日上海に着き、芝罘《チーフー》を経て営口《えいこう》に達し、六年四月、武市は帰朝したが、四郎は猶満洲内地を巡遊して、七月七日帰朝して、其視る処を報告した。此復命報告は、後の征韓論発生に臨んで、征韓計画の基礎をなしたものである。四郎の満洲を旅行するや、地形、政治、兵備、財政、風俗等、具《つぶさ》に検《しら》べ視た。四郎は姓名を変じて池清劉和と称し、商人を装うた。其奉天に来り、大南門内の三益店に宿る時、騎兵将校胡得倫なる者来って、四郎の国籍及び来意等を尋ねる。四郎は商いの暇を見て、勝地を探る者であるから、商品も携えず、武器も持たぬと答えた。彼れ曰く、内地の観光なら四五日間の滞留は苦しくない。又営口道台の路照なきも深く咎めぬとて立ち去ったが、之れよりして四郎の身辺には護衛と称して、常に監視の者が付き添うた。

十年の役、薩軍の諸将、肥後川尻の本営に集まって、作戦について凝議《ぎょうぎ》する所があった。四郎は熊本城に対しては若干の兵を駐めて、其城外に出るを遮り、全軍は南関に出で、一は馬関から一は長崎から、京畿地方へ進出するの策を樹てて進言した。篠原国幹は専ら熊本城強襲を主張する。其決を西郷隆盛に乞い、遂に全力を以て熊本強襲する事をやめて、兵を分かって進出するの策を取る事になったが、此時已に時機を失して、其雄志を遂ぐるに至らなかった。

薩軍、御船に破れて、矢部を発して江代《えしろ》に至った時、野村忍介《しおすけ》をして奇兵隊を率いて豊後へ向かわしめ、四郎をして混成隊を率い、日向三田井《みたい》方面に向かわしめた。三田井は要害の地点で、しかも豊後方面へ出るの咽喉であるから、此処を占めれば、大分や小倉への進出の路がつくという大切な土地である。四郎、乃ち本営を延岡に置き、豊後方面の指揮者野村忍介と提携して三田井方面の諸隊を統轄《とうかつ》し、五箇所の弾薬製造所を設けて、持重《じちょう》［慎重］の策を取った故、官軍容易に之れを窮う事ができなかった。四郎の技倆茲に於て大いに発露した。

貴島　清

貴島清、天保十四年、鹿児島に生まる、通称宇太郎、名は清、後に国彦と改む。世々鹿児島藩士である。明治戊辰には奥羽の出征軍に従うた。明治四年、近衛陸軍少佐、尋《つい》で鹿児島分営長となる。同七年、職を辞し、西南の役、初めは私学校党と容れざるものあるより従軍しなかったが、愈熊本に於て開戦したとの報達するや、県令大山綱良と謀って、壮丁を募り新たに一隊を率いて、熊本に至り、植木方面に於て闘うた。四月、振武《しんぶ》隊の監軍となり各処に転戦。九月四日、最後の勇を鹿児島の米倉攻撃に振るい、乱闘裡に憤死した。三十五歳。

明治十年、私学校党の蹶起した時、清は平素該党と善からぬ処があったから、共に発せずして、其起つべき時機を待っていた。其内桐野利秋から奮起を促して来た故、大山県令と諮って、兵を率いて豊後方面へ突出し、大阪に於て、曩《さき》に出軍した諸隊と会わんと企て、其兵を具して出でたが、途に田原方面の急を桐野から報じて来たから、方向を転じて熊本に至った。

時に官薩両軍は田原に対峙して激戦を繰り返していた。清は此戦闘に加わって勇奮縦横に力闘した。しかし官軍は次第に其軍勢を加えて、薩軍を圧し。三月二十日、夜来《やらい》の大雨歇《や》まざる内に、暁霧《ぎょうむ》に乗じて進撃して、遂に薩塁を抜き、進んで植木を突き、火を民家に放ち、退却する薩軍を追撃した。

清は中島健彦と共に、撰抜隊三十余名を率いて、向坂《むこうざか》の要害に拠って、官軍を禦《ふせ》ぎ、抜刀猪突して之れを潰乱せしめた。之れは向坂の大捷《たいしょう》として、西南戦史上の華といわる。

官軍の一隊、出水《いずみ》方面より進出すると聞き、清は一箇中隊を率いて川内に至ると、出水方面の伊東祐徳が官軍に降《くだ》り、官軍は当《まさ》に、鹿児島の背面に出でんとするの情報があった。清曰く、天正の昔、豊太閤の薩摩を攻むる時、出水の主将、敵に降ったが、夫れと之れとは誠によく類似していると。自ら少数の兵を以て敵の大軍に迫ったけれど、固より捷《か》つ事ができず、去って本隊に合せんとて、入来に至ると敵軍が已に充満している。清、従容《しょうよう》として迫らず、泰然として敵前を過ぎ、大声、薩将貴島清、此処を過ぐと叫びつつ進んだ。官軍其気勢に圧せられて空しく望み見るのみであった。

薩軍、鹿児島に退き、深く私学校及び城山の堅に拠る。清、議を呈して曰く、今日の状勢を転回するは、米倉の官軍を撃退して、鹿児島を全く吾軍の占有となし、再び薩人を鳩聚《きゅうしゅう》して、諸方の同志と呼応して、中原《ちゅうげん》に進出するの機会を作るにあるのみであると。而して自ら米倉襲撃の任に当たらん事を請う。

桐野利秋、之れを聴いて、楠公《なんこう》［楠木正成］の湊川《みなとがわ》に於けると同じ決心を以てせよという。清は、初め私学校党と共に起たず、中途から兵を提げて戦場に赴いたから、此間の消息を誤解する者もあるらしかった。清此点を詳《つまび》らかに語って、其心衷《しんちゅう》を明らかにし、死士《しし》百余名を抜いて、九月四日の未明米倉襲撃を敢行した。

抜刀隊百余名を分かって、二隊とし、一隊は清自ら率い、一隊は北郷万兵衛之れが将となりて闇夜に乗じて潜行し、俄に白刃を閃《ひらめ》かして、官軍の塁を衝いた。官軍周章狼狽して、乱射を浴びせる。清等、塁下に肉薄し、死奮の戦闘をした。其勢の猛烈なる鬼神も避くの英風《えいふう》があった。清、殊に決死の意気を以て、第一塁を突破して、第二塁に進み、簇《むらが》る官軍を斬り靡《なび》かしていた。敵の一人、清の額を刺したが、清はひるまず、忽《たちま》ちにして其敵を斫り倒した。併し衆寡《しゅうか》の差甚だしくして、遂に乱戦の裡に壮烈な戦死をとげた。

清の戦いに用いた刀は、大小百戦を経たものであるから、乱撃のために刃はこぼれて鋸《のこぎり》の歯の如くなっていた。官軍の軍曹某、之れを戦場に得て珍重にしていた。後に野津道貫《のづみちつら》、之れを聞き、某から請い得て、清の遺族に贈り戻した。

池辺吉十郎

池辺吉十郎《きちじゅうろう》、天保九年、熊本に生まる、世々肥後細川侯に仕う。名は重章、倧左衛門と称す。明治二年、熊本藩少参事に任ぜらる。三年、辞職して鹿児島に遊び、西郷隆盛等と交わりを結んだ。同十年一月、佐佐友房《さっさともふさ》と共に鹿児島に入り、村田新八と黙契《もっけい》して帰る。薩軍の起つや、熊本隊を編成して、之れを統率し、諸処に戦う。八月、佐土原《さどわら》の戦に敗れて、山間に路を迷い、漸く鹿児島に近づく時、城山陥ちて西郷死したと聞く。吉十郎亦縛に就き、長崎に送られ、十月斬罪に処せられた。四十歳。

明治三年、熊本の実学党勢力を得て、吉十郎等の学校党を排斥す。吉十郎、之れより閑地に居り、再び官に就かず。同四年、鹿児島より帰るや、横島村に退き、茅屋《ぼうおく》［茅葺き屋根の家。「みすぼらしい家」の意味もある］に住し、自ら耕作に従い、村童の為に読書を教え、尋《つい》で家塾を開いた。横島の家居たる、手づから柱を削り、壁を塗りて作った倹素な生活であったが、村民の名望《めいぼう》自ら高くて、志ある士は争うて其塾に集った。

吉十郎の隣家に、米春き《こめつ》［精米］を業とする老夫婦がいた。毎朝起きて舂き小屋へ行くと、誰が舂き終わったか既に精米となっている。之れは吉十郎が、頽齢《たいれい》の老夫婦を憐れんで、窃《ひそ》かに舂き置いたのである。斯くの如き事あまたたびにして、終《つい》に老夫婦は、ある時、舂き終わって小屋を出て行く吉十郎の姿を見て、始めて其好意を覚り、後姿を合掌して泣いて恩を謝したという。吉十郎、身を持す事厳にして、生活は簡素を尊び、老を隣み、幼を扶《たす》けるの例証は多々あった。

十年二月、寺田村に戦って敗れ、三人の部下と共に敵中に陥った。ここに於て、巌石の間に匿れて、煙草を喫して敵を待つと、果たして敵は此所に人ありと知らで近づいた。吉十郎乃ち三人に命じて抜刀突進せしめ、敵の周章するに乗じて、斬りぬけて、本隊に合するを得た。此時吉十郎、自ら銃を射て敵兵二名を倒したが、おのれも左腰に重傷を負うた。

薩軍、熊本城を囲んで陥《おと》す事をよくせぬ。乃ち一策を案じて、死守する城兵に対し、無理な力を以て圧すれば、吾軍も亦損傷する処が多かろうから、熊本隊をして、書を城中に送らしめ、士卒を離間して、城を脱せしめれば好策であるとて、之れを吉十郎に諮るものがあった。熊本隊にては、或いは時機がまだ早いのみならず、城兵の笑いの種となるのみであるとの説もあったけれど、隊長吉十郎は、時機早しとて害のない事であるから行おうとて、城中に投ずるの書を作り、之れを箭幹《やがら》［矢の幹部分］に巻いて箭文《やぶみ》として城中に射送った。

八月、佐土原の戦闘に、吉十郎は疾病未だ癒《なお》らぬけれど、陣頭に立って奮戦した。吾軍敗れて、吉十郎、病余の身体思うに任せず、衆に遅れて、叢《くさむら》の中に身を潜め、宿に入って漸く一民家に匿れた。

後に其処《そこ》を立ち出たが、吾軍の踪跡《そうせき》を失うて、止むを得ず佐土原付近に潜伏した。偶薩軍の某隊長の之れも負傷して潜伏せる者と会し、共に農家の土窖《どこう》中に潜みいる内、九月に至り、西郷隆盛等が鹿児島に入ったと知って、某と共に潜伏所を出でて、鹿児島を距《へだ》たる参里の地迄来たが、官軍前途に充満しているから、某の知縁の一老媼の家に潜んだ。

二十四日、城山陥ったとの報があり、某は事情偵察と称して出た儘、遂に帰って来ぬ。吉十郎吾家族に贈るの遺書を認めて、従者をして郷里に携え帰らしめ。老媼に金を与えて、吾自刃の後をよく処置してくれと頼んだ。老媼愕《おどろ》き怖れて大声を発す。隣家の人、其声を聞いて馳せ着けると、吉十郎は将《まさ》に自殺せんとしている。隣人、其手を抑えて自殺を止めた。然《しか》らば此家の墓地にて自殺するから案内せよと吉十郎はいう。隣人更に制止して、此地は僻陬《へきすう》［僻地］不便の処なる故、意を安んじてここに潜伏せられよ。貴下は熊本知名《ちめい》の学者と聞く、乞う村の子弟の為に教育せられたいと。切に請うてやまぬから、吉十郎も自刃を止め、ここに居た。然るに数日ならざるに、官軍の知る所となって遂に逮捕された。

吉十郎、長崎臨時裁判所に送られ、審問を経たる後、斬罪の宣告を受けた。吉十郎、其判決文中に、字義不穏の箇所二三あるを指摘して、之れが修正を乞い、然る後しずかに刑に処せられた。

小倉処平

小倉処平《おぐらしょへい》、名は良儔《ながとも》、長倉喜太郎の子、弘化三年、日向飫肥《ひゅうがおび》に生まる。年少江戸に出で、安井息軒《そうけん》の門に入り、出藍の誉れがあった。明治戊辰の後、藩命により、京畿の間に奔走した。明治二年、開成所に入り、尋《つい》で大学権大丞に任ぜられた。同四年、英国に遊学、同七年、佐賀の変に関係して、禁錮百日に処せられた。刑期満ちて、再び官に仕え、大蔵省に出仕したが、西南の役起こるや、職を辞して国に帰り、飫肥隊を編成して薩軍に投じた。又奇兵隊の監軍となり、日豊地方に戦い、八月、可愛嶽突出の際、之れに従い、山中に於て自裁《じさい》して殪る。三十二歳。

処平、一に飫肥西郷の称ありて、人物傑出、最も名望高かった。風采堂々、白皙《はくせき》［色白］豊頬《ほうきょう》［ふっくらとした頬］の好男子である。併し意気壮烈、慷慨《こうがい》の志あって、特に政府の欧化主義を喜ばぬ。

慶応三年、碩儒《せきじゅ》安井息軒の塾に入り、刻苦勉学、夜深更に到らねば枕につかぬという励み方であったから、忽ちにして頭角を抽《ぬき》んでた。又長崎の致遠館《ちえんかん》なる英語学校に学んだ事もあるが、此折も生徒中の優勝者はいつも処平に指を屈せられた。

明治二年、東京の開成所（帝国大学の前身）に入った時も、強藩の士にあらざれば就く能《あた》わずと称せらるる舎長の任に就いて、生徒間の信望をあつめた。曾て藩主を説いて、藩黌《はんこう》振徳堂《しんとくどう》の秀才数名を選んで、洋学を修めしむべく、東都に遊学する事を実行せしめた。其選抜生中、処平の特に嘱望したものは小村寿太郎《こむらじゅたろう》であった。

小村の遊学に当たって、其親は肯わぬ。処平為に言葉を尽くして諭し、遂に遊学の途に上らしめた。此所以により、小村の病んで重患となるや、処平其臥床に附き添うて熱心に看護し、彼れをして病に斃れしめたなら、我れ其親に合わす面なしと憂いた。幸いにして小村の重患は癒ゆ。

明治三年、処平、監事として大阪の洋学校に赴任した。生徒の気風大いに奇矯を衒うの癖習《へきしゅう》があり、食堂に出るにも、裸体の上に羽織のみを被るものがあったり、赤裸々のままのものもあるという風であった。処平命じて、食堂に入るには必ず袴を着けよと云うと、生徒等乃ち裸身に袴を穿ち、大刀を挟んで現われ出ず。処平少しも之れを咎めぬ。一夕、生徒の主魁数名を招いて、洒脱の風格を以て、滔々《とうとう》と政治外交経済を論じて聴かした。其蘊蓄の深き、其弁舌の雄なる、生徒等自ら敬畏《けいい》の情を生じて、之れより以後は処平の言う処に皆服して了うた。

曾て大学南校の雇教師なる英人某、妾を携えて街路に遊歩した。薩人某、其暴状を憤慨して英人を斫《き》った。弾正台《だんじょうだい》［警察機関。後に司法省に合併］は事実審問の為に妾を召喚して訊問を重ねると、英人の朋友、弾正台に来って妾の放還《ほうかん》を強請して、官吏を窘《くる》しめた。処平請いによりて来り、妾の放還を強請する英人に向かって、何の理由によって放還を強請するかを詰ると。答えて曰く、金を払うて雇うたる者は、雇主の意に従うべきである。故に雇主たる友人の意によって連れ帰るのであると抗弁する。処平曰く、言やよし、然らば貴下は我政府の雇教師である故、雇主の政府の命に従わねばなるまい。政府我れをして貴下を此所より連れ去れという。貴下乞う我れと共に退かれよと英人啞然として去った。

明治七年、佐賀の変起こる。処平、飫肥《おび》に在って之れに応ぜんとして、密使を江藤新平の許に送った。江藤挙兵して忽ち敗れ、薩摩に奔《はし》って、西郷隆盛に庇護を乞うたが、議合わずして拒まれ、処平に身を托した。処平人を遣って江藤等を迎え、甚だ好遇して其潜伏に便を与えた。居る事月余、漸く官の知る処となったから、夜密かに鰹船に載せて土佐に去らしめた。其後、江藤等は遂に縛についた。ここに於て、江藤を庇護した罪により処平は禁錮百日に処せられ、市ケ谷の獄に下った。

明治十年、薩摩の風雲を聞いて、処平起って之れに投ぜんとし、友人井上毅《こわし》を介して、工部卿伊藤博文を説き、暴徒鎮撫の為九州へ出張を命ずの辞令を得た。又、大蔵卿大隈重信を騙《あざむ》いて官金数万円を得。途に京都を過ぎ、陸奥宗光《むつむねみつ》と会して挙兵を謀り、飫肥に帰って飫肥隊を組織して、薩軍に応じた。

飫肥隊六百許《ばか》り、処平、軍監となりて其全権を握る。鹿児島県令大山綱良《つなよし》に面し、策を樹てて曰く、大軍を熊本に止めて、荏苒《じんぜん》数旬を費すは決して策の得たる者でない。我れ日向の壮《そう》丁《てい》を以て、豊後を衝き、官軍の背部を襲わん。官軍腹背を挟まれて、必ず退いて福岡或いは長崎を守るであろう。然る時は、九州の事は薩軍に任し、吾隊は小倉を取り、進んで中国を冒し、遥かに紀州と連絡して天下を風靡せんと。大山此策を可という。

然るに熊本方面に於て薩軍已に困却の色をあらわしていたから、先ず此方面に来援せよと通報し来った。処平切歯して遺憾とし、吾隊を以て別箇の行動に出でんとしたが、熊本方面の切迫せる事情を見棄てる事ができず、見兵百余を従えて肥後に赴いた。

熊本方面に於ては、来援の官軍と城兵との間に連絡がつき、其為薩軍は漸次敗退して、人吉に本営を置き、別に一隊を鹿児島に向け、一隊を豊後へ向けた。処平之れを聞いて、其方略は得策でない。寧ろ全軍を挙《こぞ》って豊後路へ進出せよと説いた、けれど容れられぬ。薩軍、遂に人吉をも捨て、全軍日向に走って、都城より宮崎を経て延岡へと退き、延岡をも失うて、長井村の籠居となった。処平延岡方面の戦闘に際して足を射られて傷ついた。

処平、負傷して熊田方面に在る頃。某曰く、勝運は已に去った。吾軍の将来知るべきのみである。一旦の恥を忍んで、官軍に降《くだ》り、多くの戦士を救い、人民塗炭《とたん》の苦しみを免《まぬか》らしめるが唯一の策である。君乞う、西郷、桐野に之れを説き給えと。処平色をなして答う。戦いは人命を殞《おと》し、民を苦しめるはわかり切った処である。それを避けんとならば、初めから戦をせぬがよい。事茲《ここ》に及んで敵に降るが如きは、地下の戦友に対して何を以て謝せん。西郷大将、亦義を天下に唱えて戦を交えた以上は、馬革《ばかく》に其屍《しかばね》を裹《つつ》む［死者を馬の皮に包む。転じて、兵士が戦場で討ち死にすること］は寧ろ本懐であろう。猥《みだ》りに言を発して吾郷党を汚す勿《なか》れと叱った。

八月十七日。薩軍、可愛嶽突出の冒険を敢えてした。処平、傷つくを以て戸板に乗りて従うたが、烏帽子岳の谷に於て路を失し、進退に苦しんだ。処平已に為すべからざるを悟り、自ら腹を割いて、従者をして首をうたしめた。従者、傍の巌窟に死屍を収めて去る。

谷 干城

谷干城《たにたてき》［干城は「かんじょう」とも］、天保八年二月、土佐高岡郡窪川村に生まる。父は万七。干城の五世の祖に谷重遠《しげとお》なる者あり、秦山《じんざん》と号し、碩学《せきがく》を以て聞こゆ。干城、初名申太郎、後に守部《もりべ》と改む、号を隈山という、又古海古狂とも称す。二十歳、江戸に出で、安積艮斎《あさかごんさい》、塩谷宕陰《しおのやとういん》に学び、二十三歳、安井息軒《そうけん》の門に入る。文久年間、時勢に慨する所あって、志士と交わりを結び、国事に奔走した。明治元年、三十二歳、高知藩より小監察を以て出征を命ぜられ、高松、丸亀の諸城を征服して京都に入り、尋《つい》で大監察に任ぜられ、奥羽征討の官軍に従う。大いに関東の野に闘い、転じて東北に向かい、板垣退助等と共に、会津討伐を行うた。戦闘終わりて賞をうく。明治四年、兵部権大丞に任ぜられ、陸軍大佐となる。同五年、陸軍裁判長、陸軍少将、同六年、熊本鎮台司令長官、同七年、佐賀の乱及び台湾征討に従軍して功あり。同九年、熊本神風連の変あって後、十一月、干城は再び熊本鎮台司令長官に任ぜられたが、翌十年、鹿児島の徒党、兵を挙げて、熊本城を囲むや、干城、城将として能《よ》く之れを禦《ふせ》いだ。時に干城四十一歳。功によりて、翌年、陸軍中将となった。其後、陸軍士官学校長兼陸軍戸山学校長、学習院長を経て、明治十八年農商務大臣となった。明治二十年頃、時《じ》弊匡正《へいきょうせい》の念強く、欧化主義を難じて大いに国粋保存を主張し、朝野の覚醒を促した。爾来政治に産業に誠意を傾けて論議した。明治四十四年五月十三日、七十五歳にして逝く。明治十七年、特に子爵を授けられた。

干城、少時、頑童《がんどう》にして悪戯をのみ為し、手習い、学問は殆《ほとん》ど顧みようとしない。従って手習い草紙には水を灌《そそ》いで、文字を書いた真似をして置いた。之れが露《あら》われて、伯父に怒られ、佩刀《はいとう》を取り上げられた。当時の風俗として年少の者と雖も、刀を佩《お》びねば外出する事ができない。流石の頑童も之れには弱り切って泣き出していた。父は之れを見て、伯父にはいわず、却って叔父の許へ行き、祖父の刀を得て、之れを干城に与えた事がある。後に至り、干城曰く、之れは伯父が強き教戒を加えたもので、其時に刀を取り上げられた事は、何よりも困った事であった。今にして見ると、伯父の我れを教訓せんとする苦心は、感銘すべきものがあると。

干城、然れども自ら啓発せぬものでない。丁年《ていねん》［成年］に近づく頃から、勉励衆に勝《すぐ》れ、曩日《のうじつ》の懶惰《らんだ》［怠惰］の極は、新たに勉強の極と変じた。斯くて智識も格段の進歩をしたのである。

安政六年、干城二十三歳の時、江戸に赴かんとて、途を讃岐に入り、金比羅を拝し、丸亀に向かう途中、偶々商人体《てい》の男が、前になり後になり歩きつづけて来た。其内、十五六歳の白痴らしき少年が、何時とはなしに商人の道連れとなった。ある機会によりて商人体の男は、干城に話しかけ、何処へ行かるるやと尋ねる。干城、江戸に旅行する旨を告げると。彼は大阪へ赴く者である、同行の栄を得たしと乞う。しかし干城は、土佐の本陣で泊まる故に、同行し難しと断ると、然らば途中に待ち合わして、共に旅行をしたし、一人旅は寂しきものであるなど語って、干城の意を迎うる事につとめていた。

　純情の青年なる干城は、何の惑いもなく、商人と物語りつつ歩む事里許り。彼の白痴少年は俄に物を拾った。商人取り上げて見ると、小判凡そ二三十枚ある。商人窃《ひそ》かに干城を招き、低声にていうには、此紙片にさいつら丸なる文字がある。恐らく船夫の落としたものであろう。あの白痴少年の手に入らば、必ず他人に奪われて了う、寧ろ我等に分配しては如何と、頻《しき》りに干城を誘うて利益を説いた。干城、至廉至潔《しれんしけつ》の者である。言下に叱って、汝は我れを何者と思うか、無礼千万にも程があると赫怒《かくど》した。商人恐れて謝する間に、干城は顧みずして去った。後に他人に之れを語ると、それは胡麻の蝿という鼠賊である。干城若し金の分配を受ければ、必ず落とし主と名乗る者が現われて、之れを役人に訴えんと猛《たけ》り、言《げん》を左右にして内済金を徴したであろうと。干城の廉恥心強き為に、幸いにして此賊難を免れ得たのである。

　十月江戸に入り、安井息軒の門に入った。干城、入塾後数ケ月にして、選ばれて塾の執事となった。是れ常人に勝りたる才能ある事を、師に認められたのである。

万延元年、十三経註疏《じゅうさんけいちゅうそ》［儒教の経典十三種の本文と注釈。およびそれらを一冊にまとめた本］を渇望して、之れを故郷に請うた。親戚知己為に憑子《たのもし》銭を集めて七両余を送金してくれたから、欣喜して其書典を購うた。師息軒曰く、我れ曾て書籍に乏しく、学資に貧しくして、書籍を借覧するの目的を以て、蔵書家なる篠崎小竹《しょうちく》［儒学者］の門に入った。其頃より十三経を求めたいと思ったが、容易に購い得なかった。漸くにして江戸に移りたる後、始めて之れを入手した。其時実に三十四歳であった。之れを汝に比して雲泥の差があると。干城、師の苦学を聴いて益々発奮した。

慶応元年、藩命により、前野悦次郎と共に探索用の名目を以て長崎に派遣され、更に上海に官遊した。之れは藩主容堂《ようどう》の命によるもので、上海は泰西人の輻輳《ふくそう》する［集中する］土地であるから、此地に居りて遥かに泰西文物を想到《そうとう》する［思い至る］事が出来る。干城の識見之れに依りて大いに開発された。

慶応三年、容堂に従うて京都に入る。此歳、小松帯刀《たてわき》、西郷吉之助、乾［板垣］退助等と会合して、薩土同盟について談じた。

同年十二月、王政復古の大号令は発せられ、二十七日、京都御所、日御門［建春門］前に於て、薩長土芸四藩の観兵式天覧あり、薩の軍隊、英国式に則り最も堂々たるものであった。長之れに次ぎ、芸亦之れに次ぐ。土藩、独り蘭式の旧法に依り、併も服装等整頓せず、干城ために意を苦しめるものがあった。

翌二十八日に至り、西郷の急に招くに会し、赴いて聞くと。西郷莞爾《かんじ》として、はじまりました、至急乾君に通知あれと謂う。意は討幕の議已《すで》に進み、兵火を交えるは必然というのである。干城問う。土佐藩の出兵後れ過ぎたのでなかろうかと。西郷曰く、未だ後れはせぬが、一刻も速やかなるがよいと。茲に於て、干城、土佐藩要路《ようろ》［重要な地位（の者）］を説いて、京都出兵を促した。藩に両党あり、反目嫉視《しっし》して、紆余曲折あったが、結局、翌戊辰正月、深尾丹波を総督として、乾退助（板垣）を司令として、土佐大隊が進発する事となったのである。

明治元年正月十三日、土藩一大隊、高知出発し、干城、其小監察となりて軍隊を督した。丸亀及び高松を降服せしめ、海を渡って大阪に赴き、直に京都に入った。ここに朝廷より東征の命下り、板垣、総督の任に就き、干城大監察に任ぜられて、京都を出でて、東山道先鋒として美濃大垣より信州路を進んだ。

干城、曾て江戸に在る時、小仏峠《こぼとけ》を越えて甲府を過ぎた事があるから、甲峡の地の枢要なるを熟知している。速やかに此地を官軍が占領せねば悔を胎《やど》す事あるを論じ、板垣は之れを賛成したけれど、薩藩が同ぜぬ、長藩亦薩と歩調を合わすの状を示した。其為土軍は因幡藩隊と共に諏訪より韮崎を経て甲府に入り、甲府城を収め、尋《つい》で勝沼に近藤勇の軍を破って、遂に甲州路を江戸に進軍した。

近藤勇は甲州に敗れて、常総の野に奔《はし》り、流山に大久保大和と変名して、其隊を屯集せしていた。干城、祖式金十郎等と、流山に赴き、其隊を解散すべきを命じ、隊将を伴うて板橋の本営に還った。隊将は果たして近藤であったから、干城、其裁判に立ち会った。裁判官は、近藤の背後に勝安房の指嗾《しそう》［指図してそそのかす］あるやを疑うて、鞠問《きくもん》いと厳しく、遂に拷問に付しても自首を強いんとした。

薩の平田九十郎之れを遮って、近藤は兵を統べた隊長であるから、拷問は憐れむべきである。干城等之れを駁《ばく》して、彼れ固より爵位ある者でない、徳川氏の為に浮浪無類の徒輩を嘯集《しゅうしゅう》して狂暴を逞しうしたのみである。殊に最近は脱走の身であるから、聊《いささ》かも徳川氏に関係なく、いわば博徒の類である。之れを拷問に付するに何の憚る事やあると論ず。甲論乙駁《こうろんおつばく》して、薩は頑強に自説を主張し、若し容れられずば其軍隊を徹して去らんとするの勢いを示した。茲に於て干城等忍耐して、近藤の追窮を歇《や》めたが、薩論は尚近藤を京都へ送り、頗《すこぶ》る寛ならんとするの疑いが存していたから、干城等再び論じ、総督府に上申して、遂に近藤を板橋駅に斬って、之れを梟首《きようしゅ》するに到らしめた。

明治四年。薩長土三藩の兵を以て親兵となし、中央政府の所在地を衛戍《えいじゅ》［軍隊がひとつの土地に永く駐屯すること］せしめ、尋《つい》で各地方に鎮台を置き、明治六年一月、徴兵令が布告された。徴兵の制は長州が主唱する処で、薩土は喜ばぬのであった。桐野利秋の如きは最も不賛成者で、西郷隆盛も暗に壮兵主義であったらしい。之れに反して山県有朋、西郷従道の新帰朝者は壮兵に反対して、徴兵を必要とし、西周助専ら之れを助けた。干城も亦徴兵論者で、壮兵は議論が多くて御し難いから、其害多くして利の少なきを知っていた。

明治六年、干城、陸軍裁判長より熊本鎮台司令長官に転任し、桐野利秋、更《かわ》って陸軍裁判長の任に就いた。干城の熊本鎮台に来るや、前任桐野は古英雄の風があって、規則を以て兵士を拘束せず、大抵放任主義であったから、其後任者は相当の難局に遭遇せねばならぬ覚悟を要する。干城、茲に於て軍隊の編成を変更するを第一手段と為し、先ず大阪の第十九大隊の兵を熊本に移し、熊本在来の二大隊を精選して一大隊となし、万一の事あるに於ては、大阪兵を以て鎮圧するの策をたてた。桐野、徴兵の鎮台兵を罵って曰く、土百姓を集めて人形を作る、果たして何の得る処ぞと。而して徴兵主義者と壮兵主義者との説を、実地に就いて験《ため》したものは、それ西南戦争である。

明治七年、肥前佐賀に擾乱起こる。干城、鎮台の司令官として熊本にいたが、其兵は僅かに歩兵二大隊に過ぎぬ。併も其中の一中隊は対馬に分遣し、一小隊は日田《ひた》分営に屯しているから、実際の兵数は一大隊半に満たぬ。然るに佐賀には江藤新平等の挙兵があるのみか、薩の西郷、土の板垣の行動も注意せねばならぬ、其他九州中国にかけて不平士族の群もある。吾鎮台の将校中にも鹿児島高知出身者があって、其趨向《すうこう》も監視すべき必要がある。若し台兵一大隊半の内、半大隊を以て城を守り、一大隊を戦地へ派遣する時は、一旦蹉躓《さち》［失敗］を来すとなると、其収拾のつかぬ大動乱を発生するかも知れぬから、其間に処する干城の苦心は一方でなかった。併し東京より出兵の令あり、佐賀県権令岩村通俊から護衛の兵を請うて来た故、決然一大隊を二つに分かって、海陸二路よりして佐賀に進入せしめ、諸道の官軍と共に擾乱を鎮め了えた。

初め熊本県令某、干城に告げて曰く、佐賀と熊本とは懸隔《けんかく》の地に在る。多くの兵を留めて熊本を守るにより、此兵を率いて佐賀を撃たば、鎮定の速やかなるものがあろうと。干城対《こた》えて、その説固より当《とう》を得たものであろう。然れども、熊本城は天下の雄鎮で九州に取っては甚だ大切の場所である。一歩にても吾足を踏み出さば、人心動揺して、城下の士族は蜂起し、吾虚に乗じて城を奪うであろう。実に九州の治乱の機は此一城に在る、迂闊な事はできない。

明治九年、神風連の為に、陸軍少将種田政明の殪さるや、干城、再び其後を襲《つ》いで、熊本鎮台司令長官となったが、当時の鎮台兵の世評甚だ悪しく、小児に至る迄、糞鎮と罵って侮蔑を敢えてする。干城の騎馬で通行するを見て、頑童《がんどう》の一団は青竹を以て、馬の臀部を打ち、馬上の司令長官をのぞみて、糞鎮々々と連呼する。之れを叱責すると、石を投げ、あかんべいをして猿の如く歯をむいて嘲笑し、唾を吐きかける。

小児に於て已に然り、熊本の士族の如きは、種々《しゆじゆ》の手段を以て脅迫し、其僕婢《ぼくひ》に迄も威喝を施して、嫌忌の情を起こさしめんとする。其執拗なる事言語に絶したものがあった。

かかる情勢の下に、明治十年の西南戦役は風雲を捲き起こしたのである。

薩摩の健児一万数千、西郷隆盛を擁して、大濤の如く寄せ来り、熊本城を包囲した。薩軍は剽悍《ひょうかん》の士、率いる将は、天下知名の猛将軍等である。之れに対して熊本城を守る者は、所謂糞鎮である。併も此城破れんか、天下は土崩瓦解の勢いとなるから、司令長官たる干城の重責は、実に一身を以て天下の安危存亡を決するの大切な鎖鑰《さりん》を握るが如きものであった。

干城、以為《おもえ》らく、熊本を守るには、進んで肥薩国境の険に要撃し、或いは半途に邀戦する等の策がないでもないけれど、鎮台の兵は、神風連以来意気銷沈《しょうちん》して、旧時の勇気は沮喪している。かかる兵を以て強剛の薩軍に先んじて捷《か》たんとするが如き作戦は畢竟《ひっきょう》徒労に属する。加之《しかのみならず》、県下の不平士族が、何時薩軍と声息《せいそく》を通じて起つか測り知り難い、一旦城外に出でて歌い、万一に敗を取らんか、其結果恐るべきものがあろう。寧ろ城を堅く守って、敵勢を阻み、東京よりの援軍を来るを待って、一挙に敵を掃蕩すが策の得たるものであると。

干城、断然籠城の決意をなして、曰く、安禄山の乱に唐の亡びなかったは、張巡が睢陽《すいよう》城を堅守したためである。我城はまさに睢陽城である。天下の安危はかかって此城の存亡如何にあると。

熊本にいる将校には、樺山、与倉《よくら》、川上、大迫等の薩人が多くあった。彼等が若し薩軍の縁故や私情にたどらば、城内の危険はいう迄もなかったが、幸いにして大義を弁《わきま》えて、干城の籠城説に従ったから、此処に毅然として城に拠り、砲火相見ゆる事となった。

熊本城を守る兵は二千五百余名、それに小倉の三百名の兵と、六百名の警視隊とを加えて、総《す》べて三千五百と数えられた。之れを包囲するものは一万三千以上を算した上に、其兵気より見れば、此の銷沈に比して、彼の軒昂の相違があり、主将たる干城の心労は並々ならぬものがある。

籠城第一策は、士気の鼓舞が緊急である。乃ち干城は命じて、城内に於て、大招魂祭を催した。之れは曩《さき》に戦死したる種田、高島等の為に招魂祭をなし、其余興に角力等を行わしめて、之れによって士気の揚がるようにと計ったのである。幸いに其効果著しく現われて、各兵士は大いに緊張を来して、敵の襲撃に備えるの勇気が現われた。

熊本籠城に於て最も困ったのは、糧食の欠乏であった。始め、明治十年二月十九日、城中に火災あって、糧食を尽《ことごと》く灰燼に帰して了った。急いで之れが収貯に尽力し、何《ど》うにかして完整《かんせい》する事を得たが、二十日過ぎから全く城は包囲されて、頻りに猛襲を蒙るから、外部との連絡尽く絶えて了い、糧食欠乏漸くに急を告げた。遂には強壮者は三度の食事を二度に減じ、又米を粥になし、之れに補うに粟を以てしたけれど、尚欠乏を償うに足らぬ。殊に病者の食餌には最も困った。城兵の内に豆腐の製造を知る者があったから、之れに命じて豆腐を作らしめ、飴の製造を知る者には、飴を作らしめて、之れによりて病者を養うていた。

或る時、城内の濠から鯉を二三尾釣りあげた者がある。此佳肴《かこう》を司令長官に献ぜんとすると干城大いに喜び、且つ曰く、此鯉は兵士が艱難の間に少暇を得て、釣り得たものである。我れ一人の口腹《こうふく》を養うべき物でない。幕僚一同に等しく饗応して賞味せしめようと。乃ち料理する者に命じて、鯉汁を作らしめると、三尾の鯉を多人数に分割するのであるから、各人に供すると、或る者には汁が不足し、或る者には汁があれど鯉がないという状であった。料理人は甚だ正直漢であったから、恐縮していうには。実は各位の頭数を算《かぞ》え損じて、一片不足の儘に料理しましたが、そうそう不足のある筈でないから、冀《こいねがわ》くば各位の椀中を検閲して、二片あるのを捜索願いたいと請う。それより俄に鯉汁の検閲が始まって、其滑稽に積日の鬱を散ずる事を得た。

糧食愈欠乏して、司令長官と雖も、親しく戦闘せぬものには、粟飯或いは粟粥を供する事になった。干城、粟粥啜り、併も所謂三杯目にはそっと出しの恭謙《きようけん》さを以て、其粟粥を受けた。

野菜尽き、魚肉尽き、遂に病馬を屠り、斃馬《へいば》の肉を削ぎて、肉汁を製し、之れを病兵負傷兵に与え、残れる肉を兵士の食とした。此馬肉は最上の美食であった。されば敵弾に中《あた》って馬の傷つくや、其肉の分配に与らんとて、各隊から兵士が馳せ集まって、争って死馬の肉を割截《かつせつ》し去った。

煙草の欠乏は、大根の葉、茶の葉等を刻みて、之れに代用し。干城以下の将士、皆粗食減食を以て甘んじて、土を食い、石を囓りても、敵を沮《はば》むにつとめた。然れども援軍容易に至らずして、城内には、旅団は気永で音ばかりションガイ、という俗謡さえ流行した。時には又、滑稽諧謔に類するものがないでもなかった。三月十二日の屁合戦の如きは即ちそれであった。

段山《だにやま》は敵の占領地で、之れに対する片山は城兵の陣地であった。双方の距離僅かで、相対して口舌の戦を挑んだ。彼れ曰く、米があるまい。我れ曰く、薩摩芋で生存する吾等じゃないと。三月十二日、又斯くの如く舌戦していた。一巡査叫んで、賊徒吾屁を嗅げと、放屁一発を与える。彼れ亦報いるに一発を以てした。吾怒って、十数人の巡査、剣を抜いて敵に近づく、彼れ亦之れに応戦し、延《ひ》いて後続部隊も会戦して、茲に激戦は展開された。吾死傷七八十。敵の死傷も略《ほぼ》同数。之れ段山の屁合戦と名づくるものであった。

籠城幾旬、食尽き、兵疲れ、援軍は僅かに砲声を伝えるのみである。茲に於てか、干城は重囲を突破するの案を立てた。四月七日、衆を聚《あつ》めて、全城死活を決定する最後案として、突囲《とつい》の議案を提出した。之れが決行は四月八日を以て行い、干城自ら其陣頭に立ちて指揮し、事を一挙に定めんと謂い、樺山（資紀《すけのり》）、児玉（源太郎）に、患者及び城の後事《こうじ》を委ねんという、実に悲壮なものであった。しかし、主将親しく陣頭に立って、決死的突囲を試むる事は、壮は壮であるが、上々の策でない。包囲を突破するについては、他の将校を以て之れを為さしめ、主将は城に留まって尚永く敵軍の禦止《ぎょし》を司どられたい、というのが、参謀及び部下の将校の意見であった。ここに評議の結果、陸軍歩兵少佐奥保鞏《おくやすかた》をして突撃隊の指揮者と為す事に定まった。

四月八日、突撃隊は暁霧《ぎょうむ》を衝いて、城を出でて突進した。幸いに援軍の営に着いて其使命を果たし得た。

突撃隊の成功は、籠城者の元気を鼓吹《こすい》するもの偉なるがあった。四月十一日、法華坂の守兵は、盛んに花岡山の敵軍を砲撃して、之れを二本樹［二本木］村に退かしめた。干城、伝令使を具して病院を巡視した後、段山に回り、一の橋の辺の辺に立って展望していると、敵の狙撃するものあって、一弾、干城の咽喉を射て、後に侍立した伝令使の顎を貫いて斃した。幸いに干城の負傷は、気管及び大動脈を外れていたため、一週間の治療にて平療する事を得た。

諸道の官軍進み来って敵を破り、遂に熊本城との連絡は全く完成し、之れより敵は退却に退却を重ね、城山の陥落によって此戦役は閉じ終わった。然れども十年戦争をいう者は、必ず熊本籠城を主とする。而して熊本籠城は谷干城の堅忍不抜《けんにんふばつ》によって、最後の光輝を仰いだのであった。干城、厳正謹直の人物であったが、一面には涙に富む情誼《じようぎ》の人物であった。師安井息軒逝くや、幼少なる遺孤《いこ》［遺児］を庇護して、安井家を起こさしめ、又西南戦役には敵対者であった、池辺吉十郎の甥義象《よしかた》を撫育《ぶいく》したるが如き、其例証 夥《おびただ》しくある。

干城の安井塾を去った後、雲井龍雄が代わって塾頭となった。干城龍雄の異図あるを覚って、屢《しばしば》師に注意を与えていた。龍雄之れを知り、干城に決闘状を送った。干城、決闘は欲せぬけれど面談して胸懐《きようかい》を述べんとて、一日龍雄と会した。干城曰く、師を火中に入れんとするは慎しむべき事である。汝事を成して後、師の栄を添えるは可であるが、事の成敗の定まらぬ以前に於て、師を引き入れるのは甚だよろしくないと、懇ろに龍雄を戒めた。龍雄漸く悟って、累を師に及ぼす事を憚ったが、後果たして龍雄は事破れて斬られた。

土佐藩、曾て国内の紫銅《しどう》［青銅］を募って、巨砲を鋳造し、之れを海軍に備えた。砲成って、其堅脆《けんぜい》を試むるために射撃の挙行があった。干城、其試験の一員に選ばれ、導火一点、衆は皆危険を恐れて我れを争うて逃れ走る。干城、独り自若として砲側に在って、導火の滅して火門に達せぬ故に、傍にあった火鉢の火を取り、息を吐きて之れを導線に移すと、轟然一発。其響き山河を動かし、白煙漠々として四辺を閉ざした。衆、干城が粉韲《ふんせい》した事と思うていると、砲煙鎮まりたる後に、既に砲門に矢を投じて竊中《かちゅう》［砲口の中。「竊」は「穴」］を洗いいる干城を発見して、再び驚嘆した。

干城、厳格で容易に笑わぬ。他人の談話を聴く時、毎時《いつ》も必ず顰眉《ひんび》している［眉にしわをよせて顔をしかめている］。人あり。其所以を問うと。人の談話を笑いながら聴くは礼を失するから、謹んで威儀を正すのであると。

或る人、干城に問う。庭園の荒廃甚だしいから、少し手入れをしては如何。答えて曰く、吾眼中に一家の私事はない。吾庭を掃除する余力あらば、其余力を天下の掃除に費さん。

会津征討に功を奏して凱旋の後、論功行賞があった。此事について不満の者が、新聞様のものを作って、滑稽交じりに悪罵した事がある。板垣退助之れを見て、其者に腹を切らさすと怒る。干城生命を奪う迄のものでないと諫めた。しかし板垣は之れを聴き入れずして、上官に反抗するは礼を失するものであると詰った。干城、粛然として、それ程生命が奪いたければ、先ず吾生命を奪えよ。

干城の妻玖満子《くまこ》は内助の功を以て知らる。明治十年、熊本籠城に当たって、殊に其著しきものがあった。常に炊事裁縫の事を掌《つかさど》り、時に牡丹餅を造って将士の労苦を犒《ねぎら》わんとしたが、鍋もなく七輪もない。玖満子自ら塀を越え、土堤を踏み、敵軍の目を掠《かす》めて、焼け残った空き家へ入り鍋七輪を捜し来って、牡丹餅を作って、将士に分かち与えた。其他籠城中に産婦の出産する者があると、為に助産婦の任にあたり、傷病者のためにはよく看護に力を尽くした等、干城儼として城を守れば、玖満子は温情を以て衆を慰め劬《いたわ》った。

野津鎮雄

野津鎮雄《のづしずお》、初め七左衛門と称す。世々薩摩侯に仕う。文久三年、英国艦隊の鹿児島を襲撃するや、鎮雄、沖小島砲台を守って英艦と闘い殊功をあぐ。明治戊辰の役には、鳥羽伏見に戦うて勇名を馳せ。更に東山道先鋒に加わりて、総野奥羽に戦う。同二年、函館の役には大隊長として軍功あり。同四年、兵部省出仕、遂に陸軍大佐兼兵部権大丞に任ぜらる。同五年、陸軍少将、同七年、佐賀の乱には、鎮雄、歩砲二兵の司令長官となり、乱を平《たい》らぐ。西南役には、東京鎮台司令長官たるを以て、一旅団の兵を率いて、筑前より筑後に向かう。田原坂の激戦に捷《か》ち、尋《つい》で日薩［日向と薩摩］に戦うて敵を圧した。明治十一年、陸軍中将に陞任《しょうにん》。翌十三年、病作り、七月二十二日、四十四歳にして逝く。

鎮雄、家貧しくして、併も幼時父母を喪い、叔父折田氏に育てられた。然れども剛胆勇武、剣を学び、砲術をも修めた。又少壮の時、弟道貫《みちつら》と共に、奈良原繁の家に寄食した事がある。歳晩《さいばん》［歳末］になったから、奈良原の家では人を傭うて餅を搗かしめんとした。鎮雄兄弟之れを遮って、我等二人にて搗かんとて、終日杵を揮うて数俵の餅を搗きあげた。搗き終わる迄、両人とも其味を試みようともせぬ。奈良原の家人は、其元気のあるのと、其謹み深いのに感心していたが、頓《やが》て臼杵を洗い、膳に就くと、鎮雄兄弟の餅を食う事の夥しさ、殆ど馬の食うが如き有様で、二人で五六人以上の分量を平らげた。奈良原之れを見て、此兄弟若し軍人とならば、必ず傑出したものになるであろう。

文久三年六月、英国艦隊の軍艦七隻、鹿児島に来航し、前年の生麦事件に就いて報《むく》いんとした。鹿児島藩は各砲台の守備を堅め、之れに応戦したが、英艦遂に損傷して去った。此戦闘に於て鎮雄は沖小島砲台を守りて激しく戦うた。伝えていう、此役に於ける首功は鎮雄であった。

明治戊辰の鳥羽伏見の役には、官軍、関門を守って、幕軍の行進を阻んだ。幕軍の先鋒、会桑両藩の兵は断じて聴かず、遂に両軍発砲して激戦を展開した。此日、薩軍の始めて発砲したのは、鎮雄兄弟であった。西郷隆盛曰く、鳥羽街道に於ける野津七左衛門の砲声一発は、実に百万の援兵を得たよりも愉快であったと。鎮雄の果断、戊辰の役の運命を定めたと謂っても然るべきものである。

明治七年、佐賀の乱には、鎮雄、歩砲二兵の指揮長官となりて、よく乱を平《たい》らげた。此戦役は徴兵令あって以来、始めて其兵士を用いたのであるから、其功果《こうか》については注目されていたものであるだけ、鎮台兵を指揮して勝を制した鎮雄の功は顕著なものであった。

此役に鎮雄、内務卿大久保利通と共に、ニユヨーク号に搭じて博多に上陸した。時に土地の者で、佐賀軍に心を寄する者があったから、人心恟々《きょうきょう》としていたが、鎮雄上陸するや、営を布き、界を画して守り、令を下して、敢えてここに入る者は斬ると宣言した。之れを以て人心収まり、土地の者も志を回して、官軍に帰伏《きふく》したから、之れを用いて役に従わしめた。

又、此役、二月二十三日寒水《しょうず》の戦闘には、敵勢猖獗で、官軍は伏兵の挟撃に逢い、甚だ苦戦して、已に大敗に及ばんとした。鎮雄、自ら弾丸の下に立ち、衆を激励して戦い、漸く敵を支える［(相手の攻勢を) 食い止める］事を得た。

佐賀の乱、漸く鎮まらんとする時、二月二十八日、佐賀藩士木原某、征韓憂国の二党の代表者となり、白旗を掲げて、官軍に降を申し入れ、謝罪書を呈出した。其書辞の礼を失するものあるを以て、官軍の将之れを拒絶した。更に木原某は副島義高と共に来り、復《また》降を請う。しかしやはり不遜の辞があるから即座に斥けた。夜に入って、副島再び来り、大久保内務卿に面謁《めんえつ》せしめよ、心衷《しんちゅう》を陳べて、其罪を謝せんという。鎮雄、書を以て之れに答えて、降を軍門に乞う外は断じて聴《ゆる》さぬ。明日午前十時に限り、謝罪の実を示せよと峻拒《しゅんきょ》して他を顧みなかった。

明治十年の役には、第一旅団司令長官として出征し、有名なる田原坂の戦いに最も勇名を擅《ほしいまま》にした。田原坂の戦闘は、天険の地に、両軍精鋭を傾倒した激戦で、一攻一守、三月四日に戦端に開き、十有六日にして漸く官軍の有に帰したという惨憺壮烈のものであった。官軍の死傷三千、弾丸を費す事、一日約二十一万発、一人にして千余発を射たものの如きは、銃身熱して屢《しばしば》溺して用いたという位であった。

三月三日の戦いには、薩軍木葉《このは》山嶺に砲列を布き、熾《さか》んに瞰射《かんしゃ》したため、官軍一時は非常に苦しんだ。鎮雄の本営にも、飛弾二回まで落下したが、幸いに爆発しなかったから、其難を免れた。翌四日、鎮雄、坂麓境木に在って、自ら軍を督した。手づから酒を酌んで、部下の将士に与え、士気を鼓舞した。此日、大雷雨ありて、為に銃声を圧す。鎮雄、急に進撃喇叭を吹かしめて、薩塁に肉迫した。薩軍之れを邀《むか》えて頑強に対抗し、銃火を雨下する。両軍互いに死奮の悪戦をして、死傷頗る多く出たが、官軍は敵前二百五十米突の地に砲を曳き来って、敵塁《てきるい》を猛撃した。

官軍全力を尽くして田原方面を攻撃するけれど、薩軍険要《けんよう》［地勢がけわしく敵を防ぐのに都合がよいこと］の地点を死守して、殊に剽悍《ひょうかん》な抜刀隊の斫《き》り込みを敢行して、大いに官軍を苦しめた。官軍は則ち各隊からよく射る者を撰んで、狙撃隊を編成し、之れを以て抗戦したが、射手次第に斃されて其数を減じた。ここに於て警視隊から剣撃に達した者を抜き、抜刀隊を組織して、狙撃隊に加え、敵を挫《くじ》かんとした。

三月十五日、田原坂に連《つら》なる横平山《よこひらやま》に戦闘があった。昧爽《まいそう》、薩軍の死士《しし》、白刃を閃《ひらめ》かして官軍を逐《お》い、山嶺の塁を奪った。官軍之れを回復せんとして、兵をすぐって一斉に吶喊《とっかん》したけれど、絶頂の薩軍は極力防ぎ戦い、且つ満山《まんざん》［山全体］の樹木疎《まば》らで、官軍の進攻に便ならぬ為に、戦局は更に発展しなかった。

時に五十名許りの巡査隊が南関から此処に来り会した。鎮雄之れに告げ、敵に奪われた山塁を再び吾有とせんと思うが、抜刀隊の力を借りたい。銃戦ならば諸君を煩《わずら》わさず吾隊でやる。諸君が白刃を以て敵を破るなら力を借りたいと語ると、巡査隊身を挺して之れに当たらんという。則ち五十名の抜刀隊は、間道を匍《は》って敵塁に近づく。其近づくを見るや、正面の銃隊は喇叭を以て射撃をやめたから、其機会に乗じて猛然抜刀隊は斫り込んだ。正面の銃隊も亦銃に剣を付けて突進し、遂に横平山を占有した。其悪戦たるや、薩軍は弾薬をうち尽くして、石を飛ばして弾丸に代えた。薩軍の死傷数二百。官軍の死傷九百名。五十名の抜刀隊は十二名死し、三十六名傷ついたという惨状を呈した。

官軍の一隊、植木に於て薩軍の為に破れた。此時、薩軍勢いに乗じて南出すれば復《また》挽回すべからざるものとなる。鎮雄、乃ち若干の歩兵を派し、車に駕して昼夜兼行、吾敗兵を収めて薩軍を撃破し、其南関に出るの志を失わしめた。

鎮雄、又、若干の隊を率いて、三田井《みたい》四十余里の戦線を守って、敵の進出を食いとめた事がある。薩軍敗北して、鹿児島に走る時、諸軍我れ一と鹿児島に奔馳《ほんち》したが、鎮雄は却って、八代に出て、各所に竄《に》げ匿《かく》るる残敵を捜掃していた。鎮雄常に吾功に急がずして、全軍の進退の全《また》からん事「無事であること」をのみ計った。吾軍の某隊捷《しょう》を失えば、吾事の如く憂い、某隊捷を得ば吾事の如く喜んでいた。

伝えていう、西南の役、鎮雄、戦いに臨むの前に当たって、兵士をして布団莚《むしろ》類を用意せしめ、戦い終わって引き揚げる際、殿軍《でんぐん》の兵をして、之れを剣銃の先に荷《にな》わしめた。敵が追撃し来るとも、其弾丸を之れで防ぐためであると。

鎮雄の驍勇は西南の役中の最も顕著なもので、同戦役の官軍第一の勇者と称せられた。堅を抜き鋭を挫《くじ》いて、鬼少将の号をとなえられた。鎮雄、固より勇武に於て他人を瞠若《どうじゃく》たらしむる「驚いて目を見張らせる」ものがあるも、学術才能に於ては之れに及ばざるものがある。為に作戦計画については拙《つたな》いのを免れ得なかった。之れに反して陸軍少将曾我祐準《そがすけのり》は、作戦計画には長じていたが、実戦に当たりては屢《しばしば》敵のために敗れた。西南の役後、参謀本部に於て会議があった。席上、鎮雄は頻りに学術養成の必要を説いてやまず、曾我は盛んに実地訓練の切要を論じて弁説之れつとめた。両々口角沫を飛ばして、其持論を主張して相下《あいくだ》らぬが、其説く所を聞くと、双方とも其短所とする所を殊に修養すべきものとして説いていたから、人々両将の自己の短所を掩《おお》わぬ公明に就いて感嘆した。

鎮雄、佐賀、熊本の戦功によりて栄誉を得て、官位共に陞《のぼ》った。然れども鎮雄、謹粛に身を持し、常に家人を戒めて、今日の顕栄を誇って、昔日の貧困を忘るるなと。妻女をして養蚕の事を営ましめ、園に蔬菜を栽《う》え、又、自家醸造の酒を酌んでいた。

鎮雄、西南の役より帰って、東京四谷門内に邸を修むや、其客室の柱や楣《まぐさ》［紋や出入口の扉の上に渡す横木］には田原坂の樹木を用いた。されば其樹身には砲弾銃丸の痕が蜂巣の如く穿《うが》っている。字を其上に題して曰く、硝雨弾雨と。

鎮雄には嗣子がなかった。病に臥した折、弟道貫《みちつら》枕頭《ちんとう》に侍して、後事《こうじ》を問うと、鎮雄、言い遺すべき事は何もないと答え。更に道貫を招いて、容《かたち》を正し、汝吾嗣となって、吾妻及び其老母を能《よ》く見よと語り、其他の事は何も告げず。新裁《しんさい》の衣を着けて溘然《こうぜん》として逝く。

山田顕義

山田顕義《あきよし》、天保十五年十月生まる。初名は市之允《いちのじょう》、号は空斎、長門萩の人、世々毛利侯に仕う。顕義、少にして吉田松陰の門に入り、又兵事に長じ、若年にして已に其頭角を現わしていた。明治維新の際には、伏見鳥羽の役より東北の征討に迄従い、年まだ壮であったが、兵を用ゆる事精妙で、人の賞嘆する所となった。明治四年陸軍少将に任じ、兵部大丞を兼ぬ。岩倉具視の全権大使として欧米に使するに従うた。明治七年司法大輔。同十年、西南役には別働旅団長となりて、薩軍と闘うて頗る戦功があった。同十一年、中将に陞《のぼ》る。翌十二年参議にして工部卿を兼ぬ。同十四年、内務卿、同十六年、司法卿、同十八年、司法大臣、同年正二位勲一等伯爵。同二十四年、病を以て職を辞し、同二十五年、帰郷途次、但馬生野に於て卒倒して終《つい》に起たず。四十九歳。

慶応元年、幕府の征長軍、長藩の四境を冒さんとする。長軍之れを迎え撃ちて諸方に戦を交えた。芸州久波の戦いには、朝から日没まで交戦し、夕に至って両軍兵を収めた。長藩の御楯隊軍監山田市之允、時に十八歳であった。隊長河野顕吾に告げて、今日の戦闘は勝負が決しなかったが、明日は必ず敵軍が気を新たにして攻めるであろう。之れに対する吾軍は寡兵で、終日の奮闘に大いに疲れている。若し明日敵が大挙して進み来ると、吾軍は甚だ窮する事となるに違いない。それで今夜の内に、久波駅に放火して、敵をして其処に留まる事ができないようにする必要がある。之れを為すには、其前に吾軍の遊撃隊長に告げて、予め発砲せぬように注意をして置かねばならぬ。かくすると敵の油断をせしむる利がある外に、放火する君等の危険を除く事になるから、之れは是非予告して置くべしである。急いで此策を実行して見よと、教え示した。

河野之れに因《よ》って、顕義の教えるが如く、遊撃隊に予告し、夜半潜《ひそ》かに久波駅を焼いた。敵軍果たして驚いて去り、明くる日は来り攻むの勇気を失うていた。

顕義の軍に臨むに方《あた》りては、必ず前夜の深更に自ら敵営に近づいて、充分綿密に偵察し、之れを攻撃するの方法を考究して置いた。この故に毎戦必ず捷《か》ちて、人をして舌を捲かしむるものがあった。殊に顕義の体軀の倭小なる、敵前を偵察するに最も便なるものがあった。

慶応三年、顕義、長藩の隊長となり、一隊の兵を率いて摂津西の宮に屯した。当時、会桑の兵を京都より払わんとする議があって、長州兵の入京を急がすの必要があったから、西郷隆盛、旨を伝えて、顕義の進軍を促さしめるために、大山弥助（巌）を西の宮に遣《や》った。大山、西の宮に来り、陣門に入りて、顕義に逢わん事を求めた。帷幕《いばく》の裡に待つことやや乍《しば》らくあって、顕義が出て来て、其姓名をつげ、大山の使命を聞かんという。

大山、顕義を熟視すると、之れ一箇の矮小漢であり、年歯も甚だ若い。其英名はかねてより聞いているが、かかる小忰《こせがれ》とは思わなかったから、大山大いに侮る色が生じた。かかる乳臭児《にゅうしゅうじ》が何を能《よ》くするかと思いつつも、西郷の使命は伝えねばならぬから、西郷の密書を懐より取り出して渡し、時機甚だ切迫しているから、急いで兵を進ませられよと陳べた。顕義、曰く諾《だく》と。直に左右を顧みて、出兵の命を下した。其言語挙動の敏捷なる、流石評判に恥じぬだけのものがある。大山亦侮り易からざるを感じつつ、辞して陣門を去らんとすると。早《はや》、兵隊の部署は整然として悉く定まり、将《まさ》に進発せんとする模様がある。之れを見て大山遂に顕義の穎秀《えいしゅう》なるに敬服して了うた。時に顕義二十二歳、大山二十四歳であった。

徳川慶喜、二条城を出で大阪に退いた。之れによりて京都の地稍《やや》安きを覚えたが、顕義は独り憂いを去らぬ。為に薩摩の伊地知正治と相諮り、昔から京都に在って敵を迎える者は、大抵捷《か》つ事が寡《すくな》い、今や幕兵大阪に拠っている。彼れ若し吾糧道を断ち、海軍によって兵庫をおさえ、海道から他の軍を進まし来らば、吾軍は宛《あたか》も釜中の魚の如き状態に陥る。此危険を免れんと思わば、先ず両丹《りょうたん》［丹後と丹波］及び但馬地方に兵を派して、其地を略し、緩急に応じて援《たす》けとする事が必要であると議した。之れによりて、鳥羽伏見の役起こるや、西園寺公望をして山陰地方を鎮撫せしめ、彦根に命じて近江を扼《やく》せしむる等、籌謀《ちゅうぼう》［策略］洩るる所なく、よく要衝の地点を占有して、遂に近畿の列藩をして動揺する事無からしめた。

明治元年正月、会桑二藩を先鋒として、徳川慶喜は、兵を率いて伏見鳥羽の二道から京都に進まんとする。朝廷、薩長に命じて之れに備えられた。顕義、伊地知正治と謀って、幕府の大軍必ず関門を排して進むに違いないから、之れに対して十分の処置をしなければならぬ。それには詔旨《しょうしょ》を賜って万一の事変に備えるべしであると議し、之れを朝廷に奏した。因って詔降《くだ》り、徳川慶喜、大兵を帥《ひき》いて来るを允《ゆる》さず、会桑の如きは固より京に入るを禁ず。若し命《めい》に背くならば、便宜に処理せよと命ぜられた。顕義茲に於て兵を率いて、関門を守り、遂に鳥羽伏見の事変が生じたのである。

榎本釜次郎［武揚］等、函館に拠りて官軍に抗した時、官軍大いに兵を挙げて之れを討伐せんとして、其隊将に顕義選ばれて当たる事となった。それは大村益次郎の簡抜《かんばつ》［選抜］によるものである。時に顕義の年齢二十歳を超ゆる事二三歳に過ぎぬから、之れを危ぶむ者があった。大村曰く、顕義は年少であるが、用兵の妙は頗る勝《すぐ》れたものがある、よく討伐の効をあげんと。顕義果たして大村の知己の言に背かなかった。

明治十年の戦役には、顕義、陸軍少将にして別働旅団長として出征し、八代口より上陸して、薩軍の背面を衝いて、熊本城との連絡を計った。此時、顕義、会計部に命じて、嶮峻の山路に用ゆべき山駕籠を作らしめ、坂路登降の便に供した。製法、縦短く、横に長い形のもので、其便利なるがために後に至る迄大いに利用せられた。

初め官軍は、第一、第二、第三の旅団を以て、薩軍の正面を攻撃したが、敵軍精悍にして、熊本城との連絡を通ずる事が容易でない。ここに於て三箇の別働旅団を編成して、薩軍の背面を脅かす事になったのである。顕義は別働第二旅団長として戦うた。明治十年三月二十五日、長崎より八代に上陸し、直に兵を率いて、薩軍を攻撃した。第一戦は小川方面の戦闘で、顕義は中央隊となった。顕義、山上より戦地を下瞰《かかん》すると、数里の野に諸隊の離合する態が歴々として望み得る。戦い酣《たけなわ》にして予備隊を進ましめて、本隊を援けしめ、別に狙撃隊を以て薩軍の堡塁を陥れ、遂に薩軍をして退かしめた。

吾軍、松橋《まつばせ》を占領し、進んで宇土《うと》に入った。顕義、宇土の東北にある木原山《きはらやま》を望んで、此土地を守るには必ず木原山を包括せねばならぬと、狙撃隊を従えて、山に上りて地形を相《そう》した。此処より熊本城迄三里を距《へだ》たるに過ぎぬ。其中間平坦なる田野のみで、緑川《みどりかわ》の水流が漸く地に線を画しているだけであるから、遥かに熊本城の城壁を望み、時々砲烟の揚がるのが見える。顕義、部下を顧みて、号砲を放ち、城中に向かって援兵の此地に進み来ている事を報ぜしめた。

官軍、八代方面から薩軍の背面を脅かすと。薩軍亦新たに兵を薩摩に募り、此新兵を別府晋介、辺見十郎太等が率いて、八代方面の官軍の背面を襲撃せんとした。之れで此方面の官軍は腹背に敵を持つという模様になった。顕義以為らく、寡兵を以て腹背前後の敵に当たるは難事である。

而も熊本城の囲みは一日も早く解かねばならぬ。今日の場合、全力を挙げて熊本包囲を破るに集中し、八代方面の敵に対しては別に策を樹てて禦《ふせ》ぐ方法がある。又前面の敵を破るにも、戦線を長くして兵を多く配置する如きは却って効がないから、須《すべか》らく戦線を縮め、余力を保って腹背相応ずるに便なる地形に、其兵を置く事が最も肝要であると。是に於て、地形に依りて兵を布き、大いに為す処あらんとした。時に、熊本城よりの突囲隊、奥少佐に率いられて、薩軍の重囲を破って、吾軍に着き、城中の糧食益乏しくして、救援の急を要する旨を報じた。顕義、訓諭を部下に発し、急に熊本城救うべきを告げ、不日《ふじつ》大進撃の令が下るからとて、大いに士気を鼓舞した。

四月十二日、此方面の官軍一斉に進撃を開始した。顕義の率いる別働第二旅団は、水越方面を攻撃するのであった。午前一時、敵情を視察して、顕義は部下の精鋭四十余名を簡抜して、之れを突貫隊となし、水越の敵塁を屠らしめんとした。

其突貫隊の発するに臨み、顕義為に自ら樽酒を開いて将卒に分かち、白布一条を一兵毎に授け、之れを以て其目標となし、暗号を定めて進退に過《あやま》ちなからしめた。則ち説いて曰く、熊本城は久しく長囲に陥って、漸く糧食の欠乏甚だしきものがある。此際之れが救援は寸秒を争う。前面の敵、殊に水越の塁が頑強であって、之れを屠るは容易の業ではない。しかし精神振起《しんき》して行えば、之れを抜くに難からぬに違いない。突貫隊の諸君は、其選抜の称に恥じず、忠を国家に致し、美名を後世に残すの一挙を、夫れ此時に為せと。

突貫隊員、皆感激亢奮《こうふん》して、小船数隻に乗り、走潟《はしがた》に行った。嚮導《きょうどう》の村民、途中に恐れを抱いて逃げる者がある。之れを後隊の舟にいる者等が、誤って敵兵とまちがえて、乱射した。此銃声を聞いて、顕義は思わず嗚呼《ああ》失敗したと嘆息した。果たして突貫隊勇奮したけれど、此時水越の敵塁は陥らず、却って吾軍に死傷者を多く出した。

熊本城の長囲破れて、薩軍退き人吉に拠りて防守せんとした。五月、官軍は之れを攻撃する為に軍議を開く。諸将中、各地の敵軍を討ちて、人吉に追いつめ、其後全軍で包囲して討滅せんと主唱する者があった。顕義之れを駁して、人吉は形勢の地、攻めるに甚だ難き地である。思うに敵は此山河の嶮を恃《たの》んで、ゆるゆる官軍を禦《ふせ》ぎ悩まし、其内に天下の変あらん事を待つ者であろう。若し敵の全軍を人吉に集めさして了えば、之れを攻落するは一層難事となる。今にして備え全《また》からず、敵勢の悉く集中せぬ間に、之れを急撃して嶮要の地を奪い取るの策以外に、上策のある筈はないと述べた。参軍山県有朋之れを是として、人吉攻撃は開始せられた。

西南の役に当たって、薩将桐野利秋曰く、敵の将校輩畏るべき者殆どない。唯山田顕義のみは、神籌《しんちゅう》鬼策の者で、我れ戊辰の役に於て之れを実見しているから、此漢のみは吾敵手として一快戦するに足ると謂うていた。

顕義、曾て洋行をした。身長矮小で無髯白皙《むぜんはくせき》「ひげがなく色白」の青年であるが、已に将官であったから、欧洲人怪しんで、日本には少年の将官があるかと問うた。陸軍中将鳥尾小弥太《とりおこやた》と、顕義とは、当時殊に年少の将軍であった。共に奇材を以て目されていた。顕義、独逸に往った時、モルトケ将軍は、其年少なるを見て種々奇問を発して試みたが、顕義、奇才縦横にして、よく之れに応弁して、大モルトケを驚かしめた。

曾我祐準

曾我祐準《そがすけのり》、天保十四年十二月二十五日、筑後柳河城内阪本小路に生まる。幼名鹿之助、後に亀之助、又亀二郎と改む。世々柳河藩士であった。安政四年、元服して祐準と名づけた。翌年、通称を辰之助と改め、更に慶応元年、準造という。同年長崎に遊び、翌二年遠く支那及び印度沿岸を歴遊した。明治三年藩隊の朝廷の召に応じて出兵するや、其参謀に抜擢された。京都に来った時、朝令ありて、海軍御用掛を仰せ付けらる。明治二年、北海道の脱走兵討伐に従い、海軍参謀の任を拝した。時に祐準二十六歳であった。同年、兵部少丞、翌三年、兵部権大丞、陸軍大佐に任ぜられたは二十八歳の時で、大阪鎮台の大貳（参謀長）となった。明治六年、陸軍少将に陞《のぼ》り、兵学権頭から兵学頭に進んだ。翌七年、陸軍士官学校長。十年の西南戦役には、出征第四旅団長として従軍した。爾後《じご》熊本及び大阪の鎮台司令長官を経て、参謀次長に累進し、明治十六年、陸軍中将となり。翌十七年特に華族に列し、子爵を賜る。明治十九年、陸軍の職を罷《や》め、明治二十一年、東宮御養育主任の命を拝し、翌年、東宮大夫に任ぜられた。又明治三十一年、日本鉄道会社の社長の椅子についた。貴族院議員、枢密顧問官を歴任し、大正十二年、八十一歳の高齢なるを以て、辞職隠居した。正二位勲一等である。

元治元年、長州征討の幕令が出て、柳河藩も出兵に決した。祐準、時に二十二歳。伍長の職を以て之れに参加した。当時、柳河藩には旧式の兵器のみあって、大砲は勿論小銃さえない隊があった。祐準等、藩の当局者を説いて、今の時勢に方《あた》り、大砲一門もなき隊の出兵は、他藩の蔑視を招くのみか、戦場に於て充分の働きをなし得ぬ。是非速やかに兵器の充実を計られよと迫ったから、藩庁も動かされて、俄に砲を造り、弾薬を製造して、漸くにして其体面だけは繕った。祐準の軍に臨む時、母は陣羽織と胴着一襲を賜った。其陣羽織は白雲斎織に、川辺御楯《かわべみたて》の揮毫《きごう》になる墨絵の鷲図があった。以て当時の軍装を窺うべきである。

第一回の征長軍に加わった柳河藩隊は戦わずして解散されたが、将来の用意のためにとて、英国式練兵を修むるの要を感じ、祐準は長崎に赴いて伝習する事となった。其長崎に着いて、山本物次郎なる先生の門に入ったが、其入門式がやはり古風なものであった。先ず皇太神宮の掛け軸の前にて神酒を受けるという風であった。

祐準、長崎に在って大いに海外の智識を涵養した。之れによりて、今日の場合、海外の事情を通ずるは急務であるが、それには外国語を学習するが最急務であるとして、大いに心中に期する所があった。

長崎遊学の時代、同地大浦に居留せる英人ガラバ［グラバー］を説いて、洋銀一万弗《ドル》を借り入れた。此金を以て、柳河の紳商高椋《たかむく》某と、長崎の松尾屋とに托して、貿易の業をなさしめ、獲得したる利益を以て海外遊学の資にあてんと欲した。然るに藩の規則として、他邦人から借金する事は厳禁されていたから、直に咎められて、逼塞《ひつそく》三日間の罰に処せられた。勿論金子《きんす》は両商人から英人に返済されて、迷惑を他に及ぼす事はなかった。

第一手段に失敗したけれど、祐準の洋行志願は決して挫折せぬ。若し西洋に赴く事ができぬ迄も、支那印度の辺りまででも視察したくて耐《た》まらず、前の金策に凝りて、今度は無銭旅行を計画し始めた。それはガラバを説きつけて、英国商船に食客的に乗り組むのである。既に乗り組んで了えば、次に英国軍艦へ移るの機会が必ずあるものと信じていた。

英人ガラバは任侠の男であった。青年祐準の請いに応じて周旋してくれたから、慶応二年十月上海行惇信号に搭乗する事を許された。此行祐準の外に同藩の笠間広盾と肥後の上林三四郎という同志者があった。

此行固より禁令を冒すものである。後に咎めをうけて諸方に迷惑を懸ける事があらんかを恐れて、祐準は脱藩の手続をすました。幸いに祐準の母も兄も理解のある人達であったから、祐準の決行について陰然庇護してくれた。其送別の歌がある、先ず母より祐準に与えたものは、

立ちいつる旅ねの衣うすくとも　はゝか心をかさねてそやる

兄も亦其志を励ました。

とく行きてとくまた返へれ返へらすも　名をし立つへしますら猛雄は

祐準、之れに返歌して、

旅衣うすくはあらしたらちねの　母の心をかさねきる身は

十月二日夜、人目を忍んで、二挺櫓《にちょうろ》を漕ぎて、英船の背側に船をつけて舷階を甲板に登った時は流石痛快を覚えたけれど、若し見付けられては大変であるから、暗黒の船艙に潜んで、翌日解纜《かいらん》と共に真に解放せられた気分になった。六日、上海に着き、ガラバの支店に入り、代理人グルムの伝手で、オルセンという小船を旅舎に代え、屢《しばしば》上海の市中を視察した。恰《あたか》も長州の伊藤俊輔（博文）も亦此時上海に来ていたのであった。

祐準等の資格は、航海生徒ともいうべきもので、主として航海術を習わんとするものであった。

それであるから、外国船に乗じて、或いは渤海湾に赴き、或いは香港に往き、遠く新嘉坡［シンガポール］、カルカッタ、ペナンと経巡《へめぐ》った。

前後五箇月間を如上《じょじょう》の生活で送った。之れが為に航海及び測量の術を覚えたけれど、海軍に必要な智識経験は得られなかったから、思いを返して、慶応三年五月、長崎へ帰着した。此行、東亜の各港を歴遊して、西力東漸《せいりょくとうぜん》の現状を視て、大いに感ずる処があった。

此時、日本の事情は余程切迫している。遂に徳川慶喜の大政奉還となったが、其頃、祐準は京都に於て薩摩の吉井幸輔［友実《ともざね》］と相知り、大いに勤王の志を鼓吹《こすい》せられた。因みに一日、坂本龍馬を訪うと、其前夜、刺客の為に斃れたと聞いて、祐準大いに憂憤痛惜した。

明治元年四月、祐準、藩兵の参謀を以て、京都高倉の営に在る時、朝廷の命によりて、海軍御用掛を命ぜられた、二十五歳である。尋《つい》で軍防官に出仕し、判事試補を拝命した。三月、京都を出発して江戸に着き、和田倉門内の軍務官に務めた。時の軍務官副知事は大村益次郎で、之れが軍務を統べていた。三月下旬、奥州宮古に於て幕艦の襲撃があって、官軍の海軍は幕艦に圧せられていた。祐準、奮《ふる》って之れに当たらん事を請うて、大村副知事の許しを受け、海軍参謀の名を以て、北海道征討に従軍し、各所に転戦した。

西南戦役に際しては、祐準は後れて出征した将官であった。それは当時、兵隊を有せぬ士官学校長であった為であるが、其外に、薩摩に兵乱が発生すると、或いは東北の荘内が之れに応ずるの気運があると見られていたから、之れに対する対策として種々《しゅじゅ》の準備が行われ、若し荘内挙兵の報が達すれば、仙台方面からは大沼中佐、秋田方面からは阿武中佐、越後方面から岡沢中佐が、三道より荘内に攻め入る計画になっていた。其為に祐準は之れを統轄《とうかつ》するの必要上残されたのであった。併し荘内に其気運が見えなかった故、祐準は他の三佐官と共に後れて、九州戦地へ赴いたのであった。

　西南の役起こって数旬の間は、官軍の戦報に安堵し得べきものがなく、為に中外上下悉く不安の情を抱いていた。其時、英国公使パークスは、現下の戦況に徴《ちょう》すれば、私《ひそ》かに憂慮すべきものがあるから、自衛のため、英国の軍隊を招致して、各港居留の英国人を保護せんと申し出た。それについては今後尚戦地へ送らるべき官兵及び在京の兵数の多寡を知って置きたい。其都合で英国軍隊を呼びよせるというのであった。茲に於て、祐準は、陸相代理西郷従道と諮り、在京する兵士は新募の者たると生徒たるを論ぜず、集め得る限り悉く集めて、堂々隊伍を編み、小松宮《こまつのみや》少将殿下を総指揮に仰ぎ奉りて、諸官衙《かんが》の吏員も成るだけ多く扈従《こしょう》し、越中島の練兵場に於て行軍し、各国公使を招いて、之れを見せしめた。諸隊中特に練達の兵士ある二三隊のみに操練せしめ、其兵備の欠くるなき状勢を示し見せた。之れに依りてパークスも亦深く問う事もなく、英国兵招致説を捨て去った。

　西南戦役の大団円なる城山戦闘に於ては、祐準、第四旅団を率いて、浄光明寺《じょうこうみょうじ》に在って指揮していた。吾旅団兵進んで岩崎谷に薩兵を尾撃《びげき》し、遂に西郷隆盛の屍体を獲、更に兵卒前田某は岩崎谷の下なる邸内に埋めてあった西郷の首級を索《もと》めて来た。之れでさしもの十年の役は終わったのであった。

祐準後に曰く、西南の役には、屢《しばしば》夜襲や逆襲に逢ったけれど、改めていう程でもない。軍人の戦に列するは之れ天職であるのみ、別に深く語るべきものがない。殊に西南役は今よりして見れば、機動演習の類であろう。固より吾側辺《そくへん》数歩の内に、砲弾炸裂して、護衛兵や伝令の戦死したものもあるけれど、之れを日露戦役の激戦中、再三伝令を換えたに比しては、殆どいうに足らぬものであった。云々。

高島鞆之助

高島鞆之助《とものすけ》、天保十五年十一月九日以て生まる。鹿児島藩士喜兵衛の第四子、諱を昭光、号を革丙という。長ずるに及び藩公に仕え、文久二年、島津久光に従って京都に上り、禁闕《きんけつ》守衛の任に当たる。後に奥小姓となる。明治戊辰の役、伏見鳥羽に戦い、尋《つい》で監軍となり、越後長岡の役に傷つく。明治四年、侍従に任し、翌年、侍従番長となる。七年、陸軍大佐、八年、教導団長、十年の役には、別働第一旅団長として、八代口を衝いて熊本城との連絡を通じた。十年三月、陸軍少将、十六年二月、同中将、尋《つい》で子爵を授けらる。爾後《じご》、陸軍大臣、拓殖務大臣、台湾総督、枢密顧問官等の顕官に就き、正二位勲一等に累叙された。大正五年一月十日、七十三歳にして逝く。

鞆之助、幼少より異彩あり、藩黌《はんこう》に在っては成績佳良《かりよう》［優秀］、出でて遊べば常に餓鬼大将で、衆に推されて児童軍の統率者となった。人皆曰く、嘉兵衛の悴《せがれ》には変わり者が出来たと。

鞆之助、自ら曰う。曾て維新前の風雲急なる時には、多く京都に在った。当時各藩は警衛の任に当たっていたが、余も亦衛兵の一人であった。云わば今の巡査のような者だ。唯平凡な生活であった。而して戦争らしい戦争をしたのは、維新前後の役で、大抵皆従軍した。初陣は鳥羽伏見の役、軍の主脳者は西郷南洲［隆盛］であった。

又曰く、武士の魂は刀というが、昔は刀を非常に大切にして、誰しも名刀をさしたいと思っていた。余は殊に長剣を好んだ。之れは身長の為でもない。唯活気の求むる所で、剣の長いのが何となく好きであったと。

靹之助、越後の役に負傷した。之れがために病院に入り治療をうけていたが、官軍急なりと聞き、創を裹《つつ》んで、直に出陣し、後に戦塵裡に馳せて其勇を奮《ふる》った。

靹之助の侍従に任ぜられて、始めて宮中に入るや、素《す》と武骨一片の男であるから、言語行動皆素朴で、礼儀に倣《なら》わず、頗る衣冠《いかん》の人に適せぬから、同僚之れを嫌い、或る時、其背後から塩を撒《ま》くの状をした。靹之助、激怒して既に拳を振るわんとして、漸く怒りを制して、其色をあらわさず、事なきを得た。後に告げて曰う。あの折、一時の怒りに任せて暴行を働かば、今日あるを得ぬ。辛抱は身の宝であると。

十年戦役に臨んで、官軍は別隊を以て八代を占領し、薩軍の背面を衝いて、之れを脅かし、熊本城との連絡をつけたのは、靹之助の画策に依るものであった。

爾時《にじ》、靹之助説いて曰く、薩人の気象［気性］勇壮敢為、突撃を主として機変を用ゆるに拙《せつ》である。之れと正面衝突するは余程の難事である。況んや官軍は未熟の徴兵、よしや其兵数百倍するとも勝算はむずかしい。されば別に兵を派して其背後を衝き、敵をして疲らさすがよい。それには鹿児島から熊本へ通ずる咽喉ともいうべき八代を疾《はや》く占有するのである。薩軍の守備未だ全《また》からぬ内に、此処を取って了うべしであると。参謀山県有朋、此言を可として納《い》れ、遂に別働旅団をして八代口から薩軍の背面を襲う事になったのである。

始め、鞆之助は、明治七年の佐賀の役に、勅使として戦地に赴き、帰途熊本に寄り、更に八代を過ぎて、其地形等を視察した事がある。八代は実に熊本から鹿児島へ行く通路の要枢地で、天正の昔、豊太閤の島津征討の際にも、此地を根拠とした事があった。

松橋《まつばせ》方面の戦闘に、鞆之助は別働第一旅団長として参加した。山田顕義は別働第二旅団を、川《かわ》路利良《じとしよし》は別働第三旅団を率いて共に闘うた。薩軍殊死《しゆし》［決死で］防戦して、一勝一敗、遂に薩軍塁に拠り、水を引き、要害を設けて官軍を沮《はば》んだ。山田旅団長は之れを見て一旦旧守地に還って兵気を養わんとし、高島旅団の岡沢中佐亦之れに賛成し、兵を収むるの議に決した。鞆之助聞いて之れを叱し、今日多兵を用いて漸く此処に前進し得たのを、今棄てて旧守地に帰るは、偶《たま》［まれな］奮戦の跡を其儘敵に与えるものである。之れを取り戻すには又幾倍のものを払わねばならぬ。日尚高ければ、之れから長駆して松橋を衝くべきであるが、日没に臨んでいるから此処に戦いを休むとも、此地から一歩も退く事はならぬと命じた。之れを以て吾軍其線を守って、明日の攻撃に備える事となり、果たして翌くる日の戦いに此線を守っている事が多大の利あるものとなった。

靹之助の大阪鎮台司令長官たる時、人あり曰く、大阪鎮台は弱い事で有名である、斯くの如き兵を帥《ひき》いて何を為さんとせらるるかと。靹之助曰く、楠公《なんこう》は摂河泉《せっかせん》［摂津と河内と和泉］の兵を以て、関東百万の大敵を悩ました。大阪鎮台と雖も将を得れば元弘《げんこう》の昔の功用をなすに違いないと。

鳥尾小弥太

鳥尾小弥太《とりおこやた》、萩藩士中村敬義の長男、初め百太郎と称す、故ありて鳥尾姓を冒した。長州の奇兵隊に入り、勤王の士と交わりを結んだ。明治戊辰の役、壮丁《そうてい》を集め得る事二十、鳥尾隊と称して、伏見に戦う。後、紀州藩に聘《へい》せられて、其改革につくす。明治三年十二月、兵部省出仕。同四年、陸軍少将、爾来《じらい》専ら軍務に従い、軍務局長、陸軍少輔、大阪鎮台司令長官等を歴任した。明治九年、陸軍中将、陸軍大輔に任ぜらる。後に参謀局長となる。十年の役には、専ら官軍の兵器弾薬糧食等の補給につとめ、後方勤務をなした。同十二年、近衛都督、同十五年、統計院長、十七年、特に華族に列し、子爵を授けらる。爾後、元老院議官、枢密顧問官等を歴任し、貴族院議員に当選した。号を得庵といい、頗る禅学の造詣深し。正二位勲一等に陞叙《しょうじょ》さる。明治三十八年四月十三日逝く、五十九歳。

小弥太、禅を学んで、活殺の機縦横に至る。多年の鉗鎚《けんつい》をうけた結果として、八方来には八方打の手腕がある。小石川高田に庵室を構え、風月を友として楽しむ。或る日、伊藤博文、山県有朋等を庵に招いて、窃《ひそ》かに功名富貴に憧れるなきを諷する所があり、滔々《とうとう》数時間に亘って宗教を諭した。

伊藤曰く、君の禅に熱心なる実に感服の至りである。其いう所も禅僧と殆《ほとん》ど区別する所を知らぬ。乞う、此上は剃髪して仏籍に身を投じては如何。言裡暗に冷嘲の意があった。小弥太笑って曰う。聞く如くんば、貴下は近頃宮内省に入って、頻りに神祇《じんぎ》の事務に委《ママ》わるるとか、然るに何故を以て衣冠《いかん》して神官の風を為さぬのか、却って之れを承りたいと。流石多智《たち》の伊藤も此返答は困った。

哲学者某、小弥太を訪問して、談、霊魂の事に及び、霊魂は頭脳に在りと、頻りに西洋科学的の受け売りをした。小弥太、突如、哲学者の股を抓《つね》る。其痛みに耐えず叫ぶと、小弥太ぬからず、霊魂は偶股にも在ったと。云いも終わらず、次に哲学者の腰を抓った。哲学者又叫んで痛さを訴えた。小弥太徐《おもむ》ろに、腰にも霊魂がいるではないか。

小弥太、壮時、卓犖不羈《たくらくふき》［抜きんでてすぐれ、行動が自由であること］、奇兵隊に入りて乱暴者の評があった。ここに於て其累の父母に及ばん事を虞《おそ》れ、除籍して家を出で、鳥尾の姓を冒すという。

長州奇兵隊の野村三千三《みちぞう》、後に商業界に身を投じ、山城屋和助《やましろやわすけ》と称して、一時横浜の三豪商の一に数えられたが、明治五六年の頃、官債を負うて屠腹した。前に和助の勢力盛んなる頃には、車馬《しゃば》門に輻輳《ふくそう》していたが、一たび訃音《ふいん》伝うるや、之れを訪うて、弔する者がない。小弥太、奇兵隊の昔に昵知［「旧知」の意か］の間柄であったから、独り東京支店を訪うて、今日の窮難《きゅうなん》に一臂《いっぴ》の労を執らんという。

然るに和助の柩を東京から横浜に送るに金子がない。番頭其旨を告げると、小弥太、費用は幾許を要するかと問う。曰く二百金。小弥太之れを聞いて、番頭を携えて吾邸に帰り、家人を呼んで現金のあるものを聞く。五百金ありと答う。小弥太曰く、今月の費用はいくらあったら足るか。曰く百金。小弥太、乃ち、四百金を番頭に与え、之れで主人の葬式をよくしてやれよ、長州人の体面を汚してはならぬといい聞かした。

十年の役、小弥太、大阪に在って専ら兵站《へいたん》［戦場の後方で作戦に必要な物資の補給や整備・連絡などにあたる機関］の事に与り、兵器軍需品の補給にいそしんだ。官軍は正面背面共にまだ熊本城と連絡せぬ。小弥太、之れを憂いて、親しく戦地を視察して、四月十日、木葉《このは》の本営に於て、山県参軍其他の首将と会し。已に四箇大隊の兵を新たに出発せしむべく、大阪に向かって命を発したが、今戦地の模様を見ると、正面なる植木口と背面の八代口とから挟撃しているが、共に其目的を達していない。寧ろ一方に力をこめて進撃するのが得策である。それには植木口は、熊本城との距離も近いから、此方面へ八代口の軍から隊を割いて加え、其勢いに乗じたならば、必ず目的を達するに便なるものがあると告げた。然れども八代口の参軍黒田清隆之れを容《い》れぬために、此議は実行されずに了った。

既にして官軍、熊本城との連絡を遂げたから、小弥太、馬関より山県参軍に書を贈って、全軍の改編をなさしめて、従来の混雑を除き、軍需品の補給も簡捷《かんしよう》ならしめた。之れによりて官軍の秩序革《あらた》まり、諸兵の管轄よく明らかになって、戦うに便を得た。

小弥太の大阪に在って軍需品の補給に当たる時、九州の戦地から弾薬の請求急にして、其運送船は天保山沖に碇泊して、搭載を待つの状態であった。しかし之れに授与すべき品がない。小弥太、策を案じて、腹心の部下に命じ、砂石を箱詰めにして弾丸硝薬の如く見せかけ、之れを船に積んで戦地へ送らした。船から陸揚げすると、累積して弾薬甚だ豊富の如く見えるから、官軍為に大いに元気を振るうた。而して数日の後、始めて真物の弾薬が着いたから之れを早々戦場へ送ったなら、何等の機を失する事もなくして、戦いを続けられ、小弥太の機知は人々を驚嘆せしめた。

小弥太、官軍の捷利《しようり》はかばかしからぬを見て痛憤し、窃《ひそ》かに勇猛果敢の軽兵突騎隊を戦地に送り、夜陰に乗じて敵の中軍《ちゆうぐん》を襲いて、西郷隆盛を虜にせんとの案を考え。陸軍中佐山地元治、同高嶋信重、同少佐岡本柳之助に兵を付して、長崎に在る陸軍大佐黒川通軌《みちのり》の下に赴かしめた。しかし黒川は此兵を以て黒田参軍の増兵の求めに充たしめたから、小弥太の奇計も遂に行われずして止んだ。

小弥太、枢密顧問官たる時、皇室典範を議する事があった。小弥太は正義の議論に長じ、大義名分を明らかにして、喋々《ちょうちょう》論ずるが賛否をいう者がなかった。勝安芳傍らに在って、窃《ひそ》かに小弥太の袖をひき、君の議論、時流の解するものでないから、熱心に説かれても益がないと私語すると、小弥太、声を励まして［激しい声で］、皇家百年の大計を議する時、貴下の容喙《ようかい》を許さぬ。今日の事は亡国の臣の考え及ぶ所でないと。之れがため安芳黙していう所を知らず。衆、小弥太の議を賛成して之れに定まった。

陸奥宗光《むつむねみつ》、紀州の人である。明治二年、紀州藩兵制を改革せんとて、小弥太を聘して之れを委託した。小弥太、来紀して陸奥の家に寓する。両人共に年歯若く、而も殆ど同じき齢であったから、交誼《こうぎ》頗る密であったが、小弥太由来《ゆらい》朝寝坊である。陸奥、小弥太の枕を蹴っておこす。小弥太怒って無礼を詰る。陸奥則ち、手を以てすると足を以てすると何れか異るやと論じ、両者固より弁を好む者であるから、之れより滔々論戦して時の移るを忘るるの状があった。

後に小弥太、陸軍少将となり、陸奥は元老院幹事となり、相遇う事がある度に、旧時の如く双方論駁《ろんばく》に耽《ふけ》る。ある時、会飲して、当時の人物を罵り、朝野其人なきを評した後。陸奥曰く、汝と我れと何れが人傑か。小弥太曰く、固より乃公《だいこう》である。陸奥笑って、汝の野狐禅、いかで我れに及ぶべきというと。小弥太は、俗吏何をか知らんと応酬した。陸奥則ち曰く、然らば汝は吾為す如く為し得るか、詩や如何、文や如何、囲碁や如何、酒量や如何と。小弥太鼻端《びたん》に笑いを浮かべて、汝の数うるものは皆之れ末節の小芸のみである。そんなものは乃公の価値に無関係だと。

川路利良

川路利良《かわじとしよし》、通称正之進、号を龍泉と称す、天保五年五月十一日、鹿児島吉野村に生まる。元治元年の事変には、禁闕《きんけつ》を護って長州兵と闘い、其勇を西郷隆盛に認められた。戊辰の役には竹田街道に出でて戦った。東叡山の戦闘にも従い、磐城浅川の役に於て敵弾に中《あた》って傷つく。若松攻城にも参加した。明治二年、薩の兵器奉行を命ぜらる。同四年、東京府大属となり、累進して、羅卒総長より大警視となった。明治五年、司法警察視察の官命を蒙って欧洲を巡視す。同十年、陸軍少将に任ぜられ、別働第三旅団を率いて、九州に転戦した。翌十一年、海外警察視察として欧米へ差し遣《つか》わされたが、彼土《ひど》に於て疾《やまい》を獲《え》、同十二年、巴里《パリ》を出発して帰朝の途次、十月十三日、船中に於て歿す［正しくは帰国後まもなく死亡］。四十六歳。

利良、幼少の時より常人に異るものがあり、剛毅謹直にして至って寡言であった。滅多に物を言わぬ代わりに、一度口にすれば必ず其主張を貫徹するという性癖を有《も》っていた。殊に其健脚は驚くばかりで、幕末の頃、毎日三里を距《へだ》たる処から鹿児島へ通勤して、決して倦む処がなかったという。

少年時代から常人に異ったものがある例として、次の如き話柄《わへい》が伝わっている。曾て大隅日当山《ひなたやま》温泉に赴くとて、母に乞うて、飯一升をたいてくれという。其所以を聞くと、面倒であるから昼飯の分までも腹に納めて行くつもりであるというて、一升飯を平《たい》らげて、温泉に向かって出発した。

土方楠左衛門《ひじかたくすざえもん》（久元《ひさもと》）、三条実美等の筑紫に潜居するに従うていたが、命によりて京都に出で、其帰りに大阪を出帆する船に乗って航海した。其船中に於て、偶、甲板上に大根下ろしで五升徳利を傾けている武士があるを見た。其風采や態度が尋常者流に異っているから、頻りに注視していたけれど、言葉を交わす便宜がない。試みに大根下ろしの分配について頼むと、其武士の快く分かってくれた。之れを機会に其姓名を問うと、薩藩川路正之進（利良）という。土方大いに喜んで、共に国事を談じ、互いに胸襟を被いて語り合った。

甲子兵燹《かっしへいせん》の際、中立売御門《なかだちうりごもん》を護る薩兵は、川上助八郎の隊であったが、長州兵之れを攻撃し来って、殊に篠原某なる剣道の達人が斬り靡《なび》かす刃風《はかぜ》には吾軍は辟易して敗色を見せた。利良之れを見て救援に馳せつけ、篠原を殪して長州兵を走らした。後に利良の刀を視ると、刀歯こぼれて鋸の如くなっている。ある人之れを見て、その刀でよく敵が斫《き》れたと賞称すると、利良遜《へりくだ》って、否鎧糸を切るに止まるという。更に何故突きを試みなかったと聞くと。上杉謙信の如き古英雄でも、あの時突く事を忘れていた。乱戦の最中、左様の考えが出るものでない、唯力任せに敵を殪したに外ならぬと告げた。

元治の戦闘及び戊辰の諸戦に於て、利良の強勇を認められ、西郷隆盛の信任を得て、遂に大警視となったも其推薦による。

明治五年、利良洋行して泰西の文物を視て帰り、新帰朝の新智識を以て、時には参議をも凌駕せんとする勢いがあった。一日、諸参議会して雑談の末に利良の話が出た。中には其剛勇を賞賛する者もあった。大久保利通曰う、彼れは朝飯前に太平洋を横断したと。側の人々之れを訝《いぶか》しみて、利良は陸上には強いが、船の上では至って弱いと聞く、それに太平洋を朝飯前とは如何なる訳かと問うた。大久保乃ち笑って、彼れの船に弱い事は、其言葉の如くである。彼れは桑港「サンフランシスコ」で朝餐を食わぬ前に船に乗り、それから横浜へ着く迄というものは死人同様の有様で、一度も食事をしなかった。それ故に彼れは朝飯前に太平洋を横断したのであると。諸参議膝を叩いて好謔《こうぎやく》を喜ぶ。

利良、厳格を以て聞こえていたが、一面部下を愛する至情は人を動かすものがあった。警官の職務のために傷つく者があると、必ず自ら之れを見舞うて、毛布や葡萄酒を携えて、如何なる陋《ろう》居《きょ》も厭《いと》わず訪問して慰めた。而も此事は決して他人に托した事がなく、必ず自身赴いたから、部下の者皆其至情に感動せぬはなかった。

十年戦役に薩軍の斫り込み隊の猛襲には官軍常に悩む処であった。熊本城との連絡に急を要する者があるから、官軍別働旅団数箇を新たに編成し、中にも警部巡査を以て編成したものを利良の統率の下に置いた。此等の勇士は皆戊辰の戦に出た輩が多いから、警官の抜刀隊の奮撃は頗る目覚ましいものがあった。此戦闘中、利良の陣営を訪問した某の話に次の如きものがある。

其人、利良の本営を訪うと、利良の枕元に至る迄、哨兵一人の姿も見えぬ。利良は畳の上に靴を枕にして横臥していた。而も傍に毛布が数枚積み重ねてあったから、何故に毛布を被って臥せぬかと聞くと。数多《あまた》の部下が原野に臥しているのに、我れ苟《こう》にも［いやしくも］毛布が着て寝ていられるかと告げた。聞く人、其至情にうたれて思わず涙をこぼした。此時、却って幕僚の方が毛布を被って寝ているものが多く、利良は之れを見て、これだから困ると呟くのみで、深く咎めもしなった。併し此呟きを聞いた幕僚は自ら赤面するを禁ずる能《あた》わぬ。

西南役終わって、東京へ凱旋の後、利良の口から花々しい戦闘談でも聞かれるかと思うと。利良のいう所は、永らくの戦争中、都下の安全を保ち得たは、一に安藤中警視《ちゆうけいし》始め留守する人達の功績である、深く感謝する処であるというのみで、他人を厚く賞賛するとも、自家の効能については少しも述べなかった。

山川　浩

山川浩《ひろし》、初め大蔵《おおくら》といい、また与七郎とも称した。奥州会津の世臣で、遂に禄千石を食む。明治元年、二十二歳にして、兵を率いて、藩境に闘い、又若松城に拠って抗した。城陥り闔《こう》藩降《はんくだ》った後、斗南《となみ》藩［現在の青森県東北部］の権大参事に任じ、廃藩後青森県に出仕、辞して陸軍少佐に任ぜられ、明治七年、佐賀の乱に傷を蒙る。十年の役、中佐を以て出征し、其勇名世に聞こゆ。同十三年、大佐に進む、爾後、高等師範学校長、女子高等師範学校長をつとめ、明治十九年、陸軍少将に陞《のぼ》る。又貴族院議員に勅選せられ、谷［干城］、曾我［祐準］の各将軍と共に、頗る硬骨を以て鳴る。明治三十一年一月二十六日、男爵を授けらる。同年二月四日逝く。五十二歳。

明治元年閏四月、大鳥圭介は脱走軍を率いて野州《やしゅう》に闘うたが、利あらずして退いて会津領に入った。三王峠を越えて峠下の茶店まで来ると、此処に会津藩若年寄山川浩（此時は大蔵という）が迎えに来ていた。大鳥は浩と戦闘について語ると、浩のいう所に甚だ聴くべきものがある。大鳥の今迄会った会津人中に於て、之れぞ第一等の人物と見做し、大いに胸襟を被いて軍事を談じた。浩は曾て小出大和守［秀実］に従うて露国に渡り、西洋の文物に接して、識見もあり、学才もあるから、大鳥の感服したのも其理があるのである。

浩は之れより、大鳥と共に軍容を整えて、官軍に抵抗し、官軍に対して会津の勁《けい》を示したが、戦い利あらずして、大鳥と相携えて若松城に還った。

既にして若松城は官軍重囲の中に陥り、浩屢《しばしば》城を出でて戦った。八月二十六日も南方面に戦っていると、他の方面に於て敗報あり、之れが為に急に兵を収めて城に帰らんとして、西追手《にしおうて》まで来かかった。かかる混乱の際であるから、或いは誤って吾城兵から砲撃せられるかも測られぬ。則ち一策を考えて、若松地方特有の獅子踊りの囃子を奏せしめた。之れでよく味方である事がわかり、何等の過《あやま》ちもなく入城し得た。

会津藩の降伏するや、朝廷は之れを陸奥《むつ》斗南に移し、三万石を賜《たも》うた。曩《さき》の二十何万石の高禄に比して余り貧弱な封禄《ほうろく》であるため、闔藩の男女皆農桑の業に従うて、漸くにして糊口を凌ぐ事につとめた。浩素《もと》より田圃にたちて其弟妹と共に鋤鍬を執って耕作をする。妹捨松《すてまつ》僅かに八歳であったが、尚其纖手《せんしゅ》に肥料を汲ましめたと。

浩、後に陸軍省出仕となりて、月俸七十円を受けた。然し親戚故旧の救援を求むる者が多くして、其為に家計は困難を告げ、負債は次第に山積する。唯、ある酒屋の主人が、浩の尋常者流にあらぬ事を観破《かんぱ》して、旧債を論せず、日々酒を供給して決して其価を催促せぬものがある。浩之れを徳として、佐賀の乱に出征する時、多くの金を給せられたから、一時に仕払うて債務を果たし、爾後《じご》永く旧交を絶やさなかった。

明治七年二月、佐賀の乱起こる時、権令岩村高俊《たかとし》は、鎮台兵を率いて佐賀城に入った。此時、浩は陸軍少佐で、左半大隊の参謀であった。十五日、佐賀叛軍は砲数門を以て城を射撃する。鎮台兵は歩兵のみで大砲がないから、之れが応戦に苦しんだ。十六日、城より出でて戦ったが、官軍に死傷あり、浩も亦負傷した。此時、敵は三千の兵を有し、之れに対する官軍は三百しかなく、此処に到着すべき右半大隊の三百の兵がなかなかに来ないから、防戦之れつとめた。けれど、弾丸糧食の欠乏を感じかけ始めた。

空しく此処に座して倒れるよりも、敵を衝いて出で、右半大隊と相合して、再び敵を滅ぼす策を取るべしとなって、半大隊を三分し、負傷せる浩は、岩村権令と共に其中隊に居り、十八日城門を開いて死を冒して突出した。敵の迎撃劇《はげ》しくして、吾軍の死傷者が続出したが、それでも囲みを突いて脱する事を得た。而して佐賀軍は幾《いく》らもなくして、官軍の大挙進撃するに逢うて脆くも潰《つい》え去った。

明治十年の西南の役に於て、救援の官軍中、熊本城下に第一に馳せて、連絡を遂げたのは、浩であった。浩、時に陸軍中佐で、陸軍少将山田顕義の別働第二旅団の右翼指揮官であった。

四月十四日、熊本城より見ると、川尻方面に於て、戦声最も接近し来り、薩軍往々潰えるの影を認め得た。正午頃、城外各所に兵火起こり、薩軍の漸次退却するものがある。頓《やが》て砲声も鎮まり、午後四時頃、復《また》もや城下に於て盛んなる銃声が聞こえた。忽ち喇叭を吹き、旗を振るうて進み来るものは、之れ援軍の別働旅団兵である。城を仰いで呼んで曰く、別働第二旅団山田少将の右翼指揮官山川中佐、選抜隊を以て敵を破り来った、後軍ついで馳せ来ると。城兵俄に歓呼して之れを迎えた。

此日、浩は其隊を指揮して、加勢川《かせがわ》を渉《わた》り、前進して敵情を偵察せしむると、敵は意気沮喪の色があるという。殊に下流に当たって、火焔のあがり、砲声次第に遠去かるは、之れ吾軍の左翼が已に川尻を陥れ、敵を駆って進入しているのであろう。此好機を逸すべからずと。浩は令を下して、吶喊《とつかん》猛進し、敵を加勢川の北岸に蹙《しじ》め、勢に乗じて追撃の手をゆるめず、全く之れを追い散らして了った。

敵の中には近傍の村落竹樹の間に潜み匿るる者があるけれど、是等の捜索に時を費さず、浩は木村中尉、田部中尉の隊を率いて、北《に》ぐる［逃げる］敵を逐《お》いつつ、熊本城をめがけて馳せつけた。

熊本市街に近づくと、長六橋《ちょうろくばし》辺りに敵の残れる者がある。浩以為《おもえ》らく、吾軍此儘に城下に赴けば、城兵敵味方の区別がつかずして、吾隊に向かって来るに違いない。斯くては味方同志撃ちの銃火を交える虞《おそ》れがあるからとて、福富少尉をして選抜隊十人を引率せしめ、厳に発射を禁じて突進せしめた。果たして城兵、官軍の来援を知らずして砲を放った。浩ここに於て喇叭を吹かしめて発射を戒め、城下に達し、手旗を振って、吾軍の来援を呼んだのである。時に午後四時。籠城五旬余、困弊の極にいた城兵は、吾軍の救援と知って、一斉に鬨《とき》を作り、掌《しょう》をうち、旗を振るい、病者は起ち、負傷兵は杖に倚《ママ》り、柵を攀《よ》じ、塀に登って、勇躍歓呼して狂えるが如きものがある。重傷者の動く能わぬものは、病床に危座《きざ》［正座］して啻《ただ》泣くのみであった。

熊本鎮台の参謀長樺山中佐以下の将校は、城を出でて迎えた。浩、城に入りて、司令長官谷干城に会い、急に使を馳せらして、入城の旨を川尻にいる山田少将に告げた。城中は此救援軍を歓待するが、浩は辞して、吾隊は他との連絡を顧みずして猪突進んで来たのであるから、敵兵が再び虚に乗じて城下に還り、市街を焼いて、吾本軍との連絡を断つ時は、取り返しのつかぬ事になるとて、城を出て、市街に舎営し、伏を其左右に設けて、火を滅して、夜装に備え、其儘暁に及んだ。

此日、黒田［清隆］参軍は、初め、吾各旅団に令して十四日、川尻を抜けば、十五日木原山《きはらやま》に烽火［のろし］をあげるから、それを合図に、各隊熊本に入れよと命じて置いた。此為に他の隊では約束を守って出動しなかったのを、浩、独り挺進したのであるから、他隊の将校は、浩の独断を責めた。

山田旅団長は、直に浩を召して譴責《けんせき》し、後来《こうらい》［遅れて来ること］を戒めた。或る人曰く、浩は命令約束を破るが如き人物でない。当時、使を馳せて山田少将の許しを請い、使還って之れを許されたと佯《いつわ》り告げたから、遂に猛進して熊本城に達したものであると。

川村純義

川村純義《すみよし》、天保七年十一月十一日を以て生まる、鹿児島藩士、初め与十郎と称す。明治二年、兵部大丞に任ぜられ、累進して同三年、兵学頭を兼ね、同四年、兵部少輔、同五年、海軍少輔、同八年、海軍中将、海軍大輔。西南役には征討参軍となり、海軍の事を司る。功により勲一等に叙せられ、旭日大綬章を賜った。同十一年、参議、海軍卿、同十七年に特に華族に列し、伯爵を賜る。同三十四年、皇孫《こうそん》迪宮《みちのみや》殿下［昭和天皇］御養育主任、同三十五年、同淳宮《あつのみや》殿下御養育主任を仰せ付けらる。同三十六年、正二位に叙し、桐花大綬章を賜る。翌三十七年八月十二日、六十九歳にて逝く。其病《やまい》革《あらた》まるや［危篤状態になると］、海軍大将に陞《のぼ》し、従一位に叙せられた。明治海軍創設者の一人である。

岩倉具視の欧米に赴いている不在中に、台湾征討の議起こり、廟議略《ほぼ》征討に決した。時に純義海軍大輔であったが、之れに反対した為に、征台の議は一時沙汰止みとなった。野津鎮雄、同道《みち》貫《つら》の兄弟は大いに怒って、純義を訪うて詰る処があった。純義、野津兄弟を伴うて、西郷隆盛の家に赴き、告げて曰く、此兄弟に、純義が臆病論を唱えたから、征台の議が止んだというたのは足下《そっか》ではないか。純義、不肖と雖も海軍大輔である、国家の大計より論じて、其不可を主張したので、臆病の為ではない。しかし諸氏にして征台の事を決しられたなら、純義、一兵卒となっても従軍する位の気概を持っているものであると憤慨した。西郷為に双方をなだめて事漸くして治まった。

明治十年二月、熊本鎮台から、鹿児島私学校党に不穏の形勢ある事を告げて来た。政府、海軍大輔海軍中将川村純義と内務少輔林友幸とをして、鹿児島に赴いて其情状を探らしめた。純義は高雄《たかお》丸に搭じて、神戸を発し、同月九日鹿児島に着いた。私学校党は海岸一帯に哨線を張り、刀銃を提げて往来する姿は正しく警戒すべきものがある。

殊に篠原、永山等は相謀って、純義を拉《らっ》し、高雄丸を奪わんと企てて、三艘の扁舟《へんしゅう》［小舟］に武装の兵士を分乗せしめて、高雄丸に近づき来った。純義之れを眺めて、彼等は吾船を奪わんが為に来る者である。彼等を粉韲《ふんせい》するは容易であるけれど、我れより手を出して禍《わざわい》の因を作る事は好まぬと。船長に命じて、錨索《びょうさく》を断って桜島の赤水《あかみず》方面へ避けた。之れがために篠原等手を空しうして去る。

鹿児島県令大山綱良、高雄丸に来って、純義に告げて曰う。桐野、篠原等が面談したいと望んでいる。純義答えて、それはよかろう。併し余が上陸すると、船中の士卒が皆之れについて来る。

又、西郷が吾船へ来るにしても、私学校党がついて来よう。それでは却って面白からぬ結果になりはしないか。万止むを得ない、面会は止めようと謂った。之れで私学校党の純義引き入れは失敗に終わったのである。

此時、大山卒然として問う。今や、軍艦が下関にいるというが、それは却って間違いの種になりはせぬか。純義曰く、軍艦の下関にいる必要はない。長崎は開港場であるから、政府も外国人の事を慮《おもんぱか》って其所《そこ》には軍艦数隻いる筈である。私学校党が若し長崎を襲うなら、之れは一撃の下に打ち掃《はら》うつもりであると。大山の此問いも、純義の此答えも、共に相手方の用意を探る駆け引き手段に過ぎないのであった。

西南戦役には、純義、参軍となって専ら海軍の事を司った。純義以為らく、陸軍は熊本鎮台と相俟《あいま》って、賊を圧し、海軍は、薩肥豊日の海岸を扼《やく》して、敵の通航を遮って、其勢力を削ぐべしであると。乃ち海上の事は自ら一切指揮して、薩軍をして一指をも染めさしめなかった。

薩軍敗れて鹿児島に還るや。純義、陸上の官軍を援《たす》けて、軍艦筑波に令し、海上より砲撃を加えしめ、又、軍艦日進、春日の大砲を陸揚げして敵に向かって放射せしめた。

薩軍の河野《こうの》圭一郎、山野田《やまのだ》一輔《かずすけ》、官軍の本営に来り、西郷の死を救い、其名誉を毀損せぬを条件として降伏せん事を告げた。純義、其言う処を聴き、河野等に語って曰う。足下等のいう事件の原因たる刺客問題は、若しそれが事実であるならば、其相手が内務卿であろうと、大警視であろうとも構う事はない、告訴すればよいのである。其道に由らずして、遽《にわか》に兵をあげて問罪の軍を起こすなぞは、抑《そも》道を誤っている。如何に西郷隆盛が陸軍大将でも、擅《ほしいまま》に兵乱を醸すは之れ国憲を紊《みだ》すものである。

聖天子、深く御軫念《しんねん》遊ばされて、禍機《かき》［災いのきざし］の発せぬ先に、我れ純義をして鹿児島へ遣わされ、彼等を説得せしめんと御命令があった。純義之れによりて、高雄丸に乗って鹿児島へ来ると、私学校党は却って船を奪い取らんとする様子を見せたから、遂に聖旨《せいし》を達するの望みを失い、ここに征討の令が下ったのである。

今にして志を変えて降伏せんというなら、足下等は城山に還って、前にいうた如き旨を西郷に告げるがよい。其上で西郷が若し余に言う事があるというたら、直に自ら純義の陣に来るがよい。併し戦機は迫って、今日午後五時を過ぎたら、到底如何ともしようがない事になっているから、其事をよく承知していて貰いたいと。乃ち河野を留め、山野田を城山に還らしめたが、隆盛は来るを肯んぜず、遂に城山に斃れたのである。

注（抜粋）

難しい言葉には原則として初出時のみ注を本文中に挿入したが、ここでは複数箇所に登場する語句を抜粋して掲載する。本書で使用される意味のみを掲げている。


阿諛（あゆ）　おもねりへつらうこと。

革（あらた）まる　重篤になる。

（刀／剣を）**按（あん）じて**　刀の柄に手をかけて。

一揖（いちゆう）　一礼。

因州（いんしゅう）　因幡国。

因循（いんじゅん）　古い習慣に従い、改めないこと。

閲歴（えつれき）　経歴。

宛然（えんぜん）　そっくりそのままであるさま。

快々（おうおう）　満足しないさま。

王師（おうし）　王の軍勢。官軍。

冒（おか）す　（他家の姓を）名のる。

以為（おもえ）らく　思うことには。

解纜（かいらん）　出航。

擱座（かくざ）　座礁。

閣老（かくろう）　老中。

客気（かっき）　血気。

嘉納（かのう）　①献上品などを目上の者が快く受け入れること。②進言を喜んで聞き入れること。

下物（かぶつ）　酒のさかな。

諫止（かんし）　いさめてやめさせること。

莞爾（かんじ）として　にっこり笑って。

瞰射（かんしゃ）　高い場所から見下ろして射撃すること。

鼾声（かんせい）　いびき。

完整（かんせい）　しっかり準備すること。

寛典（かんてん）　寛大な取り計らい。

頑童（がんどう）　かたくなで、ききわけのない子供
揮毫（きごう）　（毛筆で書いた）書や画。

擬（ぎ）す　突きつける。

轎（きょう）　かご。

曲（きょく）　間違っていること。正しくないこと。

禁闕（きんけつ）の事変　本書では禁門の変（蛤御門の変）を指す。

欣然（きんぜん）　よろこんで物事をするさま。

軽舸（けいか）　軽くて速い舟。
挂冠（けいかん）　官職を辞めること。
鉗鎚（けんつい）　禅宗で師僧が弟子を厳しく鍛練すること。
闔（こう）「闔」は「すべてあわせて」。「闔藩」は「藩全体で」の意。
毫（ごう）**も**　少しも。
江湖（こうこ）　世間。
溘然（こうぜん）　突然であるさま。
剛腹（ごうふく）　度量が大きい。
後来（こうらい）　①今後。②後に。③遅れて来ること。
扈従（こしょう）　貴人につき従うこと。あるいは付き従う人。
胡麻（ごま）**の蠅**（はえ）　旅人らしく装い、旅客の持ち物を盗み取る泥棒。
曩（さき）**に**　以前に。
潸々（さんさん）　さめざめと泣くさま。
而（しか）**して**　そうして。
四境（しきょう）**戦争**　第二次長州征討。
舳艫（じくろ）**相銜**（あいふく）**む**　多くの船が続いて進む。
爾後（じご）　この後。
死士（しし）　死を決して行動する人。
蹙（しじか）**む**　縮こまる。
辞色（じしょく）　言葉つきと顔色。
死戦（しせん）　死ぬ覚悟で戦うこと。
時弊（じへい）　その時代の悪習や弊害。
衆寡（しゅうか）**敵**（てき）**せず**　少人数では多人数にかなわず。
周旋（しゅうせん）　仲立ち。
峻拒（しゅんきょ）**する**　きっぱり断る。
情誼（じょうぎ）　人情や情愛。
猖獗（しょうけつ）　好ましくないものの勢いが盛んなさま。
詔旨（しょうしょ）　天皇の命を記した文書。
少壮（しょうそう）　若く意気盛んなさま。
硝薬（しょうやく）　火薬。
従容（しょうよう）**として**　ゆったりと落ち着いて。
如上（じょじょう）　前述。
爾来（じらい）　そのときから。
深更（しんこう）　深夜。

尽瘁（じんすい）　労苦を顧みず全力を尽くすこと。
荏苒（じんぜん）　なすことのないまま歳月が過ぎるさま。
神籌（しんちゅう）　すぐれたはかりごと。
軫念（しんねん）　天子が心を痛め、心配すること。
生擒（せいきん）　いけどり。
世子（せいし）　跡継ぎ。
聖上（せいじょう）　天皇。
星霜（せいそう）　歳月。
隻語（せきご）　短い言葉。
摂海（せっかい）　大坂湾。
繊手（せんしゅ）　「女性の手」の意。
跣足（せんそく）　裸足。
相（そう）す　形やありさまから判断する。
踪跡（そうせき）　行方。
壮丁（そうてい）　労役・軍役にあたる成年男子。
惻隠（そくいん）　かわいそうに思うこと。同情すること。
足下（そっか）　貴殿。
卒然（そつぜん）　だしぬけに。
乃公（だいこう）　男子が使う一人称の人称代名詞。

対手（たいしゅ）　相手。
泰西（たいせい）　西洋諸国。
泰然（たいぜん）　どっしりと落ち着いているさま。
赧然（たんぜん）　恥じて赤面するさま。
馳駆（ちく）　走りまわること。
致仕（ちし）　（官職を）退き隠居すること。
中軍（ちゅうぐん）　中央に位置する軍隊。多くは大将の率いる本隊。
朝来（ちょうらい）　朝からずっと。
尋（つい）で　つぎに。
殿軍（でんぐん）　しんがり。
天明（てんめい）　夜明け。
当路（とうろ）　重要な地位にいること。また、その人。
吶喊（とっかん）　大声やときの声をあげること。
内済（ないさい）　表沙汰にせず内々に事を済ませること。
楠公（なんこう）　楠木正成。
爾時（にじ）　その時。
抜（ぬ）く　攻め落とす。
莫逆（ばくげき）の友　親友。

白皙（はくせき）　色白。
蕃人（ばんじん）　未開の地の人。
微行（びこう）　しのび歩き。
微衷（びちゅう）　真心。本心。
剽悍（ひょうかん）　すばやい上に、荒々しく強い。
眇目（びょうもく）　隻眼。
不羈（ふき）　物事に束縛されないで行動が自由気ままであること。
撫（ぶ）す　手でなでまわす。
輻輳（ふくそう）する　集中する。
不日（ふじつ）　近いうちに。
払暁（ふつぎょう）　明け方。
粉韲（ふんせい）　こなみじんにすること。
僻陬（へきすう）　僻地。
別墅（べっしょ）　別荘。
放還（ほうかん）　釈放。
暴戻（ぼうれい）　荒々しく、道理に反すること。
昧爽（まいそう）　明け方。
驀直（まくじき）　まっしぐら。
全（また）し　完全である。
俟（ま）つ　待つ。

黙契（もっけい）　無言のうちに意志が一致すること。
扼（やく）す　支配する。
野州（やしゅう）　下野国。
誘掖（ゆうえき）　導き助けること。
由来（ゆらい）　もともと。
容喙（ようかい）　横から口出しすること。
膺懲（ようちょう）する　こらしめる。
嘉（よみ）す　よしとしてほめたたえる。
拠（よ）る　本拠地としてたてこもる。
里俗（りぞく）　土地の風習。
利刀（りとう）　よく切れる刀。
膂力（りょりょく）　腕力。
凛然（りんぜん）　りりしく勇ましいこと。
塁（るい）　土石などでつくった防御用の砦（とりで）及び陣地。
累進（るいしん）する　地位が次々に上がる。
縷々（るる）　こまごまと話すさま。
連署（れんしょ）　複数人での署名。
老来（ろうらい）　老年になって以降。
碌々（ろくろく）　平凡で役に立たないさま。
話柄（わへい）　話題。

幕末《ばくまつ》・明治《めいじ》名将《めいしょう》言行録《げんこうろく》
［詳注版《しょうちゅうばん》］

●

2015年3月26日　第1刷

編者……………近世名将言行録刊行会《きんせいめいしょうげんこうろくかんこうかい》
装幀……………佐々木正見
発行者……………成瀬雅人
発行所……………株式会社原書房

〒160-0022 東京都新宿区新宿 1-25-13
電話・代表 03(3354)0685
振替・00150-6-151594
http://www.harashobo.co.jp

本文組版……………有限会社一企画
印刷……………新灯印刷株式会社
製本……………東京美術紙工協業組合

ISBN 978-4-562-05135-9, Printed in Japan

水軍の日本史　上巻：古代から源平合戦まで　下巻：蒙古襲来から朝鮮出兵まで
佐藤和夫

海から見た日本と東アジアの歴史。時代の政治の動きに重要な役割を演じた水軍に焦点を当て、知られざる史実とそのダイナミックな活躍を、史料を読み下しながら解説する歴史ファン待望の書。　各3200円

図説 戦国時代 武器・防具・戦術百科
トマス・D・コンラン／小和田哲男日本語版監修

13世紀から17世紀にわたる「武士の時代」の武器・防具から戦術の変遷、武将たちの姿を大図解。徒武者と騎馬武者から槍と弓の時代、そして火器の登場による戦術の変化を紹介した「戦国百科全書」！　4200円

図解 江戸城をよむ　大奥・中奥・表向
深井雅海

江戸城は、表向（政治執務空間）・中奥（将軍の生活空間）・大奥（側室の居住空間）に大別できる。そのそれぞれの機能や家臣の職制、将軍の生活などを豊富な図版と貴重な資料で解く、「江戸城百科」。　3800円

戦争と演説　歴史をつくった指導者たちの言葉
ジェイコブ・F・フィールド／阿部寿美代、平澤亨訳

アレクサンドロス大王からロナルド・レーガン大統領まで、歴史上、多大な影響を及ぼした「戦時下」での演説を厳選。当時の情勢とその演説の結果についての紹介。指導者たちの言葉の重みを味わう一冊！　2200円

ヒトラー語録
アイバンホー・ブレダウ編／小松光昭訳

国家、戦争、自身について——世紀の独裁者が語った、〃生の〃言葉の記録。演説、新聞、雑誌に現われたヒトラーの発言を30テーマに分類して収載。一国、そして歴史を動かした指導者の言説とは。　2200円

（価格は税別）